WBO

Wettbewerbsordnung für den Breitensport

Grundregeln, Tipps und Hinweise

FN

Bibliografische Information der Deutschen Bibliothek
Die Deutsche Bibliothek verzeichnet diese Publikation in der Deutschen Nationalbibliografie; detaillierte bibliografische Daten sind im Internet über http://dnb.ddb.de abrufbar.

2. Auflage Februar 2008

Herausgeber:
Deutsche Reiterliche Vereinigung e.V. (FN),
Abteilung Breitensport, Vereine und Betriebe

Text/Inhalt:
Annette von Hartmann, Klaus Harms, Dr. Joachim Markgraf, Daniel Stegemann

Lektorat:
Dr. Carla Mattis, **FN***verlag* Warendorf
und Abteilung Breitensport, Vereine und Betriebe
der Deutschen Reiterlichen Vereinigung e.V. (FN), Warendorf

Korrektorat:
Korrekturbüro Kirchhoff, Büren

Gestaltung:
Heidrun Monkenbusch, DesignPunkt, Gütersloh

Titelzeichnung:
Jeanne Kloepfer, Lindenfels

Druck und Verarbeitung:
Darpe Industriedruck GmbH & Co. KG, Warendorf

ISBN: 978-3-88542-441-3

Präambel für die WBO

Der Verlauf der über 100-jährigen organisierten Entwicklung des deutschen Pferdesports und der deutschen Pferdezucht ist geprägt durch eine Anpassung an einen andauernden Ansichten- und Wertewandel der Gesellschaft. Schon immer gab es enge Beziehungen zwischen Mensch und Pferd, die sehr stark von der Epoche, der Zeitgeschichte und dem Einsatzbereich bestimmt wurden. Der Grundgedanke ist allen gleich und ist vereint im Wort „Pferdefreund". Die Deutsche Reiterliche Vereinigung als Bundesverband des Pferdesports und der Pferdezucht und die Landespferdesportverbände haben ihre Aufgaben auf diese Entwicklungen ausgerichtet.

Zu der ursprünglichen Zielsetzung, der „Leistungsprüfung der Zuchtprodukte" für das Pferd in der Landwirtschaft kamen später Aufgaben hinzu wie der „olympisch nur von Offizieren betriebene Leistungssport", d.h. die Förderung des Spitzensportes. Heute hat sich neben dem Leistungssport ein großer Bereich des Breitensports fest etabliert. Diese breitensportlich orientierten Pferdesportler wünschen Angebote, z.B. sich an Wettbewerben beteiligen zu können und Leistungen messen zu lassen.

Anders als die LPO regelt die WBO die Wettbewerbe, die nicht einer Leistungsregistrierung unterliegen. Diese WBO möchte Veranstalter dazu motivieren, breitensportlich ausgerichtete Wettbewerbe durchzuführen und damit für alle Pferderassen, alle Reitweisen eine Möglichkeit des Leistungsvergleiches zu schaffen.

Für Teilnehmer sollen diese Wettbewerbe so attraktiv ausgeschrieben und umgesetzt werden, dass sie als interessantes Angebot angenommen werden. Sie bieten dem Pferdesportler die Möglichkeit, jederzeit seinen Ausbildungsstand oder Ausbildungsfortschritt mit viel Spaß abfragen zu lassen und gleichzeitig eine Beurteilung durch Fachleute zu bekommen.

Immer da, wo Leistungen verglichen werden, muss ein Maßstab (Höhe, Weite, Tempo, Qualität der Leistung) geschaffen werden, mit dem gemessen werden kann. Wenn Leistungen miteinander verglichen und bewertet werden sollen, müssen für alle Teilnehmer die gleichen Voraussetzungen gegeben sein. Soll dieser Leistungsvergleich innerhalb einer begrenzten Zeit (an einem Tag, an zwei Tagen ...) stattfinden, so werden vom Veranstalter höchste organisatorische Fähigkeiten und Kenntnisse verlangt. Diese Maßstäbe, die Voraussetzungen und das Handwerkszeug, die Wettbewerbe zeitlich und organisatorisch zu aller Zufriedenheit umzusetzen, vermittelt als Regelwerk für breitensportliche Wettbewerbe die WBO. Das Grundprinzip ist, „so wenig wie möglich und so viel wie nötig" und immer im Sinne der Sicherheit und des Tierschutzes zu reglementieren. Initiativen und Ideen sollen sich frei entfalten können und mit der WBO die organisatorische Hilfestellung zur Umsetzung erhalten! Für den Teilnehmer, Richter und Prüfer sowie Veranstalter ist sie ein „Muss", wenn sie sich sinnvoll auf einen Wettbewerb vorbereiten und die Bedingungen des Wettbewerbs kennen wollen.

Alle Wettbewerbe sind abgeleitet aus Standardsituationen im täglichen Umgang und Sport mit dem Pferd. Eine Überprüfung der Fähigkeiten im Wettbewerb gibt dem Teilnehmer und dem Pferd gleichzeitig die Sicherheit/Bestätigung, für den alltäglichen Umgang gut ausgebildet zu sein. Sie ist eine Motivation, mit weiterer Ausbildung und schwierigeren Übungen den Umgang weiter zu verfeinern und das Miteinander von Mensch und Pferd noch harmonischer zu gestalten. Gleichzeitig werden Spaß und Wohlbefinden erhöht.

Gesamtübersicht der Wettbewerbsordnung (WBO)

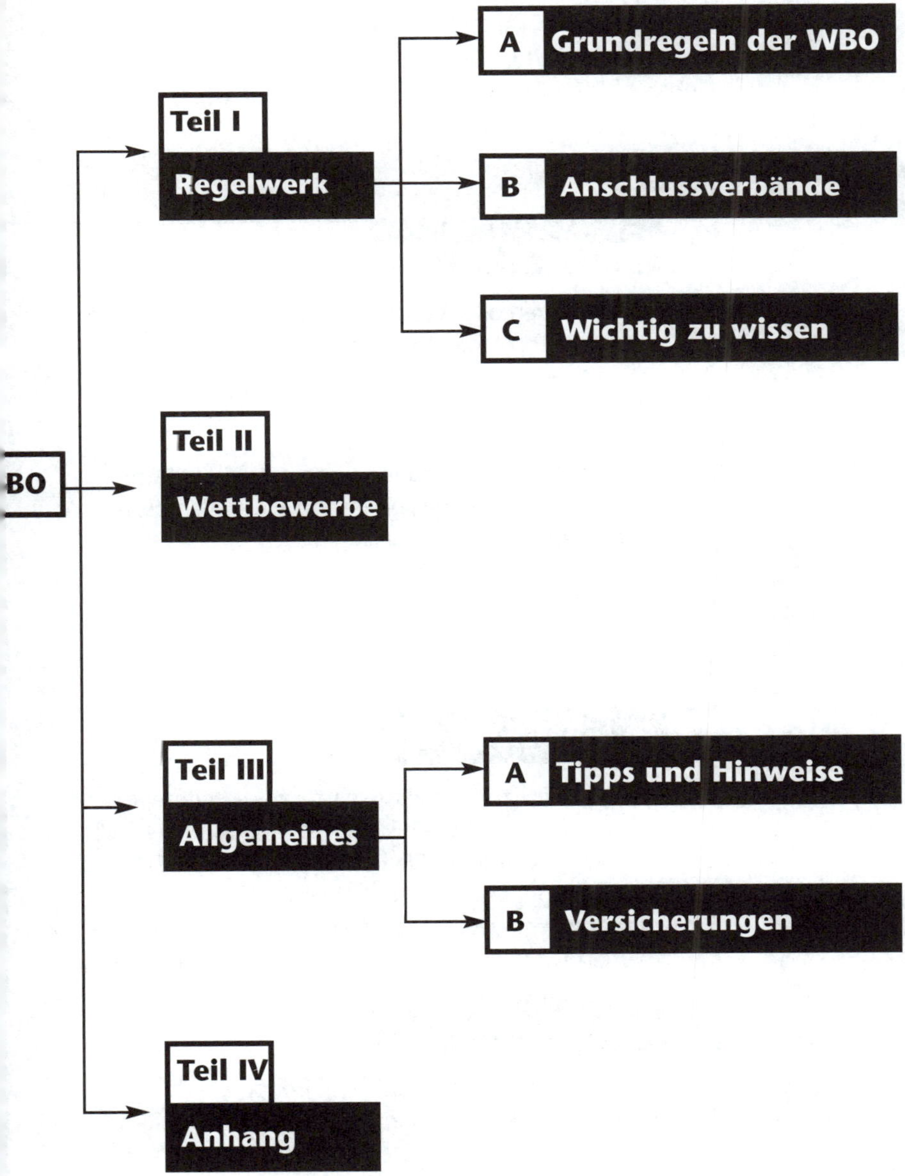

WBO

Inhaltsverzeichnis der Wettbewerbsordnung (WBO)

III

gemeines

(oranger Teil)

A Tipps und Hinweise

B Versicherungen

Teil IV

Anhang

(grüner Teil)

Schnittstellen zwischen WBO und LPO

Die WBO und die LPO ergänzen sich und bauen auf den gleichen Ausbildungsgrundlagen auf.

Um zu unterscheiden, in welchem Regelwerk sich der Veranstalter und Teilnehmer gerade bewegt, wurden verschiedene Bezeichnungen gewählt. Nachfolgend die Zuordnung von Begriffen

WBO	**LPO**
Breitensportliche Veranstaltung (BV)	Pferdeleistungsschau (PLS)
Wettbewerb (WB)	Leistungsprüfung (LP)
Ergebnisse: werden nicht registriert	Ergebnisse: werden registriert
FN-Jahresturnierlizenz für den Reiter nötig?: Nein	FN-Jahresturnierlizenz sowie deren jährliche Fortschreibung für den Reiter nötig?: Ja
FN-Eintragung des Pferdes in die Liste der Turnierpferde nötig?: Nein	FN-Eintragung des Pferdes in die Liste der Turnierpferde nötig?: Ja
Bezahlung WB: Einsatz	Bezahlung LP: Nenngeld, Einsatz, Startgeld
Grundsätzlich keine Vergleichbarkeit von WB verschiedener Veranstaltungen durch freie Gestaltungsmöglichkeit	Grundsätzliche Vergleichbarkeit der LP bundesweit durch festgelegte Rahmenanforderungen und Bewertungen.
LP die nach LPO definiert sind, dürfen nicht als WB ausgeschrieben werden. Ausnahme: **WB** Kl. E sind möglich, aber analog LP der Kl. E gem. LPO auszuschreiben.	**LP** Kl. E gem. LPO

WB können speziell für bestimmte Zielgruppen auch gem. LPO Anforderungen höherer Klassen (als Kl. E) ausgeschrieben werden.	LP für besondere Zielgruppen sind möglich, aber nur nach festgelegten LPO-Kriterien, wie nach Leistungsklasse, Alter Pferd/Alter Reiter, Vorerfolgen/Ranglistenpunkte, Gewinnsumme.
Beurteilung durch: · Richter (Sachverständige gem. LPO) · Prüfer Breitensport (Trainer B mit Zusatzprüfung) Ausnahme: Bei Reiter-WB gem. Aufgabenheft LPO und Aufgabenheft Fahren LPO (Führzügel-WB, Longenreiter-WB, Einfacher Reiter-WB, Dressurreiter-WB, Springreiter-WB, Geländereiter-WB und Fahrer-WB) gemäß WBO Teil II 2.1 sowie bei WB analog LP der Klasse E gemäß LPO muss grundsätzlich mindestens ein auf der Turnierfachleuteliste der jeweiligen LK/des jeweiligen LV geführter anerkannter Richter eingesetzt werden.	Beurteilung durch: · Richter (Sachverständige gem. LPO)

Systematik WB in Teil II WBO	**Systematik LP in der LPO**
1. WB im Umgang mit dem Pferd 2. WB Reiten, Fahren, Voltigieren 3. WB Reiten, Fahren Kl. E analog LP Kl. E (LPO), Voltigier-WB Kl. A analog Voltigier-LP Kl.A (LPO) 4. Zucht-WB 5. Spezielle WB der Anschlussverbände 6. WB für Teams und Mannschaften 7. Kombinierte WB	· Basisprüfungen (Gewöhnungs-LP, Freispring-LP, Reitpferde- und Eignungs-LP, Zucht-LP) · Aufbauprüfungen (Dressurpferde, Springpferde, Geländepferde, Fahrpferde, Jagdpferde, Kombinierte Aufbauprüfungen · Dressurprüfungen · Springprüfungen · Vielseitigkeits- und Geländeprüfungen · Fahrprüfungen · Kombinierte Prüfungen · Voltigierprüfungen

Legende

Hinweise für den Leser, Erklärung der Abkürzungen

Hinweise für den Leser

Grundlage aller Wettbewerbe und deren Beurteilung sind die „Richtlinien für Reiten und Fahren", Band 1 bis 6 der Deutschen Reiterlichen Vereinigung (die Ausbildung von Pferd und Reiter nach den Grundsätzen der klassischen Reitkunst) sowie die Regelwerke und Grundsätze der FN-Anschlussverbände mit ihren Reitweisen.

Die Teilnehmer orientieren sich an

1. den WBO-Regeln und Erläuterungen
2. den Tipps und Hinweisen für Teilnehmer

Veranstalter orientieren sich an

1. den WBO-Regeln und Erläuterungen
2. den Tipps und Hinweisen für Veranstalter

Richter/Prüfer orientieren sich an

1. den WBO-Regeln und Erläuterungen
2. den Tipps und Hinweisen für Richter/Prüfer

Allgemeine Hinweise

Im folgenden Text steht „Teilnehmer" für: männliche und weibliche Teilnehmer.
Im folgenden Text steht „Pferde" für: Pferde, Ponys und andere Equiden.

Gebräuchliche Abkürzungen:

APO	=	Ausbildungs- und Prüfungs-Ordnung
Ausr.	=	Ausrüstung
Bes. Bestimmungen	=	Besondere Bestimmungen der einzelnen Landesverbände zu den Rahmenregelungen
BV	=	breitensportliche Veranstaltung
DR	=	Dressur
EZ	=	Erlaubte Zeit
F/Z	=	Bewertung nach Fehlern und Zeit
F	=	Fahren
FN	=	Deutsche Reiterliche Vereinigung e.V.
Richter/ Prüfer	=	Richter und Prüfer, die auf den aktuellen Listen der LV und der Anschluss-verbände der FN geführt werden
HZ	=	Höchstzeit
LK 0	=	Teilnehmer ohne Jahresturnierlizenz der FN,
LK 6–1	=	Teilnehmer mit Jahresturnierlizenz der FN
LPO	=	Leistungs-Prüfungs-Ordnung
LV/LK	=	Landespferdesportverband/Landeskommission
Nennungsschluss	=	letzter Annahmetermin lt. Ausschreibung für Nennungen
Richtverf.	=	Richtverfahren
RL	=	Richtlinien für Reiten und Fahren
SPR	=	Springen
TN	=	Teilnehmer
V	=	Voltigieren
VS	=	Vielseitigkeit
WB	=	Wettbewerb
WBO	=	Wettbewerbsordnung
WN	=	Wertnote
ZE	=	Zeiteinteilung

Teil I **Regelwerk**

A Grundregeln der WBO
B FN-Anschlussverbände
C Wichtig zu wissen

A Grundregeln der WBO

1. Grundlagen aller Wettbewerbe (WB) und Breitensportlichen Veranstaltungen (BV)

1.1 Alle im Pferdesport beteiligten Personen sind zu sportlich fairem Verhalten gegenüber dem Pferd und zu sportlich fairer Haltung untereinander verpflichtet. Beschrieben wird dies in:

- Ethik im Pferdesport – (siehe WBO Teil I – C 1)
- Ethik im Pferdesport – (siehe WBO Teil I – C 2)
- dem Tierschutzgesetz – (siehe WBO Teil I – C 5)

1.2 Die Regeln dienen der Umsetzung und Förderung des Pferdesports in seiner ganzen Vielfalt. Ziele der WBO sind die Stärkung des sportlichen Charakters, der Vielfältigkeit, der Fairness und Vergleichbarkeit der WB, wobei Spaß und Motivation aller Sportler unter Einhaltung der Regeln im Vordergrund stehen.

1.3 Die Regeln sind für alle Veranstalter, Teilnehmer und Richter/Prüfer verbindlich. Besonderheiten bei der Umsetzung der WBO können die LV/LK in eigener Zuständigkeit regeln. Wenn eine Entscheidung nicht direkt nach den Bestimmungen der WBO gefällt werden kann, ist die Entscheidung zu fällen, die dem Sinn der Bestimmungen der WBO am nächsten kommt. Im Zweifelsfall soll ohne Benachteiligung anderer Teilnehmer zugunsten des Teilnehmers entschieden werden.

1.4 Die Ausrüstung der Pferde und der Teilnehmer muss den Grundsätzen der Unfallverhütung, des Tierschutzes und ggf. der Straßenverkehrsordnung entsprechen.

1.5 WB werden grundsätzlich nicht mit Geldpreisen ausgeschrieben. Schleifen, Stallplaketten, Erinnerungsandenken und angemessene Ehrenpreise sind jedoch möglich.

1.6 Veranstalter von WB können sein: die FN, Landes-, Bezirks- oder Kreisverbände, deren Vereine und Mitgliedsbetriebe sowie die Anschlussverbände der FN.

2. Ausschreibungen

2.1 Für jede BV ist eine Ausschreibung zu erstellen und vom/von der zuständigen LV/LK zu genehmigen. Die Ausschreibung ist in geeigneter Form für den Teilnehmerkreis zu veröffentlichen.

2.2 Ausschreibungen müssen enthalten:

- Veranstaltungsort
- Veranstaltungsdatum
- Veranstalter (mit Kontaktmöglichkeiten)
- Veranstaltungsleitung
- ggf. Nennung Online-Angaben
- Nennungsschluss
- Einsatz/Gebühren pro WB
- vorläufige Zeiteinteilung
- allgemeine Teilnahmeberechtigung
- für jeden WB: Kurzhinweis zu Inhalt und Bewertungsverfahren sowie besondere Teilnahmeberechtigung
- Genehmigungsvermerk des/der zuständigen LV/LK
- Organisatorische Hinweise

2.3 Die Ausschreibung muss zielgruppengerecht formuliert werden.

2.4 Kriterien für WB dürfen frei formuliert werden. LP, die in der LPO definiert sind, dürfen nicht als WB ausgeschrieben werden. Ausnahme sind WB analog LP der Kl. E gemäß LPO sowie WB für besonders definierte Teilnehmerkreise.

2.5 Einschränkungen der Teilnehmerzahl durch Abgrenzungen für einzelne WB, z.B. nach Altersklassen oder anderen nachvollziehbaren Kriterien, sind zulässig.

2.6 Die Erhebung von Einsätzen/Gebühren (z.B. Stall-/Paddockgebühren) durch den Veranstalter ist zulässig.

2.7 Bei Änderung der vorläufigen Zeiteinteilung (Verschiebung eines WB auf einen anderen Veranstaltungstag) kann der bezahlte Einsatz für den verschobenen WB durch den Teilnehmer bis zum Ende der BV zurückgefordert werden.

2.8 Das Zurückziehen einer Nennung durch den Teilnehmer kann bis Nennungsschluss erfolgen. Bezahlte Einsätze/Gebühren müssen rückerstattet werden.

2.9 Die Ausschreibung eines WB kann nach Nennungsschluss zurückgezogen werden, wenn in dem WB weniger als fünf Teilnehmer genannt haben. Alle Nenner müssen über die Absage des WB schnellstmöglich informiert werden.

2.10 Die Ausschreibung der gesamten BV kann zurückgezogen werden, wenn mehr als 1/3 der WB gemäß Ziffer 2.9 zurückgezogen wird. Alle Nenner müssen über die Absage der Veranstaltung schnellstmöglich informiert werden.

2.11 Wird die Ausschreibung einer BV oder eines WB zurückgezogen, erhalten die Teilnehmer die gezahlten Einsätze/Gebühren zurück.

3. Nennungen

3.1 Für die Nennung zu einer BV sind die vorgegebenen Nennungsformulare des jeweiligen LV/der jeweiligen LK (siehe WBO Teil IV „Nennungsvordrucke“) oder die FN-Onlineplattform „Nennung-Online“ (NeOn), sofern dies vom Veranstalter vorgesehen ist, zu verwenden.

3.2 Der Veranstalter ist nicht verpflichtet, unkorrekte und unvollständige Nennungen, Nennungen ohne Bezahlung oder nach Nennungsschluss erhaltene Nennungen anzunehmen.

3.3 Der Nennungsschluss ist vom Veranstalter festzulegen und in der Ausschreibung anzugeben.

3.4 Besitzer, Nenner und Teilnehmer sind für die ordnungsgemäße und unterschriebene Nennung verantwortlich und erkennen mit Abgabe der Nennung die WBO an. Das gilt bei Teilnehmern unter 18 Jahren auch für die Erziehungsberechtigten.

3.5 Der Teilnehmer muss seine endgültige Startbereitschaft bis zum Meldeschluss an der Meldestelle erklären. Ein Zurückziehen der Startbereitschaft ist der Meldestelle bekannt zu geben.

4. Ergebnisse

4.1 Alle Ergebnisse sind nach Beendigung des WB an der Meldestelle zu veröffentlichen. Unkorrekte Ergebnisse, die vom Veranstalter(-personal) oder Richter/Prüfer zu vertreten sind, kann der Teilnehmer bis zu einer halben Stunde nach Ende des WB beanstanden. Der vom LV/von der LK beauftragte Richter/Prüfer überprüft die Ergebnisse und korrigiert diese bei Bedarf.

4.2 Die Ergebnisse und die Nennungs-/Starterzahlen sind vom Veranstalter nach der Veranstaltung unverzüglich dem LV/der LK zuzuleiten (siehe WBO Teil III „Veranstaltungsstatistik"). Die Registrierung der Ergebnisse bleibt dem/der zuständigen LV/LK überlassen.

4.3 In Absprache mit dem Veranstalter bleibt eine Platzierung dem Richter/Prüfer überlassen.

5. Teilnahmeberechtigung

5.1 Für jedes Pferd ist der Equidenpass die Voraussetzung zur Teilnahme an einer BV. Für Veranstaltungen, bei denen sowohl LP nach LPO als auch WB nach WBO ausgeschrieben werden, gelten die Impfbestimmungen gemäß LPO (siehe WBO Teil IV „Impfbestimmungen").

5.2 Die Teilnahmeberechtigung und Häufigkeit der Starts für Teilnehmer und Pferd pro Tag und WB regelt die Ausschreibung.

5.3 Den Richtern/Prüfern ist vorbehalten, einzelne Teilnehmer von WB auszuschließen, wenn sie die Sicherheit von Personen, Tieren oder Sachen offensichtlich gefährdet sehen.

5.4 Die körperlichen Voraussetzungen und das Verhalten des Teilnehmers sowie des Pferdes müssen in jeglicher Hinsicht die Teilnahme am jeweiligen WB erlauben.

5.5 Beifahrer in Fahr-WB müssen mindestens 14 Jahre alt sein. Bei Teilnehmern an Fahr-WB, die im laufenden Kalenderjahr noch nicht 14 Jahre alt werden, muss mindestens ein Beifahrer im laufenden Kalenderjahr mindestens 18 Jahre alt und im Besitz des DFA IV oder höher sein.

6. Durchführung von breitensportlichen Veranstaltungen

6.1 Es ist eine Veranstaltungsleitung einzusetzen und namentlich an der Meldestelle bekannt zu machen. Sie ist für die Bereitstellung der erforderlichen Infrastruktur sowie für den ordnungsgemäßen Ablauf der Veranstaltung verantwortlich.

6.2 Die Veranstaltungsleitung kann gegen jede Person einschreiten, die den geregelten Ablauf der Veranstaltung stört.

6.3 Der Veranstalter hat je nach Art, Größe und Umfang der Veranstaltung für die Dauer einer BV eine sanitätsdienstliche, ärztliche und tierärztliche Versorgung sicherzustellen. Der LV/die LK ist berechtigt, dafür besondere Bestimmungen festzulegen.

6.4 Die endgültige Zeiteinteilung muss allen Beteiligten rechtzeitig und in geeigneter Form vor Beginn der BV mitgeteilt werden. Die Startfolge wird schnellstmöglich nach Meldeschluss durch die Meldestelle bekannt gegeben.

6.5 Eine eventuelle Teilung von WB bei hohem Nennungsergebnis bleibt dem Veranstalter überlassen.

6.6 Während der Veranstaltung ist an jedem Pferd die vergebene Startnummer gut sichtbar anzubringen. Die Startnummer muss vom Teilnehmer mitgebracht werden.

6.7 Alle Wettbewerbs- und Vorbereitungsplätze bzw. -strecken müssen den Pferden, der allgemeinen Sicherheit und den Wettbewerbsanforderungen gerecht werden.

6.8 Bei jeder BV müssen ausreichend Vorbereitungsplätze vorhanden sein. Diese sollten sich in der Nähe des Wettbewerbsortes befinden und zum angemessenen Vorbereiten der Teilnehmer geeignet sein. Eine für den geregelten Ablauf verantwortliche Person ist einzuteilen.

6.9 Einzelne WB bzw. die gesamte BV können aufgrund höherer Gewalt abgesagt werden.

7. Genehmigung

Alle BV müssen vom zuständigen LV/der zuständigen LK, ggf. unter Auflagen, genehmigt werden. Ausschreibungen von BV der Anschlussverbände werden zuerst dort genehmigt und dann beim zuständigen LV/bei der zuständigen LK eingereicht. Die Einreichungsfristen der Ausschreibung regeln die LV/LK eigenständig.

8. Beaufsichtigung

Der durch den/die LV/LK beauftragte Richter/Prüfer wird namentlich an der Meldestelle veröffentlicht. Dieser

- ist zuständig für die Abnahme der technischen Voraussetzungen,
- hat das Recht, in Absprache mit der Veranstaltungsleitung notwendige Veränderungen in Ablauf und Aufbau zu veranlassen,
- ist Sachverständiger und hat das endgültige Entscheidungsrecht zur Zulassung der Ausrüstung von Pferden und Teilnehmern,
- hat die Pflicht, in Streitfällen schlichtend einzugreifen, und nimmt Einsprüche des Teilnehmers bzgl. vom Veranstalter(-personal), Richter/Prüfer zu vertretende unkorrekte Ergebnisse bis zu einer halben Stunde nach Ende des WB entgegen, überprüft und korrigiert diese bei Bedarf.

9. Bewertung

Auf jeder BV werden Richter/Prüfer tätig.

9.1 Sie beurteilen und bewerten nach fachlichem, freiem Ermessen, nach den in den Richtlinien für Reiten und Fahren festgelegten Grundsätzen, was sie während des WB wahrnehmen.

9.2 Die Beurteilung muss durch mindestens einen Richter und/oder Prüfer vorgenommen werden. Bei Reiter-WB gem. Aufgabenheft LPO und Aufgabenheft Fahren LPO (Führzügel-WB, Longenreiter-WB, Einfacher Reiter-WB, Dressurreiter-WB, Springreiter-WB, Geländereiter-WB und Fahrer-WB) siehe WBO Teil II 2.1 sowie bei WB analog LP der Klasse E gem. LPO muss grundsätzlich mindestens ein auf der Turnierfachleuteliste der jeweiligen LK/des jeweiligen LV geführter anerkannter Richter eingesetzt werden.

Die Bewertung erfolgt je nach Art des WB im

- beobachtenden,
- beurteilenden,
- kombinierten bzw. besonderen Richtverfahren.

Maßgeblich ist die genehmigte Ausschreibung. Besonderheiten des Einsatzes von Richtern/Prüfern regelt der LV/die LK in eigener Zuständigkeit.

9.3 Sie können Rügen aussprechen. Bei schwerwiegendem oder wiederholtem Vergehen kann der vom LV/von der LK beauftragte Richter/Prüfer einzelne Teilnehmer vom jeweiligen WB und, im Einvernehmen mit dem Veranstalter, von der gesamten Veranstaltung ausschließen.

9.4 Sie können jederzeit Pferdekontrollen gemäß den Durchführungsbestimmungen der LPO (siehe WBO Teil IV „Pferdekontrollen") anordnen.

10. Ausrüstung der Teilnehmer

10.1 Die Kleidung der Teilnehmer kann beliebig gewählt werden. Sie richtet sich nach der genehmigten Ausschreibung oder nach den einschlägigen Regeln der Anschlussverbände. Sie soll zweckmäßig und angemessen sein. Der Sicherheit dienende zusätzliche Ausrüstungsgegenstände sind grundsätzlich zugelassen. Geeignetes Schuhwerk mit Knöchelschutz und Absatz gilt als Grundvoraussetzung.
Ausnahme: Voltigier-WB

10.2 Ein Helm gemäß „EN 1384" mit Drei- bzw. Vierpunktbefestigung ist für Junioren bis 18 Jahren in allen WB vorgeschrieben. Bei WB im Gelände bzw. über Sprünge und beim Fahren im Gelände ist für Teilnehmer aller Altersklassen ebenfalls ein Helm gemäß Europäischer Norm „EN 1384" mit Drei- bzw. Vierpunktbefestigung vorgeschrieben.
Ausnahme: Voltigier-WB sowie WB, die nach den einschlägigen Regeln der Anschlussverbände ausgeschrieben werden.

10.3 Bei allen WB im Gelände über feste Sprünge ist eine Schutzweste vorgeschrieben; empfohlen wird eine Schutzweste gemäß Europäischer Norm „EN 13 158". In allen anderen WB ist sie grundsätzlich zugelassen.

10.4 Erlaubte Hilfsmittel in allen WB, ausgenommen in Longen- und Führzügel-WB:

- 1 Gerte. Gertenlänge bei WB über Sprünge: max. 75 cm inkl. Schlag.
- 1 Paar Sporen zugelassen, sofern sie bei normaler Anwendung nicht geeignet sind, Stich- oder Schnittverletzungen zu verursachen, max. Dornlänge 4,5 cm (inkl. Rädchen). Der Sporn ist so zu verschnallen, dass der Dorn horizontal bzw. nach unten geneigt ausgerichtet ist.
- Beim Fahren: Stock- oder Bogenpeitsche, Schlag entsprechend der Gespannlänge, sodass das Vorderpferd erreicht werden kann.
- Bei WB der Anschlussverbände gelten die jeweiligen einschlägigen Regelwerke.

10.5 Erlaubte Hilfsmittel für den Longenführer: eine Peitsche mit einem empfohlenen Peitschenschlag von ca. 4,50 m bis 5,00 m Länge.

11. Ausrüstung der Pferde

11.1 Generell gilt: Jegliche Ausrüstung muss passend, dem Wettbewerbszweck angemessen und in ordnungsgemäßem Zustand sein (vgl. Regel 1.4).

11.2 In WB der Anschlussverbände gilt für die zugelassenen Gebisse und sonstigen Ausrüstungsgegenstände das jeweilige einschlägige Regelwerk.

11.3 In WB über Sprünge ist als Hilfszügel nur das gleitende Ringmartingal erlaubt. Einfache oder doppelte (Dreiecks-, Lauffer-) beidseitige Ausbindezügel aus Leder und/oder Gurtband und das gleitende Ringmartingal (siehe WBO Teil IV, Abbildung „Erlaubte Hilfszügel“) sind in Führzügelklassen-, Longenreiter- und Reiter-WB analog WBO Teil II, 2.1 zugelassen. In Dressur-Reiter-WB und Dressur-Reiter-WB Kl. E sind die Hilfszügel gem. WBO Teil IV zugelassen, aber nicht das gleitende Ringmartingal. In anderen WB ohne Sprünge sind diese Hilfszügel nur zugelassen, wenn die Ausschreibung das vorsieht.

11.4 Maßgeblich sind die Bestimmungen der genehmigten Ausschreibung. Auf dem Vorbereitungsplatz ist nur die Ausrüstung zulässig, die auch während des WB erlaubt ist. Ausnahme: sachgemäßes Ausbinden beim Ablongieren. Weitergehende Festlegungen durch den Veranstalter sind in der Ausschreibung möglich.

B FN-Anschlussverbände

1. Bundesverband für klassisch-barocke Reiterei e.V.
2. Erste Westernreiter Union Deutschland e.V. – EWU
3. Erster Trekkingclub Deutschland e.V. ETCD
4. Internationale Gangpferdevereinigung e.V. – IGV
5. Islandpferde- , Reiter- und Züchterverband e.V. – IPZV
6. Verein Deutscher Distanzreiter und -fahrer e.V. – VDD
7. Deutscher Akademischer Reiterverband e.V. – DAR

1. Bundesverband für klassisch-barocke Reiterei e.V.

Der Name entwickelte sich aus der Blütezeit der klassischen Reitweise – dem Barock (17. bis 18. Jahrhundert). Es werden keine spektakulären Verstärkungen gefordert, sondern eine hohe Versammlung und erhabene Aktionen, wie z.B. der spanische Tritt. Für diese Reitweise besonders geeignete Pferde sind z.B. Lippizaner, Andalusier, Lusitanos, Berber, Kladruber, Knabstrupper oder Friesen. Die Zahl der Barockpferdereiter in Deutschland steigt stetig an, sodass auch spezielle Barockpferdeturniere ausgerichtet werden. Im Vordergrund stehen mitunter das Quadrillenreiten und Pas de deux.

Aufgrund der stilechten Kostümierung der Reiter und Ausrüstung der Pferde sind die Barockpferdereiter auch in vielen Schauprogrammen anzutreffen.

Ein Wettbewerbsbeispiel finden Sie im Teil II, Punkt 5 dieser WBO.

Kontaktdaten:
Bundesverband für klassisch-barocke Reiterei e.V.
Blumenweg 12 · 30900 Wedemark
Tel.: 05130 8282 · E-Mail: richardhinrichs@hotmail.com
Internet: www.bfkbr.de

2. Erste Westernreiter Union Deutschland e.V. – EWU

Die Erste Westernreiter Union Deutschland e.V., kurz EWU, ist der größte Westernreitverband in Deutschland und seit 1993 Anschlussverband der FN. Die EWU ist ein rasseoffener Verband. Das heißt, bei den Veranstaltungen der EWU sind Reiter/Teilnehmer mit Pferden/Ponys aller Rassen zugelassen. Die Abstammung und Rasse der Pferde spielen keine Rolle. Alle Pferdesportler und Pferdefreunde sind bei der EWU herzlich willkommen.

Die EWU hat sich folgende Aufgabenschwerpunkte gesetzt:

- Förderung der Jugendarbeit

- Förderung und Weiterentwicklung von Ausbildern, Reitern und Pferden
- Verbesserung des Images und Bekanntheitsgrades des Westernreitsports in der Öffentlichkeit
- Organisation und Betreuung von Westernreitsportveranstaltungen

Westernreitsportveranstaltungen, was ist darunter zu verstehen? Westernreitsportveranstaltungen können einerseits leistungssportlich, aber auch breitensportlich orientierte Veranstaltungen sein. Im Bereich des Leistungssports sind die EWU wie auch die FN straff organisiert und alles ist sehr genau geregelt. Im Freizeit- und Breitensport bietet die EWU den Pferdesportlern und Pferdefreunden ein vielfältiges Angebot an Wettbewerben, die im Regelbuch der EWU, Abschnitt C 90 und C 92, beschrieben werden. Darüber hinaus sind dem Veranstalter bei der Gestaltung von Wettbewerben fast keine Grenzen (siehe Punkt 1.1 der WBO-Regeln) gesetzt. Die Grundsätze der WBO finden somit hunderprozentigen Zuspruch von der EWU. Ein Wettbewerbsbeispiel finden Sie im Teil II, Punkt 5 dieser WBO.

Kontaktdaten:
Erste Westernreiter Union Deutschland e.V.
Freiherr-von-Langen-Str. 8a · 48231 Warendorf
Tel.: 02581 92846-0 · Fax: 02581 92846-25
Internet: www.westernreiter.com
E-Mail: info@ewu-bund.de

3. Erster Trekkingclub Deutschland e.V. – ETCD

Der ETCD ist ein eingetragener Verein mit Sitz in Friedrichsdorf/Ts. Durch seine Mitgliedschaft im Kreisreiterbund Wiesbaden-Main-Taunus gehört er dem Verband der Reit- und Fahrvereine Hessen-Nassau und dem Hessischen Reit- und Fahrverband an. Damit ist auch die Mitgliedschaft im Landessportbund Hessen und in der Deutschen Reiterlichen Vereinigung (FN) verbunden.

Ein Wettbewerbsbeispiel finden Sie im Teil II, Punkt 5 dieser WBO.

Kontaktdaten:
Geschäftsstelle ETCD e.V.
Etzlinsweiler 7
74653 Künzelsau

4. Internationale Gangpferdevereinigung e.V. – IGV

Die IGV ist ein Zusammenschluss von Vereinigungen und Rassevertretern, Züchtern und Pferdefreunden.

In Deutschland gibt es zurzeit elf verschiedene Gangpferderassen und verschiedene Gangpferdekreuzungen: Aegidienberger, Töltende Traber, Isländer, American Saddlebredhorse, American Spotted Saddle Horse, Tennesse Walker, Missouri Foxtrotter, Paso Peruano, Paso Fino, Mangalarga Marchadors, Arravanis, Töltiberer.

Das Besondere an den Gangpferden sind ihre individuellen Gangarten wie Tölt (Gangart im Viertakt, die den Reiter nahezu erschütterungsfrei bei unterschiedlichem Tempo trägt) und gegebenenfalls Pass (nicht bei allen Rassen erwünscht).

Vertreten ist eine große Vielfalt der Rassen (Aussehen, Veranlagung), des Temperaments, der Reitweisen (Stile), Größe und Eignung. Eine spezielle Ausrüstung im Freizeitbereich gibt es nicht.

Kontaktdaten:
Internationale Gangpferdevereinigung e.V. (IGV)
Frankenstraße 37 · 48734 Reken
Tel.: 0 28 64 24 34 · Fax: 0 28 64 58 60
Internet: www.igv-online.de· E-Mail: info@igv-online.de

5. Islandpferde-, Reiter- und Züchterverband e.V. – IPZV

Der Breitensport im IPZV

Das Ressort Breitensport ist in seiner heutigen Form noch sehr jung. Es lebt von der Mitwirkung und den Aktivitäten seiner Mitglieder. Jeder ist hier herzlich willkommen. Das Programm ist vielschichtig und die Akteure sind offen für neue und alte Ideen.

Ziel ist es, die Gangarten und Eigenheiten des Islandpferdes zu erhalten und zu pflegen. Nicht nur die bequeme Spezialgangart Tölt ermöglicht vielen jungen und jung gebliebenen Reitern, das Glück der Erde auf einem Pferderücken wahrhaftig zu erleben. Der IPZV bietet einen bunten Strauß von Möglichkeiten, die kostbare Freizeit im allerbesten Sinne mit einem Islandpferd zu verbringen.

Freizeitreiter-Dritteltreffen
Jedes Jahr werden drei Freizeitreiter-Dritteltreffen angeboten. Im Jahr 2007 im Süden, Westen und Norden. Alle Interessierten erhalten so die Gelegenheit, sich direkt und ganz persönlich im Rahmen eines Workshops aktiv in die Arbeit des Bundesverbandes einzumischen. Gleichzeitig haben die ausrichtenden Höfe, Gestüte und Vereine die Möglichkeit, sich selbst vorzustellen oder Informationen direkt vor Ort abzufragen.

Hestadagar-Wettbewerbe für die Freizeitreiter
Die Interessenvertretung Hestadagar entwickelt und untersucht eine neue Wettbewerbsform für Freizeitreiter in unterschiedlichen Zusammenhängen. Eine Arbeitsgruppe ist dabei, ein Reglement zu entwickeln. Dabei soll eine Prüfungsform gefunden werden, die die Möglichkeit eröffnet, sich spielerisch im Wettbewerb zu messen und dabei zu lernen. Horsemanship, Teamgeist und Balance sind die besonderen Bewertungskriterien. Bei unserer Bundesgeschäftsstelle in Bad Salzdetfurth erhalten Sie das Hestadagar-Konzept 2007 mit Richtzetteln und allem, was dazu gehört.

Der Wanderreitercup
Der Wanderreitercup hat ab 2007 ein neues Reglement. Die wichtigste Neuerung ist die verbindliche Ankündigung vorher in der Zeitschrift DAS ISLANDPFERD und auf der IPZV-Homepage mit der Angabe der zu reitenden Streckenkilometer. Diese werden nach Karte ermittelt. Sie werden zu Jahresbeginn von den Veranstaltern auf einem eigenen Formular angemeldet und innerhalb von vier Wochen nach dem Ritt mit der Teilnehmermeldung beim IPZV bestätigt. Den Wanderreitercup gewinnt, wer in einem Jahr die meisten Kilometer erritten hat.

Wanderreiten und Reitwege
In einem dicht besiedelten und industrialisierten Land wie der Bundesrepublik Deutschland ist es nicht immer ganz einfach, fernab der Zivilisation die Natur und damit die Erholung überhaupt zu finden. Daran können wir zwar prinzipiell nicht viel ändern, aber wir wollen Hilfestellung geben, Fragen so gut wie möglich beantworten und helfen, die kleineren Probleme zu lösen.

Kontaktdaten:
IPZV – Ressort Breitensport
Astrid Holz · Muhliusstr. 70 · 24103 Kiel
Telefon: 0431 5555-28 · Fax: 0431 5555-38 · E-Mail: freizeit@ipzv.de

Informationen zu aktuellen Einzelthemen finden sie laufend bei: www.ipzv.de – Ressort – Freizeit und in der Verbandszeitschrift DAS ISLANDPFERD

6. Verein Deutscher Distanzreiter und -fahrer e.V. – VDD

Der VDD wurde 1976 gegründet, 1981 wurde der VDD Anschlussverband der FN.

Distanzritte und -fahrten sind Ausdauerprüfungen für Pferde auf einer Geländestrecke von bestimmter Länge unter besonderer tierärztlicher Kontrolle. Distanz ist ein Sport für alle – alle Menschen, ob jung oder alt, und alle Pferde, ob klein oder groß.

Distanzritte und -fahrten werden überall in Deutschland nach dem Reglement des VDD durchgeführt. Dieses ist in die LPO eingebunden. Nur was nicht im VDD-Reglement geregelt ist, regelt die LPO. Die Streckenlängen betragen 25 bis 160 km an einem Tag. Insbesondere Einführungsritte und -fahrten eignen sich auch zur Durchführung in Verbindung mit anderen Wettbewerben nach WBO. Die Entfernung beträgt bei Eintagesveranstaltungen 25 bis 39 km. Dort können alle Pferde fünf Jahre oder älter teilnehmen.

Bei deutschen Distanzritten und -fahrten gibt es keine Richter. Über die Wertung der Pferde entscheiden die Tierärzte. Ihr Urteil ist unanfechtbar. Vorgeschrieben sind eine Voruntersuchung, Checks auf der Strecke und abschließend eine Nachuntersuchung. Die Ehrung der erfolgreichen Teilnehmer übernehmen die Veranstalter.

Neben den Distanzritten und -fahrten gibt es Breitensportliche Distanzwettbewerbe. Ihre Durchführung ist in der Wettbewerbsordnung des VDD geregelt. Darüber hinaus gilt für diese Wettbewerbe die WBO der FN.
Es handelt sich hierbei nicht um Ritte und -fahrten, sondern zum Beispiel um Wettbewerbe, wie Temporitt, Streckenorientierungswettbewerb, Tierarzt-Rallye, Pulsschätzspiel usw. Diese dienen auch der Vorbereitung auf die Teilnahme an Distanzprüfungen.

Die Genehmigung und Kontrolle der Distanzwettbewerbe auf Durchführung sportlich fairer Wettbewerbe, Schutz der Pferde und Einhaltung des eglements erfolgt durch die Beauftragten des VDD (Regionalbeauftragte, echnische Delegierte). Diese nehmen die entsprechenden Funktionen vahr. Auch die Genehmigung der Breitensportlichen Distanzwettbewerbe emäß WBO erfolgt über die Beauftragten des VDD, der die Ausschreiung anschließend an die zuständige LK/LV weiterleitet.

Veitere Informationen wie z.B. die Wettbewerbsordnung für Breitensportlihe Distanzwettbewerbe gemäß WBO, das gültige Reglement für das)istanzreiten und -fahren, Tipps für Veranstalter, die Ausschreibungsformuare usw. können über die Geschäftsstelle des VDD bezogen werden.

in Wettbewerbsbeispiel finden Sie im Teil II, Punkt 5 dieser WBO.

ontaktdaten:
esschäftsstelle des VDD
um Ludwigstal 17 | 45527 Hattingen
el. 02324 23841 | Fax: 02324 951048
nternet: www.vdd-aktuell.de
-Mail: geschäftsstelle @vdd-aktuell.de

7. Deutscher Akademischer Reiterverband e.V. – DAR

)er Dachverband der Studentenreiter in Deutschland, der ideell und nateriell die Interessen der Studentenreiterei (wie z.B. die Durchführung on Hochschulvergleichsturnieren und Ausbildungsmaßnahmen im ferdesport) unterstützt.

ontaktdaten:
)AR-Geschäftsstelle c/o Servicebüro Jennissen
larion Jennissen, Gitta Boortz
uschortstr. 17, 33775 Versmold
el. 05423 49371 | Fax: 05423 49373
-Mail: info @servicebuero-jennissen.de

C Wichtig zu wissen

Die ethischen Grundsätze des Pferdefreundes

1. Wer auch immer sich mit dem Pferd beschäftigt, übernimmt die Verantwortung für das ihm anvertraute Lebewesen.
2. Die Haltung des Pferdes muss seinen natürlichen Bedürfnissen angepasst sein.
3. Der physischen wie psychischen Gesundheit des Pferdes ist unabhängi von seiner Nutzung oberste Bedeutung einzuräumen.
4. Der Mensch hat jedes Pferd gleich zu achten, unabhängig von dessen Rasse, Alter und Geschlecht sowie Einsatz in Zucht, Freizeit oder Sport
5. Das Wissen um die Geschichte des Pferdes, um seine Bedürfnisse sowi die Kenntnisse im Umgang mit dem Pferd sind kulturgeschichtliche Güter. Diese gilt es zu wahren und zu vermitteln und nachfolgenden Generationen zu überliefern.
6. Der Umgang mit dem Pferd hat eine persönlichkeitsprägende Bedeutung gerade für junge Menschen. Diese Bedeutung ist stets zu beachten und zu fördern.
7. Der Mensch, der gemeinsam mit dem Pferd Sport betreibt, hat sich und das ihm anvertraute Pferd einer Ausbildung zu unterziehen. Ziel jeder Ausbildung ist die größtmögliche Harmonie zwischen Mensch und Pferd.
8. Die Nutzung des Pferdes im Leistungs- sowie im allgemeinen Reit-, Fahr- und Voltigiersport muss sich an seiner Veranlagung, seinem Leistungsvermögen und seiner Leistungsbereitschaft orientieren. Die Beeinflussung des Leistungsvermögens durch medikamentöse sowie nicht pferdegerechte Einwirkung des Menschen ist abzulehnen und muss geahndet werden.
9. Die Verantwortung des Menschen für das ihm anvertraute Pferd erstreckt sich auch auf das Lebensende des Pferdes. Dieser Verantwortung muss der Mensch stets im Sinne des Pferdes gerecht werden.

Zu diesem Thema können die Broschüre „Die ethischen Grundsätze des Pferdefreundes" mit ausführlichen Erläuterungen sowie ein farbiges Wandposter in kindgemäßer Aufmachung kostenlos bei der Deutschen Reiterlichen Vereinigung e.V. (FN), Warendorf, Telefon +49 (0) 2581 6362-222, E-Mail: pschaffer@fn-dokr.de, bezogen werden.

Grundregeln des Verhaltens im Pferdesport (Verhaltenskodex)

1. Der Reitbetrieb muss von respektvollem Umgang miteinander geprägt sein. Unabhängig von Ausbildungsstand, sportlichem Erfolg, Reitweise, eingesetzter Pferderasse und materiellen Möglichkeiten verdient jeder Pferdesportler die gleiche Achtung und Wertschätzung.
2. Jeder Pferdesportler ist zu einer fairen und konstruktiven Auseinandersetzung mit einem Reiterkameraden verpflichtet, wenn bei diesem Missstände in Ausbildung und Umgang mit dem Partner Pferd und damit ein Verstoß gegen die „ethischen Grundsätze des Pferdefreundes" zu erkennen sind.
3. Erfolg oder Misserfolg im Sport hängen ursächlich von reiterlichen Qualitäten ab. Die (selbst)kritische und aufmunternde Auseinandersetzung mit der Leistung des Einzelnen oder einer Gruppe ist wirkungsvoller, als die Fehlerquelle in der Eignung des Pferdes zu suchen.
4. Der Ausbilder muss in pädagogisch einwandfreiem Unterricht fachlich fundiert und motivierend fördern und zugleich Persönlichkeitsentwicklung, eigenverantwortliches Handeln und soziales Verhalten der ihm anvertrauten Schüler fördern. Er soll jederzeit Vorbild sein, ist in höchstem Maße dem Horsemanship verpflichtet und lehnt alle Formen der verbotenen Leistungsbeeinflussung ab.
5. Der Reitschüler bringt dem Reitlehrer denselben Respekt entgegen, den er von ihm erwartet oder bekommt. Ein offenes Gespräch über Ängste und Überforderung hilft mehr als eine emotionale Diskussion in der Reitbahn.
6. Eltern der Reitschüler bzw. Voltigierer sollen motivierend auf ihre Kinder einwirken und die Erwartungen an die sportliche Entwicklung den realen Gegebenheiten anpassen. Übertriebener Ehrgeiz der Eltern fördert Kinder und Jugendliche nicht.
7. Der Pferdesportler vertraut dem Stallbetreiber und dessen Personal sein Pferd an und erwartet eine gute Behandlung sowie eine den Bedürfnissen des Pferdes angepasste Haltung. Die erbrachte Dienstleistung des Betriebes insgesamt wie des einzelnen Mitarbeiters muss anerkannt und honoriert werden. Eventuelle Missstände sind sachlich zu diskutieren und zu beheben.
8. Der Turnierrichter muss eine Leistung vorurteilsfrei und auf der Basis seiner fachlichen Qualifikation bewerten und darf sich nie dem Verdacht der Befangenheit aussetzen.

9. Der Turniersportler hat den Urteilsspruch des Richters im beurteilenden Richtverfahren zu akzeptieren. Bleibt eine Entscheidung unverständlich, ist das klärende Gespräch mit dem Richter das einzig faire Mittel. Polemik in der Öffentlichkeit disqualifiziert den Reiter und verstößt gegen die Grundregeln des Sports.
10. Der Betreiber eines Handelsstalls bzw. der Pferdeverkäufer muss über die gesetzlichen Vorschriften hinaus im Pferdeverkauf verantwortungsvoll handeln und die Vermittlung eines Pferdes am Ausbildungsstand von Pferd und Käufer sowie an der beabsichtigten Nutzung des Pferdes ausrichten.
11. Der Funktionär im Pferdesport muss sich seiner Vorbildfunktion und besonderen Verantwortung für den Sport- und Freizeitpartner Pferd bewusst sein. Er ist nicht nur für den ordnungsgemäßen Betrieb eines Reitstalls, Verbandes, Turniers o.Ä. zuständig, sondern hat zugleich als Ansprechpartner für Politik, Landwirtschaft und Wirtschaft die Interessen der Pferdesportler und Züchter wahrzunehmen und zu vertreten.
12. Jeder Pferdesportler ist Nutznießer der vorhandenen Strukturen und Möglichkeiten innerhalb seines Sports. All jene, die sich ehren- oder hauptamtlich für die langfristige Sicherung des Pferdesports als Breitensport in Natur und Umwelt sowie als Leistungssport einsetzen, verdienen Anerkennung und Unterstützung.

Anmerkung: Wenn von „Reiten" gesprochen wird, ist Fahren und Voltigieren mit eingeschlossen.

Wenn von „Turnierrichter" gesprochen wird sind Richter und Prüfer Breitensport gemeint.

Zu diesem Thema kann die Broschüre „Grundregeln des Verhaltens im Pferdesport" mit ausführlichen Erläuterungen kostenlos bei der Deutschen Reiterlichen Vereinigung e.V. (FN), Warendorf, Telefon +49 (0) 2581 6362-222, E-Mail: pschaffer@fn-dokr.de, bezogen werden.

12 Gebote für das Reiten im Gelände

1. Verschaffe deinem Pferd täglich ausreichend Bewegung unter dem Sattel und möglichst auch auf Weide oder Paddock!

2. Gewöhne dein Pferd behutsam an den Straßenverkehr und das Gelände!

3. Vereinbare alle Ausritte mit Freunden – in der Gruppe macht es mehr Spaß und ist sicherer!

4. Sorge für ausreichenden Versicherungsschutz für dich und das Pferd; verzichte beim Ausritt nie auf den bruch- und splittersicheren Reithelm mit Drei- bzw. Vierpunktbefestigung!

5. Kontrolliere täglich den verkehrssicheren Zustand von Zaumzeug und Sattel!

6. Informiere dich über die gesetzlichen Regelungen für das Reiten in Feld und Wald in deiner Region!

7. Reite nur auf Wegen und Straßen, niemals querbeet und meide ausgewiesene Fuß-, Wander- und Radwege, Uferböschungen und Biotope!

8. Verzichte auf einen Ausritt oder nimm Umwege in Kauf, wenn Wege durch anhaltende Regenfälle weich geworden sind, und passe dein Tempo dem Gelände an!

9. Begegne Fußgängern, Radfahrern, Reitern, Gespannfahrern und Kraftfahrzeugen immer nur im Schritt und sei freundlich und hilfsbereit zu allen!

10. Melde unaufgefordert Schäden, die einmal entstehen können, und regele entsprechenden Schadensersatz!

11. Spreche mit Reit- und Fahrkollegen, die gegen diese Regeln verstoßen!

12. Du bist Gast in der Natur und dein Pferd bereichert die Landschaft, wenn du dich korrekt verhältst!

12 Gebote für das Fahren im Gelände

1. Verschaffe deinen Pferden täglich ausreichend Bewegung im Gespann oder unter dem Sattel und möglichst auch auf der Weide oder auf dem Paddock!

2. Gewöhne deine Pferde behutsam an den Straßenverkehr und das Gelände

3. Vereinbare alle Ausfahrten immer mit mindestens einem erfahrenen Pferdefreund als Beifahrer, der es versteht mit Pferden umzugehen und auf sie einzugehen! Dieses macht die Ausfahrten auch in schwierigen Situationen sicherer und macht auch mehr Spaß.

4. Sorge für ausreichend Haftpflichtversicherungsschutz für die Pferde und das Gespann!

5. Kontrolliere vor jeder Fahrt den verkehrssicheren Zustand von Zaumzeug, Geschirr, Leinen und Bremse!

6. Informiere dich über die gesetzlichen Regelungen für das Fahren in Feld und Wald in deiner Region!

7. Fahre nur auf Wegen und Straßen, niemals querbeet und meide ausgewiesene Fuß-, Wander- und Radwege, Grabenböschungen und Biotope!

8. Verzichte auf eine Ausfahrt oder nimm Umwege in Kauf, wenn Wege durch anhaltende Regenfälle weich geworden sind, und passe dein Tempo dem Gelände an!

9. Begegne Fußgängern, Radfahrern, Reitern und Gespannfahrern immer nur im Schritt und sei freundlich und hilfsbereit zu allen!

10. Melde unaufgefordert Schäden, die einmal entstehen können und regele entsprechenden Schadensersatz!

11. Spreche mit Reit- und Fahrkollegen, die gegen diese Regeln verstoßen!

12. Du bist Gast in der Natur und deine Pferde bereichern die Landschaft, wenn du dich korrekt verhältst!

Auszug aus dem Tierschutzgesetz

in der Fassung vom 25. Mai 1998 (BGBl. I 1998, 1105 ff.)

§ 1

Zweck dieses Gesetzes ist es, aus der Verantwortung des Menschen für das Tier als Mitgeschöpf dessen Leben und Wohlbefinden zu schützen. Niemand darf einem Tier ohne vernünftigen Grund Schmerzen, Leiden oder Schäden zufügen.

§ 2

Wer ein Tier hält, betreut oder zu betreuen hat,

1. muss das Tier seiner Art und seinen Bedürfnissen entsprechend angemessen ernähren, pflegen und verhaltensgerecht unterbringen,
2. darf die Möglichkeit des Tieres zu artgemäßer Bewegung nicht so einschränken, dass ihm Schmerzen oder vermeidbare Leiden oder Schäden zugefügt werden,
3. muss über die für eine angemessene Ernährung, Pflege und verhaltensgerechte Unterbringung des Tieres erforderlichen Kenntnisse und Fähigkeiten verfügen.

§ 3

Es ist verboten,

1. einem Tier außer in Notfällen Leistungen abzuverlangen, denen es wegen seines Zustandes offensichtlich nicht gewachsen ist oder die offensichtlich seine Kräfte übersteigen,

1a. einem Tier, an dem Eingriffe und Behandlungen vorgenommen worden sind, die einen leistungsmindernden körperlichen Zustand verdecken, Leistungen abzuverlangen, denen es wegen seines körperlichen Zustandes nicht gewachsen ist;

1b. an einem Tier im Training oder bei sportlichen Wettkämpfen oder ähnlichen Veranstaltungen Maßnahmen, die mit erheblichen Schmerzen, Leiden oder Schäden verbunden sind und die die Leistungsfähigkeit von Tieren beeinflussen können, sowie an einem Tier bei sportlichen Wettkämpfen oder ähnlichen Veranstaltungen Dopingmittel anzuwenden;

2. ein gebrechliches, krankes, abgetriebenes oder altes im Haus, Betrieb oder sonst in Obhut des Menschen gehaltenes Tier, für das ein Weiterleben mit nicht behebbaren Schmerzen oder Leiden verbunden ist, zu einem anderen Zweck als zur unverzüglichen schmerzlosen Tötung zu veräußern oder zu erwerben;
   ...

5. ein Tier auszubilden oder zu trainieren, sofern damit erhebliche Schmerzen, Leiden oder Schäden für das Tier verbunden sind.

§ 17

Mit Freiheitsstrafe bis zu 3 Jahren oder mit Geldstrafe wird bestraft, wer
...
2. einem Wirbeltier
   a) aus Rohheit erhebliche Schmerzen oder Leiden oder
   b) länger anhaltende oder sich wiederholende erhebliche Schmerzen oder Leiden zufügt.

§ 18

(1) Ordnungswidrig handelt, wer vorsätzlich oder fahrlässig
1. einem Wirbeltier, das er hält, betreut oder zu betreuen hat, ohne vernünftigen Grund erhebliche Schmerzen, Leiden oder Schäden zufügt,
   ...
4. einem Verbot nach § 3 zuwiderhandelt.
   ...

(3) Die Ordnungswidrigkeit kann ... mit einer Geldbuße bis zu fünfundzwanzigtausend Euro ... geahndet werden.

Teil II **Wettbewerbe**

Möglichkeiten und Beispiele

Einführung

Wettbewerbe (WB) im Breitensport stehen für eine große Vielfalt und bieten große Entfaltungsmöglichkeit.

Breitensportliche WB sind für Pferdesportler und Pferde in jeder Hinsicht wertvoll zur Überprüfung der Basisausbildung, zum Vergleich mit anderen Pferdesportlern und Pferden, als Anreiz für die weitere Ausbildung und zum Ausprobieren anderer Reitweisen.

Sportliche Leistungsgrenzen wie „Höhe und Weite" auszuloten ist hier eher ein sekundärer Effekt. Das Anliegen dieser WB ist die Demonstration der breiten Palette an Möglichkeiten, um u.a. auch einer zu frühen Spezialisierung entgegenzuwirken und gleichzeitig allen Zielgruppen ein Angebot zu machen. Die Teilnehmer dieser WB bekommen die Möglichkeit, wertvolle Informationen über den derzeitigen Ausbildungsstand zu erhalten. Ausgedrückt durch WN mit ihren definierten Bedeutungen, durch Fehler und/oder Zeit und auch mündliche oder schriftliche Kommentare. Die Beurteilung erfolgt durch FN- und Anschlussverbands-anerkannte Richter/Prüfer.

Bewusst gibt es für diese WB so gut wie keine festgelegten standardisierten Anforderungen, um der Kreativität der Veranstalter Raum zu lassen und das Eingehen auf Wünsche der verschiedenen Zielgruppen zu ermöglichen.
Es ist alles erlaubt, was unter Berücksichtigung des Tierschutzes und der Sicherheit aller Beteiligten der Sache „Pferdesport" dient. Auch der spielerische Charakter einiger WB muss pferdegerecht umgesetzt werden. Grundsätzlich gilt:

Das Wissen um das Pferd steht vor jedem sportlichen Nutzen.

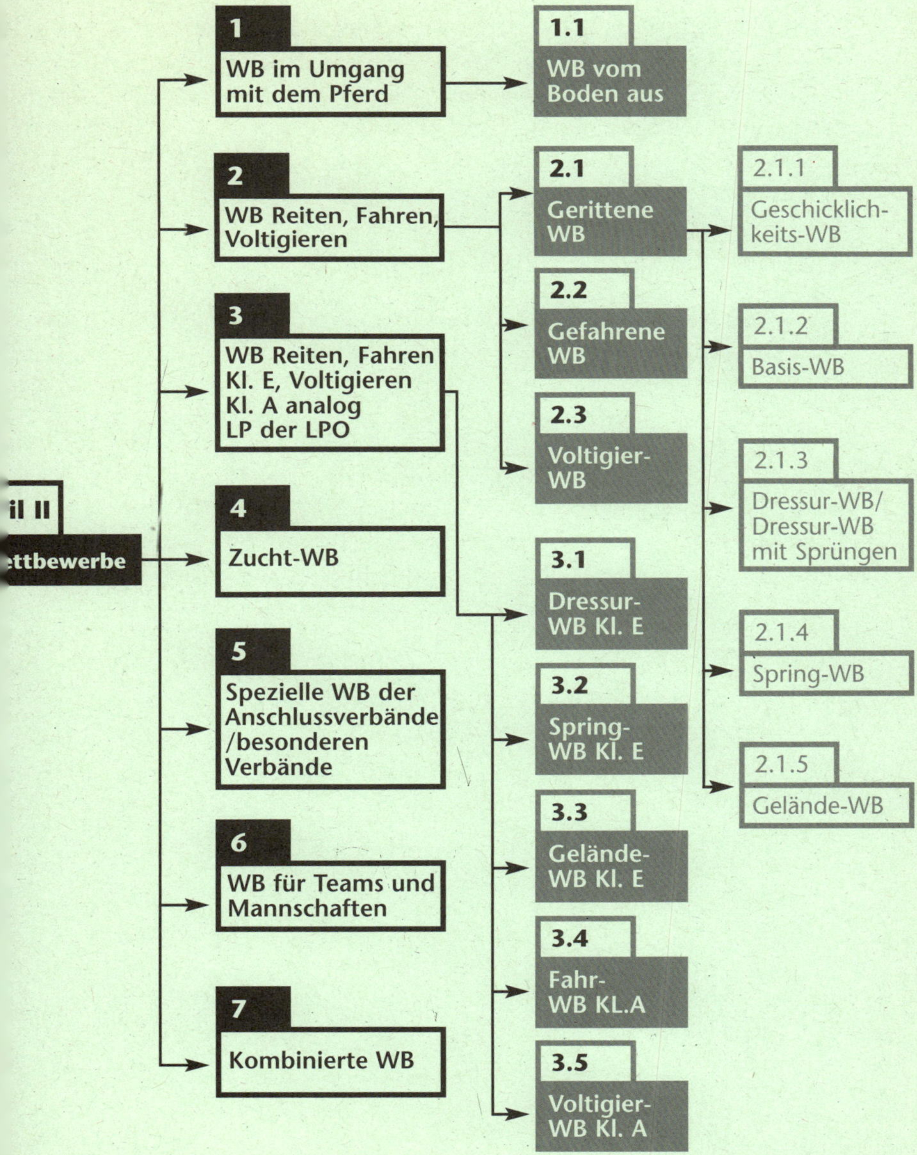
Teil II
Wettbewerbe
1
WB im Umgang mit dem Pferd
1.1
WB vom Boden aus
2
WB Reiten, Fahren, Voltigieren
2.1
Gerittene WB
2.2
Gefahrene WB
2.3
Voltigier-WB
2.1.1
Geschicklichkeits-WB
2.1.2
Basis-WB
2.1.3
Dressur-WB/ Dressur-WB mit Sprüngen
2.1.4
Spring-WB
2.1.5
Gelände-WB
3
WB Reiten, Fahren Kl. E, Voltigieren Kl. A analog LP der LPO
3.1
Dressur-WB Kl. E
3.2
Spring-WB Kl. E
3.3
Gelände-WB Kl. E
3.4
Fahr-WB KL.A
3.5
Voltigier-WB Kl. A
4
Zucht-WB
5
Spezielle WB der Anschlussverbände /besonderen Verbände
6
WB für Teams und Mannschaften
7
Kombinierte WB

Inhaltsverzeichnis der Muster-Wettbewerbe

Die nachfolgend beschriebenen WB eignen sich grundsätzlich für alle Pferdesportler jeden Alters und jeder Zielsetzung. Diese WB sind als Beispiele zu verstehen, die beliebig geändert und modifiziert werden können. Weitere Wettbewerbsideen und Varianten können selbstverständlich nach den gültigen Grundsätzen und Grundregeln der WBO durch den Veranstalter frei erfunden werden. Nachstehende WB-Beschreibungen sind einfach formulierte, für jeden verständliche Beispiele.

Wettbewerbs-Beschreibungen

Erläuterung:
Hinweise im Text wie z.B. ***„siehe ➔ Teil IV/M2"*** heißt: in Teil IV sind unter M2 weitere Informationen zu finden. Die Buchstaben weisen auf die Ursprungsquellen hin:

W = Ergänzungen für einzelne Wettbewerbe

M = Auszüge aus Merkblättern

A = Auszüge aus dem Aufgabenheft LPO

L = Auszüge aus der LPO

1. WB im Umgang mit dem Pferd

1.1 WB vom Boden aus

WBO-WB

1. Geführte Gelassenheitsprüfung (GHP) Stufe I

Geführter Wettbewerb gem. Broschüre „Gelassenheitsprüfung für Sport- und Freizeitpferde". Der Teilnehmer führt sein Pferd durch eine Strecke mit zehn, in der Reihenfolge und Art festgelegten Aufgaben, die Alltagssituationen nachempfunden wurden. Folgende Aufgaben sind im Führen zu absolvieren:
Vortraben an der Hand, Aufsteigende Luftballons hinter einer „Hecke", Stangenkreuz, Flatterband-/Müllpassage, angerollte Bälle aus einer „Heckenlücke", Rückwärtsrichten, aufgespannte Regenschirme, Plane, Rappelsack, Stillstehen
Bewertung:
Das Pferd soll dem Pferdeführer während und zwischen den Aufgaben aufmerksam, aber ruhig und gehorsam mit einer deutlichen Bereitschaft zur Mitarbeit folgen. Darüber hinaus fließt das korrekte Führen in die WN zwischen 1 und 6 (Schulnotensystem) ein.

- **Zugelassene Pferdeführer:** Jeder, der sein Pferd an der Hand beherrscht (und die körperliche und geistige Mindestreife besitzt)

- **Zugelassene Pferde/Ponys**: 3-jährig und älter

- **Ausrüstung des Pferdes:** Trensenzäumung oder Halfter oder Kappzaum. Bandagen, Gamaschen und Springglocken sind erlaubt.

- **Ausrüstung des Führer:** Helmpflicht für Kinder/Jugendliche bis 14 Jahren, festes Schuhwerk, Handschuhe

➔ ***Aufbauskizze: siehe ➔ Teil IV, M1***

2. Geführte Gelassenheitsprüfung (GHP) Stufe II

Gleicher Ablauf wie in Stufe I, aber mit anspruchsvolleren Aufgaben. Weitere Details können der Broschüre „Gelassenheitsprüfung für Sport- und Freizeitpferde" entnommen werden. (Bezug: FN) Adresse siehe Seite 325.

3. Verladetest

Der Führerscheininhaber (PKW und Anhänger) parkt einen Anhänger innerhalb von 3 Minuten rückwärts in eine markierte Zone ein. Ein zweiter Teilnehmer und der Fahrer führen mit ihrem Pferd das korrekte Abladen und Verladen durch: richtiges Führen, Aufladen, Verriegeln, Anbinden. Bewertung: Einparken nach Zeit (Messung ab Startlinie bis Ausschalten des Autos als Signal für das Beenden des Einparkens). Jede mehr benötigte Sekunde zählt einen Strafpunkt. Auf- und Abladen eines Pferdes/Ponys ohne Zeitwertung: Abzüge für unkorrekt ausgeführtes Führen, unkorrekte Maßnahmen. Für die gesamte Aufgabe stehen 6 Minuten zur Verfügung. Umrechnung der Zeit in eine WN, diese wird zu der zweiten WN hinzuaddiert.

- **Zugelassene Pferde:** 3-jährig und älter
- **Zugelassene Autofahrer:** Mit gültigem Führerschein bzw. Führerschein der Kl. BE
- **Ausrüstung des Pferdes:** Halfter und Führstrick, Gamaschen oder Bandagen
- **Ausrüstung des Pferdeführers:** Handschuhe und festes Schuhwerk. Gerte als Hilfsmittel ist erlaubt.

➔ *Umrechnungstabelle: siehe ➔ Teil IV, W1*

4. Der richtige Umgang

Jeder Teilnehmer holt sein Pferd aus der „Box" (simulierter Aufbau): halftert es auf, bindet es an, kratzt die Hufe aus und führt sein Pferd auf die Wiese (simulierter Paddock) und löst den Führstrick.

Anhand eines Bewertungsbogens wird die korrekte Durchführung der verschiedenen Maßnahmen (u.a. Ansprechen, Aufhalftern, Anbinden, Hufe auskratzen, Führen) bewertet. Hauptkriterium ist der Sicherheitsaspekt bei allen Handlungen.

Für jede Maßnahme werden Punkte vergeben. Die Teilnehmer werden entsprechend ihrer Punktzahl rangiert.

- **Zugelassene Pferde:** 3-jährig und älter
- **Zugelassene Pferdeführer:** Alle
- **Ausrüstung des Pferdeführers:** Handschuhe und festes Schuhwerk

5. Vormustern auf der Dreiecksbahn

Jeder Teilnehmer stellt sein Pferd (auf Trense oder Halfter gezäumt) auf der Dreiecksbahn an der Hand vor:

Ablauf:
- „Offene" Aufstellung zu den Richtern/Prüfern mit folgenden Informationen: Name Teilnehmer und Pferd, Angaben zum Pferd: Alter, Farbe, echte Abzeichen, (wenn bekannt: Vater und Vater der Mutter und Zuchtland).
- Anführen auf die linke Seite des Dreiecks zu
- 1. Seite (linke Seite des Dreiecks) Schritt
- nach der Ecke antraben, 2. Seite Trab, vor der nächsten Ecke Schritt
- 3. Seite Schritt
- um die Markierung (z.B. Kegel oder Pflanzenkübel) wenden und erneut, nun von der anderen Seite, „offen" zu den Richtern/Prüfern aufstellen

Ein Helfer mit Peitsche kann, wenn erforderlich, auf der linken Seite des Pferdes und mit genügend Sicherheitsabstand treiben helfen.

Bewertung: Bewertet wird das korrekte Aufstellen, das Aufnehmen der Zügel/des Führstrickes, das Führen, das Durchparieren und die Informationen mit einer WN von 10 bis 0.

- **Zugelassene Pferdeführer:** Alle
- **Zugelassene Pferde:** 3-jährig und älter
- **Zugelassene Ausrüstung Pferde:** Trense oder Halfter
- **Zugelassene Ausrüstung Pferdeführer:** Handschuhe, festes Schuhwerk

➔ *Aufbauskizze Dreieck: siehe ➔ Teil IV, M2*

6. Freie Präsentation und Ausschirren

Der Teilnehmer (und mind. ein Begleiter) fährt sein Gespann vorschriftsmäßig und korrekt angeschirrt auf den WB-Platz ein und präsentiert sein Gespann 3 Minuten nach freiem Ermessen.

Nach dem Aufmarschieren wird das Pferd ausgespannt und abgeschirrt. Der Fahrzaum bleibt auf dem Pferd.

Bewertung: die Schnelligkeit (Zeitnahme und Umrechnung in eine WN), die korrekte Anspannung des Gespanns, das freie Präsentieren und das korrekte Ausspannen und Abschirren mit je einer WN von 10 bis 0, diese werden addiert. Bei Wertnotengleichheit zählt die schnellere Zeit.

- **Zugelassene Fahrer:** Alle, mind. 1 Beifahrer (einer von beiden volljährig)
- **Zugelassene Pferde:** 4-jährig und älter
- **Zugelassene Ausrüstung Pferde:** Trense oder Halfter

- **Zugelassene Ausrüstung Pferdeführer:**
  Handschuhe, festes Schuhwerk

➔ *Muster Umrechnungstabelle: siehe ➔ Teil IV, W2*

7. Zäumen und Satteln

Der Teilnehmer bringt sein Pferd am Halfter in die markierte Zone. Ein Helfer legt Trense/Zäumung und den Sattel an einer vorher festgelegten Stelle ab. Die Prüfer verändern die Verschnallung der Trense. Auf das Startzeichen hin demonstriert der Teilnehmer das korrekte Anpassen und Auftrensen, das Aufsatteln und das richtige Bandagieren (ein Bein) des Pferdes. Der Helfer hält das Pferd fest. Bewertung: die Korrektheit der o.g. Tätigkeiten mit einer WN zwischen 10 bis 0.

- **Zugelassene Reiter:** Alle

- **Zugelassene Pferde:** 4-jährig und älter

- **Zugelassene Ausrüstung Pferde:** Trense/Zäumung, vollständiger Sattel mit Decke, Bandage

2. WB Reiten, Fahren, Voltigieren

2.1 Gerittene WB

2.1.1 Geschicklichkeits-WB

WBO-WB

8. Handpferdereiten

Der Teilnehmer absolviert eine festgelegte Strecke im Schritt und Trab zu Pferde mit einem Handpferd. Das Handpferd ist auf Trense gezäumt und wird am Zügel geführt. Die Strecke enthält 4–5 Aufgaben (z.B. Halten, um eine Tonne herum wenden, über Stangen treten, ein Strohballenlabyrinth, Slalom). Die Aufgaben und Parcoursskizze werden mit der Zeiteinteilung zugesandt. Die Bewertung erfolgt mit einer WN zwischen 10 und 0 für Sitz und Einwirkung. Für jede nicht absolvierte Aufgabe wird 0,5 abgezogen. Die Aufgabe dauert max. 5 Minuten.

9. Allround-WB Aktionsparcours

Der Aktionsparcours (Stufe I) besteht z.B. aus folgenden 8 Aufgaben: „Engpass“ (Schritt), „Querschlag“ (Trab), „Abwehren“ (Trab), „Dickicht“ (Trab), „Slalom“ (Trab), „Rein-Raus“ (Galopp), „Sprung“ (Galopp), „Querast“ (Trab) auf einer Fläche ca. 20 x 40 m. Weitere Details zu den drei Stufen und den Aufgaben können der Broschüre „Allround Wettbewerbe für Halle und Platz“ (FNverlag, 2. Auflage 2005) entnommen werden.

- **Bewertung**: Die Aufgaben sind in der vorgegebenen Reihenfolge zu bewältigen. Jede Aufgabe muss mindestens einmal versucht werden (max. 15 Sekunden je Hindernis). Nach 15 Sekunden wird geläutet und der Teilnehmer kann das nächste Hindernis anreiten. Es wird die Zeit zwischen dem Überreiten der Start- bis zur Ziellinie gemessen. Die Fehlerpunkte werden addiert. Der Teilnehmer mit der geringsten Zeit, den wenigsten Fehlern gewinnt.

- **Ausschluss:**
  - Überschreiten der Höchstzeit von 5 Minuten
  - Weiterreiten nach Nichtbewältigen einer Aufgabe, ohne das Klingelzeichen abzuwarten
  - Nach dem dritten Abklingeln im Gesamtparcours
  - Reiten einer falschen Reihenfolge
  - Reiten eines Hindernisses in der falschen Richtung
  - Auslassen eines Hindernisses ohne mindestens einen Versuch

10. Allround-WB Präzisionsparcours

Der Präzisionsparcours (Stufe I) besteht z.B. aus folgenden 7 Aufgaben: Labyrinth (Schritt), Sackgasse (Schritt), Mühle (Schritt), Wendehammer (Schritt), Hohle Gasse (Schritt), Windbruch (Schritt), Querschlag (im Trab) auf einer Fläche von ca. 20 x 40 m. Weitere Details zu den drei Stufen und den Aufgaben können der Broschüre „Allround Wettbewerbe für Halle und Platz“ (FNverlag, 2. Auflage 2005) entnommen werden.

- **Ablauf:** Je Aufgabe werden 15 Sekunden gerechnet. Jede Aufgabe muss mindestens einmal angeritten werden. Nach Überschreiten der 15 Sekunden an einem Hindernis wird geläutet und es kann das nächste Hindernis angeritten werden. Für den Parcours wird eine Höchstzeit festgelegt.

- **Bewertung:** Die Stilnote: Es gibt eine Gesamtwertnote für den Gehorsam des Pferdes und die Harmonie zwischen Reiter und Pferd zwischen 10 bis 0 (halbe Noten sind möglich). Abzüge für Fehler von der Stilnote: für Abwürfe werden 0,5 Punkte (auch bei mehreren Hindernissen max. 0,5 je Hindernis), 1,0 Punkte Abzug für Auslassen einer Aufgabe.

- **Ausschluss:**
  - Überschreiten der festgelegten Höchstzeit
  - Weiterreiten nach Nichtbewältigen einer Aufgabe, ohne das Klingelzeichen abzuwarten
  - Nach dem 3. Abklingeln im Gesamtparcours
  - Reiten einer falschen Reihenfolge
  - Reiten eines Hindernisses in der falschen Richtung
  - Auslassen eines Hindernisses ohne mindestens einen Versuch

11. Natural Trail

Der Natural Trail ist ein Parcours mit mindestens 6 Hindernissen, wie sie dem Reiter in der Natur begegnen können: z.B. Durchqueren von Wasser, Überreiten einer Brücke, Öffnen und wieder Schließen eines Weidetores vom Pferd aus.

Eine Parcoursskizze wird erstellt und soll vor dem WB vor Ort verteilt werden.

- **Bewertung:** Pro Hindernis gibt es max. 10 (sehr gut) bis mindestens 1 (sehr schlecht) Punkte für die harmonische, kontrollierte, vertrauensvolle Bewältigung jeder Aufgabe. Für das sichere Einhalten der vorgegebenen Gangarten werden zusätzlich max. 5 Punkte vergeben.

12. Fun Trail

Der Fun Trail wird in der Reitbahn geritten. Die Aufgabenstellung: Es sind lustige Hindernisse/Aufgaben zu bewältigen, z.B. Blumen gießen, Schminken oder Verkleiden auf dem Pferd, Transportieren eines Wasserbehälters von A nach B, Wäsche auf eine Leine hängen etc.

Eine Parcoursskizze wird erstellt und soll vor dem WB vor Ort verteilt werden.

- **Bewertung:** Pro Hindernis gibt es max. 10 (sehr gut) bis mindestens 1 (sehr schlecht) Punkte für die harmonische, kontrollierte, vertrauensvolle Bewältigung jeder Aufgabe. Für das sichere Einhalten der vorgegebenen Gangarten werden zusätzlich max. 5 Punkte vergeben.

13. Ponyrennen

Jeweils drei bis vier Ponys treten gemeinsam auf einer Strecke von 500–1000 m an. Start- und Ziellinie sind durch Strohballen und Fähnchen markiert. Bei genügend hohem Nennungsergebnis werden Vorläufe durchgeführt, deren Sieger starten anschließend in einem Finale.
Die Gruppen werden nach Größe und/oder Rassen oder Alter der Reiter eingeteilt und die Länge der Strecke kann für jede Gruppe variiert werden. Die Länge der Finalstrecke richtet sich nach der kürzesten Strecke aus den Vorläufen.

- **Erlaubte Ausrüstung:** mit oder auch ohne Sattel, Wassertrense

- **Bewertung:** Das Pony, das zuerst die Startlinie übertritt, ist Sieger. Für sehr kleine Ponys kann ein Zeitbonus vergeben werden. Sturz des Reiters oder absichtliches Kreuzen/Behindern eines Mitkonkurrenten führen nach Richterentscheidung zum Ausschluss.

14. Horse & Dog Trail

Pferd und Hund absolvieren gemeinsam einen Gehorsamstrail mit verschiedenen Aufgaben für Reiter und Hund: An- und Ableinen des Hundes vom Pferd aus, Ablegen des Hundes, Reiten über eine Plane und wieder Abrufen des Hundes, Vorausschicken des Hundes, bei Fußgehen des Hundes in allen Gangarten.

Eine Parcoursskizze wird erstellt und soll vor dem WB vor Ort verteilt werden.

- **Bewertung:** Pro Hindernis gibt es max. 10 (sehr gut) bis mindestens 1 (sehr schlecht) Punkte für die harmonische, kontrollierte, vertrauensvolle Bewältigung jeder Aufgabe von Pferd und Hund. Für das sichere Einhalten der vorgegebenen Gangarten werden zusätzlich max. 5 Punkte vergeben.

➔ ***Muster-Aufbauskizze: siehe ➔ Teil IV, W10***

15. Gerittene Gelassenheitsprüfung (GHP)

Im Schritt gerittener Wettbewerb gem. Broschüre „Gelassenheitsprüfung für Sport- und Freizeitpferde" (zu beziehen über die FN, Adresse siehe Seite 325). Der Teilnehmer stellt sein Pferd zunächst an der Hand vor, sitzt dann mit bereitgestellter Aufsitzhilfe auf, zeigt sein Pferd auf einer kurzen Trabstrecke und reitet dann im Schritt über eine Strecke mit neun weiteren, in der Reihenfolge und Art festgelegten Aufgaben, die Alltagssituationen nachempfunden wurden.

- **Bewertung:** Mit Noten zwischen 1 und 6 (Schulnotensystem) wird das ruhige, aber fleißig und gleichmäßige Schreiten des Pferdes während und zwischen den Aufgaben bewertet. Das Pferd soll willig auf die möglichst minimalen Reiterhilfen reagieren, vorsichtig, aber couragiert und aufmerksam sein.

- **Zugelassene Pferde/Ponys**: 4-jährig und älter, die eine geführte GHP mindestens einmal mit der WN drei oder besser abgelegt haben.

- **Ausrüstung des Pferdes:** Sattel mit Steigbügeln, Wassertrense oder gebisslose Zäumung (aber kein mechanisches Hackamore) mit oder ohne Reithalfter. Erlaubt sind: Bandagen, Gamaschen, Springglocken, Kronen- und Fesselringe sowie Streichkappen. Ebenfalls Vorderzeug, Vorgurt und Schweifriemen. Nicht erlaubt: Hilfszügel, Fliegenschutz über den Ohren.

- **Ausrüstung des Reiters:** Helmpflicht (bruch- und splittersicherer Reithelm mit Drei- oder Vierpunktbefestigung) für alle Teilnehmer sowie festes, knöchelhohes Schuhwerk mit geeigneter Sohle, Handschuhe. Das Tragen einer Schutzweste wird empfohlen, Gerte und Sporen sind nicht erlaubt.

Folgende Aufgaben sind zu absolvieren:
Aufsitzen mit Aufsitzhilfe, Trabpassage, Stangenkreuz, Flatterbandpassage, aufsteigende Luftballons hinter der „Hecke", Stillstehen und Rückwärtsrichten, aufgespannte Regenschirme, Plane, Rappelsack, Überqueren einer Holzbrücke, Sprühflasche.

➔ ***Muster Aufbauskizze: siehe ➔ Teil IV, M1***

2.1.2 Basis-WB

In diesen Wettbewerben wird auf jeweils einfachstem turniersportlichem Niveau der Ausbildungsstand des Reiters (Sitz, Hilfengebung, Gefühl und Einwirkung) in den jeweiligen Disziplinen überprüft. Das Gerittensein und die Qualität des Pferdes beeinflussen die WN unvermeidlich, werden jedoch nicht als direkte oder vordringliche Begründung der Bewertung herangezogen. Der Gesamteindruck wird auch durch das korrekte Herausgebrachtsein des Pferdes beeinflusst.

WB an der Longe
WB gem. Aufgabenheft LPO

16. Longenreiter-WB

Der Longenreiter-Wettbewerb ist ein Angebot für den jungen Nachwuchsreiter, an der Longe sein Können zu zeigen und schon aktiv an BV teilzunehmen. Dabei kann beim Reiten an der Longe der Umgang mit der Wettbewerbsituation erstmalig erprobt werden. Ausführliche Informationen sind in den „FN-Turniersport-Merkblättern" (www.pferd-aktuell.de) und in den „Richtlinien für Reiten und Fahren, Band 1: Grundausbildung für Reiter und Pferd" zu finden.

- **Anforderungen:** Der Reiter wird mit dem Pferd durch einen Longenführer im Schritt, Trab und Galopp an der Longe vorgestellt. Der Reiter zeigt ohne Zügel verschiedene Übungen (z.B. Leichttraben, Angaloppieren, Armkreisen, Ballfangen) aus einem Anforderungskatalog gem. WBO bzw. Merkblatt. Hilfszügel gem. LPO ***siehe* ➲ *Teil IV, Abb. L2.*** Aufgabenstellung nach Weisung der Richter. Beurteilt werden der Sitz und die Balance des Reiters (Grundzüge eines losgelassenen und ausbalancierten Sitzes sollten erkennbar sein) und der Gesamteindruck (Reiter und Pferd).

- **Ausrüstung Reiter:** ***siehe* ➲ *Teil IV, L1 analog Dressurreiter-LP Kl. E,*** Sporen und Gerte sind nicht erlaubt.

- **Ausrüstung Pferde:** ***siehe* ➲ *Teil IV, L2 analog Dressurreiter-LP Kl. E,*** zusätzlich Ausbinder ***siehe* ➲ *Teil IV, Abb. L2*** „Erlaubte Hilfszügel" und das gleitende Ringmartingal. Bandagen, Gamaschen sind erlaubt.

WBO-WB
17. Longenreiter-Balance-WB

Der Teilnehmer wird von seinem Teampartner an der Longe vorgestellt. Er absolviert mit passend verschnallten Bügeln fünf Runden in gleichmäßigem Galopp im leichten Sitz, möglichst ohne aus dem Gleichgewicht zu kommen.

- **Bewertung:** Der korrekte, gleichmäßige leichte Sitz wird mit einer WN zwischen 10 bis 0 oder mit einem Kommentar beurteilt. Für ein deutliches „Aus-dem-Gleichgewicht-Kommen" wird ein Abzug vorgenommen oder fließt direkt in die Bewertung ein.

- **Ausrüstung Reiter:** ***siehe* ➲ *Teil IV, L1*** analog Dressurreiter-LP Kl. E, Sporen und Gerte sind nicht erlaubt.

- **Ausrüstung Pferde:** ***siehe* ➲ *Teil IV, L2*** analog Dressurreiter-LP Kl. E zusätzlich Ausbinder ***siehe* ➲ *Teil IV, Abb. L2*** „Erlaubte Hilfszügel" und das gleitende Ringmartingal. Bandagen, Gamaschen sind erlaubt.

18. Longenreiter-Balance-WB – Leichter Sitz

Der Teilnehmer wird von seinem Teampartner an der Longe vorgestellt. Er absolviert mit passend verschnallten Bügeln 6 Runden durchgängig im leichten Sitz, möglichst ohne aus dem Gleichgewicht zu kommen.

Nach der dritten Runde im Trab wird angaloppiert, drei Runden Galopp, danach eine Runde Trab, dann eine halbe Runde Schritt, dann Halten. Bewertung: Der leichte Sitz wird in seiner Korrektheit sowie das Balanciervermögen in den Übergängen mit einer WN von 10 bis 0 beurteilt. Für ein deutliches „Aus-dem-Gleichgewicht-Kommen" wird ein Abzug von 0,2 von der WN vorgenommen.

- **Ausrüstung Reiter:** ***siehe* ➲ *Teil IV, L1 analog Dressurreiter-LP Kl. E,*** Sporen und Gerte sind nicht erlaubt.

- **Ausrüstung Pferde:** ***siehe* ➲ *Teil IV, L2 analog Dressurreiter-LP Kl. E*** zusätzlich Ausbinder ***siehe* ➲ *Teil IV, Abb. L2*** und das gleitende Ringmartingal. Bandagen, Gamaschen sind erlaubt.

19. Longenreiter-Balance-WB – Auf dem richtigen Fuß

Der Reiter absolviert mit verbundenen Augen an der Longe sechs Runden im Leichttraben mit zwei Übergängen zum Schritt und erneutem Antraben. Bewertung: Für den balancierten Sitz im Leichttraben erhält er eine WN zwischen 10 bis 0 (1 Dezimalstelle). Für jede Runde mit Leichttraben auf dem richtigen Fuß erhält er 3 Pluspunkte, für jede Phase auf dem falschen Fuß erhält er 1 Punkt Abzug.

- **Ausrüstung Reiter:** ***siehe*** ➲ *Teil IV, L1 analog Dressurreiter-LP Kl. E,* Sporen und Gerte sind nicht erlaubt.

- **Ausrüstung Pferde:** ***siehe*** ➲ *Teil IV, L2 analog Dressurreiter-LP Kl. E* zusätzlich Ausbinder ***siehe*** ➲ *Teil IV, Abb. L2 „Erlaubte Hilfszügel"* und das gleitende Ringmartingal. Bandagen, Gamaschen sind erlaubt.

20. Longenreiter-WB: Welcher Huf fußt wann auf?

Der Reiter wird mit verbundenen Augen zwei Runden im Schritt longiert und gibt mit „jetzt" (Stimme) an, wann der innere Hinterhuf abfußt. Für jedes richtige „Jetzt" erhält er 3 Punkte, für jedes falsche „Jetzt" erhält er 1 Punkt. Dann absolviert er drei Runden im Trab und sagt an, wann der linke Hinterfuß abfußt. Bewertung wie im Schritt.

- **Ausrüstung Reiter:** ***siehe*** ➲ *Teil IV, L1 analog Dressurreiter-LP Kl. E,* Sporen und Gerte sind nicht erlaubt.

- **Ausrüstung Pferde:** ***siehe*** ➲ *Teil IV, L2 analog Dressurreiter-LP Kl. E* zusätzlich Ausbinder ***siehe*** ➲ *Teil IV, Abb. L2 „Erlaubte Hilfszügel"* und das gleitende Ringmartingal. Bandagen, Gamaschen sind erlaubt.

21. Longenreiter-Balance-WB – total

Der Reiter absolviert an der Longe ohne Zügel, die Hände werden frei nebeneinander getragen, Schritt (eine Runde), Trab und Galopp (je drei Runden) im leichten Sitz. Er erhält für die Ausführung des leichten Sitzes, für die Hilfengebung, für das Antraben und Angaloppieren eine WN von 10 bis 0 (1 Dezimalstelle). Für jedes deutliche Aus-dem-Gleichgewicht-Kommen erhält er 0,1 Abzug.

- **Ausrüstung Reiter: siehe ➔ *Teil IV,* L1 analog Dressurreiter-LP Kl. E,** Sporen und Gerte sind nicht erlaubt.

- **Ausrüstung Pferde:** ***siehe* ➔ *Teil IV, L2 analog Dressurreiter-LP Kl. E,*** zusätzlich Ausbinder ***siehe* ➔ *Teil IV, Abb. L2 „Erlaubte Hilfszügel"*** und das gleitende Ringmartingal. Bandagen, Gamaschen sind erlaubt.

22. Longenreiter-Sitzübungen-WB

Der Reiter zeigt mit kurzen Bügeln im Schritt, Trab und Galopp drei Sitzübungen. Je Gangart hat er drei Runden zur Verfügung. Sitzübungen, die nicht beim ersten Mal gelingen, können einmal wiederholt werden. Bewertung: Der Reiter erhält für seinen Balancesitz eine WN von 10 bis 0 (1 Dezimalstelle). Für jede gelungene Übung werden 0,5 Punkte vergeben.

Sitzübungen:
- Füße im Schritt aus den Bügeln herausnehmen und mit den Beinen Fahrradfahren.
- „Bälle" (zwei Stoff- oder Tennisbälle an einer Schnur um den Hals gehängt) jonglieren.
- Im leichten Sitz die Fäuste abwechselnd bis fast an die Pferdeohren vor- und zurückschwingen lassen.

- **Ausrüstung Reiter:** ***siehe* ➔ *Teil IV, L1 analog Dressurreiter-LP Kl. E,*** Sporen und Gerte sind nicht erlaubt.

- **Ausrüstung Pferde:** ***siehe* ➔ *Teil IV, L2 analog Dressurreiter-LP Kl. E*** zusätzlich Ausbinder ***siehe* ➔ *Teil IV, Abb. L2 „Erlaubte Hilfszügel"*** und das gleitende Ringmartingal. Bandagen, Gamaschen sind erlaubt.

Führzügelklassen-Wettbewerbe
WB gem. Aufgabenheft LPO

23. Führzügelklasse-WB

Der Führzügelklassen-Wettbewerb bietet den jüngsten Nachwuchsreitern eine Möglichkeit zur aktiven Teilnahme an Turnieren. Dabei werden das Herausbringen von Pferd/Pony und Reiter und der Umgang mit der Wettbewerbssituation erstmalig erprobt. Ausführliche Informationen sind in den „Richtlinien für Reiten und Fahren, Band 1" zu finden.

Anforderungen: Pferd/Pony und Reiter werden durch eine Person im Schritt und Trab geführt. Das Leichttraben kann verlangt werden. Der Führende soll den Reiter und das Pferd/Pony mehr begleiten als lenkend führen. Aufgabenstellung: nach Weisung der Richter. Beurteilung: Beurteilt werden der Sitz des Reiters (Grundzüge eines losgelassenen und ausbalancierten Sitzes sollten erkennbar sein) und der Gesamteindruck (harmonischer Eindruck von Reiter, Führendem und Pferd/Pony).

- **Ausrüstung Reiter:** ***siehe ➔ Teil IV, L1 analog Dressurreiter-LP Kl. E,*** Sporen und Gerte sind nicht erlaubt.

- **Ausrüstung Pferde:** ***siehe ➔ Teil IV, L2 „Erlaubte Hilfszügel", analog Dressurreiter-LP Kl. E,*** Führzügel, zusätzlich Ausbindezügel ***siehe ➔ Teil IV, Abb. L2 „Erlaubte Hilfszügel"*** und das gleitende Ringmartingal. Bandagen und Gamaschen erlaubt.

WBO-WB

Die Anforderungen können ergänzt werden, z.B.
24. Führzügelklasse mit Theoriefrage(n),
25. Führzügelklasse mit Slalom,
26. Führzügelklasse mit Sattelgurtkontrolle usw.

- **Mindestalter Teilnehmer:** 4 Jahre

- **Ausrüstung:** Trense, Sattel, Führzügel, Ausbindezügel (***siehe ➔ Teil IV, Abb. L2 „Erlaubte Hilfszügel*** und das gleitende Ringmartingal). Bandagen, Gamaschen sind erlaubt. Gerte und Sporen sind nicht erlaubt.

- **Bewertet werden:** Sitz des Reiters, Balance des Reiters, erste Einwirkung (selbstständig antraben) und das korrekte Führen sowie der Gesamteindruck mit einer WN zwischen 10 bis 0.

27. Führzügel-Cross-Country

Für 5-jährige und ältere Pferde am Führzügel. Startberechtigt sind Reiter, die im laufenden Jahr mindestens 5 Jahre alt werden. Zur Ausrüstung gehört ein bruch- und splittersicherer Helm mit Drei- oder Vierpunktbefestigung. Nicht erlaubt: Gerte, Sporen sowie Ausbindezügel. Das gleitende Ringmartingal und Gamaschen sind erlaubt. Der Führende muss im laufenden Jahr mindestens 16 Jahre alt werden.

Das Trio absolviert einen kleinen Geländekurs mit fünf Stationen.

1. Aufgabe: Ausrüstungskontrolle (Trense, Sattel, Bügel, Gurt, Gamaschen)

2. Aufgabe: Drei Fragen „rund ums Pferd", mit jeweils drei Antworten zur Auswahl

3. Aufgabe: Zeigen des Entlastungssitzes im Trab in einer markierten Zone

4. Aufgabe: Durchreiten eines Slaloms (mit vier Kegeln)

5. Aufgabe: Am Führzügel im Trab über einen kleinen Baumstamm (liegt an der Erde, max. 30 cm hoch) „hüpfen" und einen kleinen Hügel rauf- und runterführen.

- **Bewertung:** eine WN von 10 bis 0 (1 Dezimalstelle).
  Zu bewerten sind:
  Aufgabe 1: Vollständigkeit und Korrektheit in der Verschnallung
  Aufgabe 2: Zwei Fragen richtig beantworten
  Aufgabe 3: Korrektheit in der Ausführung
  Aufgabe 4: Balanceverhalten
  Aufgabe 5: Balance und Mitgehen des Reiters in der Bewegung

Reiterwettbewerbe
WB gem. Aufgabenheft der LPO

Reiter-WB

Mit diesem Wettbewerb sollen die ersten Grundlagen der vielseitigen Ausbildung des Reiters überprüft werden. Die Anforderungen beinhalten Sitz und korrekte Ansätze zur richtigen Hilfengebung sowohl im Grundsitz als auch im leichten Sitz.

Ausführliche Informationen sind in den „FN-Turniersport-Merkblättern" (www.pferd-aktuell.de) und in den „Richtlinien für Reiten und Fahren, Band 1: Grundausbildung für Reiter und Pferd" zu finden.

- **Anforderungen:** Einzel- oder Abteilungsreiten nach Weisung der Richter unterhalb der Anforderungen der Klasse E. Das „Bügel überschlagen/überlegen" und der leichte Sitz sollen verlangt werden. Hat die Ausschreibung darauf hingewiesen, kann auch das Springen einzelner bis 50 cm hoher Hindernisse gefordert werden (ohne Hilfszügel, außer Martingal).

- **Beurteilung:** Beurteilt werden der Sitz (Losgelassenheit und Balance) und die Einwirkung des Reiters (korrekte Ansätze zur gefühlvollen Hilfengebung und beginnende Kontrolle des Reiters über sein Pferd/Pony, unabhängig davon, ob das Pferd/Pony mit einem Hilfszügel ausgerüstet ist oder nicht) sowie der Gesamteindruck (Herausgebrachtsein, reiterliches Verhalten des Teilnehmers).

- **Ausrüstung Reiter:** ***siehe ➔ Teil IV, L1 analog Dressurreiter-LP Kl. E***

- **Ausrüstung Pferde:** ***siehe ➔ Teil IV, L2 analog Dressurreiter-LP Kl. E,*** zusätzlich erlaubt: Hilfszügel (***siehe ➔ Teil IV, Abb. L2 „Erlaubte Hilfszügel"*** und das gleitende Ringmartingal) und Bandagen, Gamaschen.

Musterausschreibungstext:

28. Reiter-WB

In einer Gruppe mit max. acht Reitern zeigt der Teilnehmer nach Weisung der Richter Schritt, Trab (leichttraben und aussitzen), Galopp mit und ohne Bügel und den leichten Sitz.

- **Bewertung:** Der Teilnehmer erhält einen Kommentar zu seinem Sitz, zur beginnenden Einwirkung und zum Gesamteindruck. Die Teilnehmer werden entsprechend ihrer Leistung rangiert.

- **Ausrüstung Reiter:** *siehe ➔ Teil IV, L1 analog Dressurreiter-LP Kl. E*

- **Ausrüstung Pferde:** *siehe ➔ Teil IV, L2 analog Dressurreiter-LP Kl. E,* zusätzlich erlaubt: Hilfszügel (*siehe ➔ Abb. L2 „Erlaubte Hilfszügel"* und das gleitende Ringmartingal) und Bandagen, Gamaschen.

29. Reiter-WB mit Sprüngen

Siehe Reiter-WB. Zusätzlich absolvieren die Reiter im Anschluss, nachdem sie die Bügel kürzer geschnallt haben, zwei kleine Hindernisse max. 50 cm hoch (ein Hindernis aus dem Trab, ein Hindernis aus dem Galopp). Hilfszügel, außer dem gleitenden Ringmartingal, müssen vorher entfernt werden.

- **Achtung:** Mindestalter der Teilnehmer festlegen (z.B. mindestens 6 Jahre)

- **Ausrüstung Reiter:** *siehe ➔ Teil IV, L1 analog Spring-LP Kl. E*

- **Ausrüstung Pferde:** *siehe ➔ Teil IV, L2 analog Spring-LP Kl. E,* zusätzlich erlaubt: Hilfszügel (*siehe ➔ Teil IV, Abb. L2 „Erlaubte Hilfszügel"* und das gleitende Ringmartingal)

Springreiter-WB

Der Springreiter-Wettbewerb ist der erste und einfachste Wettbewerb für den Nachwuchsreiter im Springreiten. Es werden bei einfacher Linienführung mit wenigen lösbaren Springaufgaben insbesondere der korrekte leichte Sitz, die Hilfengebung und Einwirkung überprüft.

Ausführliche Informationen sind in den „Richtlinien für Reiten und Fahren, Band 1" und in den „FN-Turniersport-Merkblättern" (www.pferd-aktuell.de) zu finden.

- **Anforderungen:** Nach Weisung der Richter werden in Gruppen bis zu 4 Reitern in Anlehnung an die Anforderungen der Klasse E Hindernisfolgen und/oder Parcoursausschnitte, verbunden mit einfachen, die Einwirkung überprüfenden Aufgaben, geritten. Komplette Parcours entsprechen nicht dem Wettbewerbszweck.

- **Bewertung:** Beurteilt werden der leichte Sitz (Balance, geschmeidiges Vorneigen des Oberkörpers aus der Hüfte heraus), die Einwirkung (Kontrolle über das Pferd/Pony) des Reiters, insbesondere die harmonische Bewältigung der gestellten Aufgaben (Einhalten von Gangart und Tempo, Anreiten der Hindernisse) und der Gesamteindruck (Harmonie der Vorstellung, reiterliches Verhalten des Teilnehmers) während des Wettbewerbes. Hindernisfehler oder Ungehorsam werden nicht bewertet, fließen jedoch in die Notenfindung ein, wenn sie durch den Reiter verursacht wurden. Der „dritte Ungehorsam" bzw. ein Sturz führen zum Ausschluss.

- **Ausrüstung Reiter:** ***siehe ➔ Teil IV, L1 analog Spring-LP Kl. E***

- **Ausrüstung Pferde:** ***siehe ➔ Teil IV, L2 analog Spring-LP Kl. E,***
  Hilfszügel: nur das gleitende Ringmartingal

- **Parcoursskizzen** ***siehe ➔ Teil IV, A8***

Musterausschreibungstext:

30. Springreiter-WB

Nach Weisung der Richter zeigt der Teilnehmer in der Gruppe mit bis zu 4 Reitern den leichten Sitz, danach einzeln das Reiten von Hindernisfolgen und Parcoursausschnitten aus dem Galopp, verbunden mit einfachen reiterlichen Aufgaben. Hindernishöhe bis max. 85 cm.

- **Bewertung:** Der Teilnehmer erhält eine WN von 10 bis 0 (1 Dezimalstelle) für Sitz und Einwirkung, insbesondere für die harmonische Bewältigung der Gesamtaufgabe und den Gesamteindruck. Fehler und Verweigerungen fließen direkt in die WN ein, keine Extraabzüge. Der erste Sturz und dritter Ungehorsam führen zum Ausschluss.

- **Alter Pferd:** 5-jährig und älter

- **Ausrüstung Reiter:** ***siehe ➔ Teil IV, L1 analog Spring-LP Kl. E***

- **Ausrüstung Pferde:** ***siehe ➔ Teil IV, L2 analog Spring-LP Kl. E,*** Hilfszügel: nur das gleitende Ringmartingal.

Dressurreiter-WB

Der Dressurreiter-Wettbewerb ist der erste und einfachste Wettbewerb für den Nachwuchsreiter in der Dressur, in dem reiterliche Grundfertigkeiten (Sitz, Hilfengebung, Gefühl und Einwirkung, korrektes Reiten der Hufschlagfiguren) überprüft werden. Ausführliche Informationen sind in den „FN-Turniersport-Merkblättern“ (www.pferd-aktuell.de) und in den „Richtlinien für Reiten und Fahren, Band 1“ zu finden.

- **Anforderungen:** Nach Weisung der Richter werden in Anlehnung an die Anforderungen der Klasse E Hufschlagfiguren (z.B. ganze Bahn, Zirkel, einfache Schlangenlinie, Handwechsel in der Bewegung auf großen Linien) im Abteilungs- oder auch Einzelreiten in den drei Grundgangarten geritten. ***Hilfszügel gem. ➔ Teil IV, L2 „Erlaubte Hilfszügel“***, aber kein gleitendes Ringmartingal. Bandagen und Gamaschen sind erlaubt.

- **Beurteilung:** Beurteilt werden der Sitz (Losgelassenheit und Balance), die gefühlvolle Hilfengebung und die Einwirkung des Reiters in den geforderten Lektionen, insbesondere das Einhalten der Hufschlagfiguren *(siehe ➲ Teil IV, A2)* sowie der Gesamteindruck (Herausgebrachtsein, reiterliches Verhalten des Teilnehmers).

Musterausschreibungstext:

31. Dressurreiter-WB

Ein oder mehrere Reiter absolvieren nach Weisung der Richter in Anlehnung an die Anforderungen der Klasse E Hufschlagfiguren (z.B. ganze Bahn, Zirkel, einfache Schlangenlinie, Handwechsel in der Bewegung auf großen Linien) im Abteilungs- oder auch Einzelreiten in den drei Grundgangarten. Geritten wird auf dem Viereck (20 x 40). Beurteilt werden der Sitz (Losgelassenheit und Balance), die gefühlvolle Hilfengebung und die Einwirkung des Reiters in den Lektionen, insbesondere das Einhalten der Hufschlagfiguren sowie der Gesamteindruck (Herausgebrachtsein, reiterliches Verhalten des Teilnehmers).

- **Bewertung:** Die Leistung wird mit einer WN von 10 bis 0 (1 Dezimalstelle) beurteilt. Die Verwendung von Hilfszügeln fließt nicht in die WN ein.

  ➲ *Abbildungen Hufschlagfiguren: siehe ➲ Teil IV, A2*

- **Ausrüstung Reiter:** *siehe ➲ Teil IV, L1 analog Dressurreiter-LP Kl. E*

- **Ausrüstung Pferde:** *siehe ➲ Teil IV, L2*. Hilfszügel (*siehe ➲ Abb. in Teil IV, L2 „Erlaubte Hilfszügel"*, aber kein gleitendes Ringmartingal) und Bandagen, Gamaschen sind erlaubt.

Geländereiter-WB

Der Geländereiter-Wettbewerb ist der erste und einfachste Wettbewerb für jeden Reiter im Rahmen seiner vielseitigen Grundausbildung im Geländereiten. Die geforderten Leistungen sind schwerpunktmäßig auf den korrekten leichten Sitz und die Geschicklichkeit des Reiters im Gelände ausgerichtet. Ausführliche Informationen sind in den „FN-Turniersport-Merkblättern" (www.pferd-aktuell.de) und in den „Richtlinien für Reiten und Fahren, Band 1 und 2" zu finden.

- **Anforderungen:** Das Überwinden einer Geländestrecke (ca. 500 bis 1000 m Länge mit ca. sieben Geländehindernissen) mit einzelnen Geländehindernissen (50 bis 70 cm hoch, Hochweitsprünge nicht über 1,00 m weit) und Geländehindernisfolgen nach Weisung der Richter in angemessenem Tempo.

- **Beurteilung:** Beurteilt werden der leichte Sitz zwischen und über den Hindernissen, das Mitgehen mit der Bewegung des Pferdes, die Einwirkung des Reiters, insbesondere die harmonische, selbstverständliche Bewältigung der gestellten Aufgaben (Einhalten eines angemessenen Tempos sowie das rhythmische Anreiten der Hindernisse) und der Gesamteindruck (Herausgebrachtsein, insbesondere sachgemäße und fachgerechte Ausrüstung im Sinne der Richtlinien und des Unfallschutzes sowie die harmonische Vorstellung und das reiterliche Verhalten des Teilnehmers). Ungehorsam fließt ohne direkten Abzug in die Notenfindung ein, wenn er durch den Reiter verursacht wird. Der erste Sturz des Pferdes und dritte Ungehorsam/der zweite Sturz des Reiters führen zum Ausschluss.

Musterausschreibungstext:

32. Geländereiter-WB

Geritten wird eine Strecke von ca. 500 bis 1000 m Länge mit ca. sieben Geländehindernissen, 50 bis 70 cm hoch, Hochweitsprünge nicht über 1,00 m weit und Geländehindernisfolgen nach Weisung der Richter in angemessenem Tempo. Beurteilung: Beurteilt werden der leichte Sitz zwischen und über den Hindernissen, das Mitgehen mit der Bewegung des

Pferdes, die Einwirkung des Reiters, insbesondere die harmonische, selbstverständliche Bewältigung der gestellten Aufgaben und der Gesamteindruck mit einer WN von 10 bis 0 (1 Dezimalstelle).

Ungehorsam fließt ohne direkten Abzug in die Notenfindung ein, wenn er durch den Reiter verursacht wird. Der erste Sturz des Pferdes, der zweite Sturz des Reiters bzw. dritter Ungehorsam des Pferdes führen zum Ausschluss.

- **Ausrüstung Reiter:** ***siehe ➔ Teil IV, L1 analog Geländeritt Kl. E/LPO***

- **Ausrüstung Pferde:** ***siehe ➔ Teil IV, L2 analog Geländeritt Kl. E/LPO***

WBO-WB

33. Mannschafts-Reiter-WB für 3 und mehr Reiter

Drei bis fünf Reiter bilden ein Team. Das Team reitet eine Kurzaufgabe nach Kommando. Die Aufgabe beginnt und endet mit der Grußaufstellung.

- **Ausrüstung:** Hilfszügel (*siehe ➔ Teil IV, Abb. L2 „Erlaubte Hilfszügel"*) und Bandagen sind erlaubt.

- **Dekoration:** Blumenschmuck ist zugelassen

- **Bewertung:** Jeder Reiter erhält eine WN von 10 bis 0 (1 Dezimalstelle) für den Sitz, die beginnende Einwirkung (Übergänge und Hufschlagfiguren) und das ganze Team eine WN für den Gesamteindruck (Herausgebrachtsein, Einheitlichkeit im Outfit-Reiter/Outfit-Teamführer und Präsentation, Abstände) Von den 3 bis 5 Reitern werden die drei besten Ergebnisse gewertet.

➔ ***Muster-Kurzaufgabe und weitere Hinweise: siehe ➔ Teil IV, W4***

Fahrer-WB
WB gem. Aufgabenheft Fahren LPO

Fahrer-WB

Der Fahrer-WB ist der erste und einfachste Wettbewerb für den Nachwuchsfahrer. Die Aufgabenstellung muss entsprechend einfach sein, damit positive Erfahrungen Anreiz für weitere Starts geben. Grundkenntnisse des Achenbach-Systems (***Skizze: siehe ➔ Teil IV, M8***) werden vom Fahrer verlangt.

- **Voraussetzungen und Ausrüstung:** Der WB-Platz sollte ca. 40 x 80 m groß sein. Der Anzug des Fahrers kann ein beliebiger, zweckmäßiger Straßenanzug mit Hut bzw. der korrekte Reitanzug sein.
  Die Ausrüstung der Fahrpferde sowie der Gespanne erfolgt gem. ***LPO (siehe ➔ Teil IV, L2).***

- **Anforderungen:** Einzel- oder Abteilungsfahren von Ein- und/oder Zweispännern nach Weisung der Richter in Anlehnung an die Anforderungen der Kl. E bzw. Fahren der ***Aufgaben FW1 oder FW2 Aufgabenheft Fahren LPO (siehe ➔ Teil IV, A6).***

  Nach Weisung der Richter z.B.
  - Schritt auf beiden Händen
  - Gebrauchstrab auf beiden Händen (evtl. mit Tritte verlängern)
  - Achten auf dem ganzen Platz verteilt
  - Halten
  - einfache Schlangenlinie an der langen Seite

  Das Durchfahren einzelner Hindernisse (Kegelpaare, Spurbreite plus 50 cm) kann je nach Ausschreibung verlangt werden; ohne Abzüge für Umwerfen eines Hindernisses oder Abwurf eines Balles bzw. Ungehorsam des Pferdes oder Absteigen des Fahrers/Beifahrers. Dritter Ungehorsam oder drittes Absteigen des Fahrers/Beifahrers führt zum Ausschluss.

- **Bewertung:** Beurteilt werden Haltung, Leinen- und Peitschenführung des Fahrers sowie der Gesamteindruck.
  - Haltung: Sitz und Haltung des Fahrers auf dem Bock

- Leinenführung und Peitschenführung werden nach den Grundzügen des Achenbach-Fahrsystems bewertet, wie z.B. Verkürzen und Verlängern der Leinen, Einsatz der treibenden Hilfen und das Fahren von Wendungen.
- Gesamteindruck: Zum Gesamteindruck gehören das Herausgebrachtsein und das Zusammenpassen von Pferd/Wagen und Fahrer sowie die harmonische Vorstellung und das Verhalten des Teilnehmers. Ein gepflegtes, altes Geschirr darf nicht weniger positiv beurteilt werden als ein neues, wertvolles Geschirr. Die Qualität der Bewegungen der Pferde soll nicht beurteilt werden, sondern die Hilfengebung und die Einwirkung des Fahrers sind für die Wertnotenfindung entscheidend.

Musterausschreibungstext:

34. Fahrer-WB

Gefahren wird nach dem ***Achenbach-System (Skizze: siehe ➔ Teil IV, M8)*** auf einem Grasplatz ca. 40 x 80 m groß, nach Weisung der Richter oder nach Kommando.

- **Anforderungen:** Einzel- oder Abteilungsfahren von Ein- und/oder Zweispännern in Anlehnung an die Anforderungen der Kl. E oder Fahren der ***Aufgaben FW1 oder FW2 Aufgabenheft Fahren LPO (siehe ➔ Teil IV, A6).***
  Evtl. wird das Durchfahren einzelner Hindernisse (Kegelpaare, Spurbreite plus 50 cm) verlangt. Dabei gibt es keine Abzüge für Umwerfen eines Hindernisses oder Abwurf eines Balles bzw. Ungehorsam des Pferdes oder Absteigen des Fahrers/ Beifahrers. Dritter Ungehorsam oder drittes Absteigen des Fahrers/Beifahrers führen zum Ausschluss.

- **Bewertung:** Beurteilt werden Hilfengebung und die Einwirkung des Fahrers sowie Haltung, Leinen- und Peitschenführung und der Gesamteindruck mit einer WN von 10 bis 0 (1 Dezimalstelle).

- **Ausrüstung der Fahrer:** Der Anzug des Fahrers kann ein beliebiger, zweckmäßiger Straßenanzug mit Hut bzw. der korrekte Reitanzug sein. ***(siehe ➔ Teil IV, L1)***

- **Ausrüstung der Fahrpferde:** Gem. LPO ***(siehe ➔ Teil IV, L2)***

2.1.3 Dressur-WB/Dressur-WB mit Sprüngen

WB gem. Aufgabenheft LPO ➔ *siehe Teil IV, A1*

35. Quadrillen-WB

Eine durch vier teilbare Anzahl von Reitern zeigt eine frei erfundene Quadrille.

- **Mindestanforderungen:** Das Zeigen der drei Grundgangarten, 40 m Schritt am Stück sowie Volten links und rechts (10 m groß) müssen von allen Reitern geritten werden. Die Quadrille wird von dem Teamführer vorgestellt, Pfeifsignale oder Kommandos sind erlaubt.
  Die Musik sollte entweder passend zu den Gangarten der Pferde gewählt werden oder unter ein Thema/Motto gestellt sein. Kostüme sind erlaubt.

- **Bewertung:** Mit einer A- und einer B-Note im Verhältnis 1:1 gem. Leitfaden Mannschaftsdressur-Kür, Paar-/Dreierklasse, Quadrillenreiten der Kl. E, A und L *(siehe ➔ Teil IV, M5)*.

- **Dauer:** 6–8 Minuten

Eigene Musik (beschriftete CD/ Kassette, kein MP3-Player) ist mitzubringen.

36. Dressur-Reiter-WB Kl. E

1 bis 2 Reiter reiten eine Dressurreiteraufgabe Kl. E gem. Aufgabenheft LPO *(siehe ➲ Teil IV, A3).*

Die Aufgabe enthält die drei Grundgangarten im Arbeitstempo, Übergänge zwischen den Gangarten, einfache Hufschlagfiguren und das Halten aus dem Trab.

- **Bewertung:** Eine WN zwischen 10 bis 0 (1 Dezimalstelle) vorrangig für den Grundsitz, die Hilfengebung, die Ausführung der Hufschlagfiguren sowie die Harmonie des Paares, nachrangig fließt das Gerittensein des Pferdes mit in die WN ein.
- **Ausrüstung:** Hilfszügel sind erlaubt ***(siehe ➲ Teil IV, Abb. L2 „Erlaubte Hilfszügel", aber kein gleitendes Ringmartingal).***

WBO-WB

37. Schritt-Trab-Dressur-WB

Je 2 Reiter reiten zusammen eine Kurzaufgabe im Schritt und Trab auf dem Viereck 20 x 40 m. Bewertet werden Sitz und Einwirkung und die Ausführung der Hufschlagfiguren mit einer WN von 10 bis 0 (1 Dezimalstelle).

➲ ***Musteraufgabe: siehe ➲ Teil IV, W5***

38. WB: Sicher in der Hilfengebung?

Der Reiter reitet eine Kurzaufgabe mit vier Stationen: an diesen wird die korrekte Hilfengebung anhand von Lektionen überprüft.

- **Bewertung:** Je Station sind 10 Punkte festgelegt, von diesen wird für Mängel in der Hilfengebung je 1 Punkt Abzug vorgenommen.

➲ ***Musteraufgabe und Bewertungshilfen: siehe ➲ Teil IV, W6***

39. Dressur-WB

Der Reiter absolviert eine vom Veranstalter vorgegebene (selbst zusammengestellte) Aufgabe. Die Anforderungen haben das Niveau der Kl. E: das Reiten der drei Grundgangarten, einfache Hufschlagfiguren wie Schlangenlinie, Zirkel, ganze Bahn, Handwechsel, Halten, Gangartenwechsel und Tempoübergänge.

- **Ausrüstung:** Hilfszügel, Sporen und Gerte sind erlaubt.
- **Bewertung:** Die harmonische Vorstellung des Paares, das korrekte Reiten der Hufschlagfiguren und das Gelingen geschmeidiger Übergänge, der korrekte Sitz und die Hilfengebung des Reiters fließen in eine WN von 10 bis 0 (1 Dezimalstelle) ein.

40. Kostümkür für 4 Reiter

Ein Team absolviert eine frei gestaltete Kür mit Basisanforderungen (Schritt-/Trab- und Trab-/Galoppübergänge, große gebogene Linien, 10-m-Volten auf beiden Händen). Andere Reitweisen und Spezialrassen sind zugelassen. Der Trab oder Galopp darf durch eine Spezialgangart ersetzt werden. Kostüme und Musik können nach freiem Ermessen gewählt werden. Kommandos oder Pfeifsignale sind erlaubt.

- **Anzahl der Reiter**: 4 Reiter je Mannschaft
- **Anforderungen:** Angelehnt an das Niveau der Kl. E
- **Dauer der Aufgabe**: 6 – 8 Minuten
- **Ausrüstung Reiter**: Sporen und Gerte erlaubt. Eigene Musik auf CD oder Kassette (beschriften) mitbringen (kein MP3-Player)
- **Ausrüstung der Pferde:** Bandagen, Ausbindezügel *(siehe ➔ Teil IV, Abb. L2 „Erlaubte Hilfszügel")* sind erlaubt.
- **Bewertung:** Gem. Leitfaden Mannschaftsdressur-Kür, Paar-/Dreierklasse, Quadrillenreiten der Kl. E, A und L *(siehe ➔ Teil IV, M4 und M5)*.

41. Freestyle-Kür mit Kostüm

Je zwei Teilnehmer zeigen zusammen eine Kür nach freiem Ermessen (alle Gangarten und Reitweisen sind erlaubt). Das Kostüm und die Ausrüstung sind der Reitweise bzw. dem Stil anzupassen.

- **Anforderungen und Schwierigkeitsgrad:** Die Gestaltung ist beliebig, alle Gangarten müssen gezeigt werden.
- **Ausrüstung des Pferdes:** Zur Reitweise passende Ausrüstung, Bandagen sind erlaubt.
- **Ausrüstung des Reiters:** Zur Reitweise passende Kleidung, die eigene Musik-Kassette oder CD (kein MP3-Player) ist beschriftet mitzubringen, weitere Statisten ohne Pferd bzw. Zubehör (Pilaren, Garrocha etc.) sind erlaubt.
- **Dauer:** 3 – 4 Minuten
- **Bewertung:** Mit einer WN von 10 bis 0 (1 Dezimalstelle).

42. Zweite Chance-Dressur-WB

Der Reiter absolviert einzeln eine vom Veranstalter vorgegebene kurze Aufgabe. Die Anforderungen haben das Niveau der Kl. E: das Reiten der drei Grundgangarten, einfache Hufschlagfiguren wie Schlangenlinie, Zirkel, ganze Bahn, Handwechsel, Halten, Gangartenwechsel und Tempoübergänge. Doppelt heißt, jede Lektion (einschließlich der Grußaufstellungen) wird sofort zweimal nacheinander geritten. Die Aufgabe beginnt mit dem Aufmarschieren, bei X halten, antraben, rechte Hand und noch einmal aufmarschieren, dann z.B. Schlangenlinie an der langen Seite und an der nächsten langen Seite die zweite Schlangenlinie, auf dem Zirkel angaloppieren, durchparieren und noch einmal angaloppieren usw.

- **Ausrüstung:** Hilfszügel *(siehe* *➔ Teil IV, Abb. L2 „Erlaubte Hilfszügel")*, Sporen und Gerte sind erlaubt.

- **Bewertung:** Die harmonische Vorstellung des Paares, das korrekte Reiten der Hufschlagfiguren und das Gelingen geschmeidiger Übergänge, der korrekte Sitz und die Hilfengebung des Reiters fließen in eine WN von 10 bis 0 (1 Dezimalstelle) ein.

43. Springdressur mit „Sprüngen"

Ein Reiter absolviert mit kurzen Bügeln im Leichtraben und im leichten Sitz im Galopp die vorgegebene Aufgabe. Die Distanz ist durch Spänelinien und seitliche Kegel dargestellt (für den Aufbau: der Galoppsprung ist mit ca. 3 m–3,50 m zu berechnen).

- **Anforderungen:** Das harmonische Reiten von Übergängen Trab-Galopp-Trab und Trab-Halten-Trab, das Einhalten der Linie, das Einhalten der vorgegebenen Galoppsprungzahl, der balancierte Sitz im In-Out.

- **Bewertung:** Mit einer WN zwischen 10 bis 0 (1 Dezimalstelle) für die harmonische Bewältigung der Aufgabe, den angepassten leichten Sitz und die Einwirkung des Reiters. Wird die Distanz nicht mit fünf Galoppsprüngen erfüllt: Abzug 0,5 von der WN.

➔ *Musteraufgabe: siehe ➔ Teil IV, W8*

44. Dressuraufgabe für Springreiter

Ein oder mehrere Reiter absolvieren mit kurzen Bügeln im Leichttraben und im leichtem Sitz im Galopp eine vorgegebene Aufgabe.

- **Anforderungen:** Übergänge im Trab und Galopp, Verlängerung der Galoppsprünge, Verkürzen der Galoppsprünge, Reiten von an das Tempo angepassten Wendungen.

- **Hilfszügel:** Erlaubt ist nur das gleitende Ringmartingal.

- **Dauer:** Ca. 4 Minuten
- **Bewertung:** Der leichte Sitz, die Hilfengebung die korrekten Linien und die Harmonie werden mit einer WN von 10 bis 0 (1 Dezimalstelle) bewertet.

➔ *Musteraufgabe: siehe Teil IV, W9*

45. Caprilli-Test

Dressurmäßige Lektionen werden mit Trabstangen und kleinen Sprüngen kombiniert. Der Reiter zeigt mit Springbügelmaß die verschiedenen Entlastungsformen beim dressurmäßigen und beim Springreiten. Als Hilfszügel ist nur das gleitende Ringmartingal zugelassen.

Bewertet wird mit einer WN von 10 bis 0 (1 Dezimalstelle) die harmonische Vorstellung (das Einhalten von Gangart, Tempo und Rhythmus beim Anreiten und Überwinden der Trabstangen und Hindernisse, das Weiterreiten nach dem Sprung und das Reiten von Wendungen) sowie Sitz und Einwirkung des Reiters. Hindernisfehler, Ungehorsam oder Sturz werden nicht mit einem Abzug bewertet, sondern fließen in die WN ein. Verreiten führt zu einem Abzug von 0,2 Punkten von der WN.

➔ ***Musteraufgaben: siehe ➔ Teil IV, M3, Merkblatt „Caprilli-Test" über die FN zu beziehen (www.pferd-aktuell.de)***

2.1.4 Spring-WB

WB gem. LPO

46. Springquadrille

Eine Anzahl von vier, sechs oder acht Reitern zeigt im leichten Sitz Phantasieformationen über ein in der Mitte der Bahn stehendes Springkreuz und/oder über mehrere Einzelhindernisse, die in der Bahn verteilt sind.

- **Gangart:** Trab und/oder Galopp
- **Höhe der optisch gut wahrnehmbaren Hindernisse:** 60 bis 70 cm. Passend zur Gangart wird die Vorführung mit Musik hinterlegt.
- **Platzgröße:** Mind. 20 x 40 m oder größer
- **Dauer:** Ca. 4 Minuten oder kürzer
- **Bewertung:** Bewertung gem. Leitfaden zum Richten eines Springquadrillen-WB *(siehe ➔ Teil IV, M6)*

WBO-WB

47. Das vielseitige Stangenlabyrinth

Mit Hindernisstangen wird ein Labyrinth in L-Form gelegt. Das Labyrinth wird mit Trabstangen ergänzt. An das L ist ein kleines Hindernis angebaut, das mit dem Labyrinth kombiniert geritten wird:

Aufgaben:
1. über vier Trabstangen traben, danach linke Hand um den Wendekegel
2. über Trabstangen traben mit kleinem Steilsprung dahinter, linke Hand
3. im Trab in das Labyrinth reiten, am „Knick" des L halten, im Schritt anreiten, dann antraben, rechte Hand
4. zwischen der Markierung rechts angaloppieren, leichter Sitz
5. rechte Hand über den kleinen Oxer, Mitte der nächsten kurzen Seite durchparieren zum Trab, durchparieren zum Schritt – Aufgabenende

- **Bewertung:** Eine WN zwischen 10 bis 0 (1 Dezimalstelle) für die harmonische Linienführung, gleichmäßiges Tempo, den geschmeidigen, ausbalancierten Sitz und die Hilfengebung des Reiters sowie den Gesamteindruck.

Aufbauskizze:

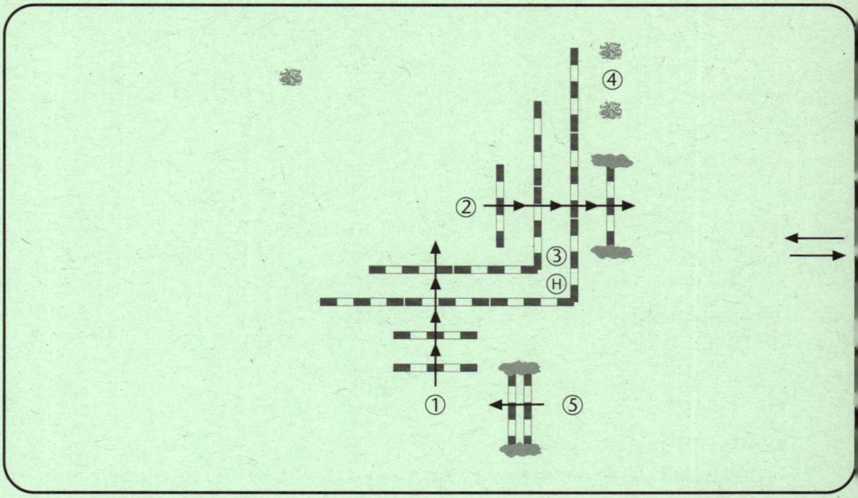

48. Gymnastikreihen mit und ohne Zügel (nur für Hallenveranstaltungen)

Der Reiter absolviert im leichten Sitz eine Springgymnastikreihe zunächst mit Zügel, dann ohne Zügel (werden auf dem Hals verknotet). Die Reihe ist mit Flatterband abgetrennt.

Die Springreihe wird über drei Stufen gesteigert:
1. Stufe: Trabstangen und kleines Kreuz
2. Stufe: Trabstangen, kleines In-Out, kleiner Steilsprung
3. Stufe: Trabstangen, kleines In-Out, kleiner Steilsprung, kleiner Oxer

- **Bewertung:** Der Teilnehmer erhält für die gesamte Übung eine WN von 10 bis 0 (1 Dezimalstelle) für den leichten Sitz und sein Balance- und Reaktionsverhalten in der Reihe.

➔ ***Aufbauskizze: siehe ➔ Teil IV, W11***

49. Die richtige Anzahl Galoppsprünge

Vorstellen des leichten Sitzes auf dem Zirkel nach Weisung der Richter. Auf dem Platz sind zwei bis vier mit verschiedenen Galoppsprungzahlen zu reitende Distanzen markiert. Zwei Distanzen sind im ruhigeren Tempo zu reiten, zwei Distanzen in höherem Tempo. Je eine auf gerader Linie, eine auf großer gebogener Linie.

- **Bewertung:** Der leichte Sitz wird mit einer WN von 10 bis 0 (1 Dezimalstelle) bewertet, für jede passend gerittene Distanz erhält der Teilnehmer 4 Pluspunkte, für jede nicht passende Distanz 1 Punkt Abzug.

➔ *Aufbauskizze: siehe ➔ Teil IV, W12*

2.1.5 Gelände-WB

WBO-WB

50. Gruppen-Geländeritt „à la Reitpass"

Drei Reiter absolvieren gemeinsam mit drei bis vier Pferdelängen Abstand eine Kurz-Geländestrecke mit Hindernissen (60 cm Höhe)/Alltagsaufgaben beim Ausreiten im Gelände (à la Reitpass) mit unterschiedlichen Schwierigkeitsgraden. Jeder Reiter muss mindestens zwei Hindernisse überwunden haben; jedes Hindernis muss mindestens von einem Reiter der Gruppe überwunden werden.

- **Ausrüstung:** Bruch- und splittersicherer Helm mit Drei- oder Vierpunktbefestigung sowie Sicherheitsweste (bei Sprüngen über feste Hindernisse vorgeschrieben)

- **Bewertung:** Die Gruppe erhält eine WN von 10 bis 0 (1 Dezimalstelle) für: Einhalten der Abstände, Tempokontrolle, Übersicht und Gehorsam. Verweigert ein Pferd, so kann neben dem Hindernis weitergeritten werden, um die Gruppe zu erhalten. Reiter, die weniger als zwei Hindernisse überwinden: Abzug 0,2 Punkte; wird ein Hindernis von keinem der Reiter überwunden: Abzug 0,5 Punkte.

51. Reittest, Kombinierter Strecken-WB

Teil-Wettbewerbe:

Teil 1: Reiten einer Aufgabe (nach Kommando, der Vorleser wird gestellt) in der Gruppe auf einem umgrenzten Reitplatz. Im Anschluss der Aufgabe muss jeder Teilnehmer drei Sprünge (60 cm) springen. Jeder Reiter erhält eine WN von 10 bis 0 (1 Dezimalstelle) für Sitz und Einwirkung, diese wird mit 10 multipliziert (z.B. 6,3 = 63 Punkte).

Teil 2: Überprüfung der Ausrüstung von Reiter und Pferd auf Sicherheit: Reitkleidung, Kopfschutz, Trense und Sattel, Beschlag. Von der Maximalpunktzahl werden für fehlerhafte Ausrüstung Punkte abgezogen.

Teil 3: Absolvieren mehrerer Stationen mit Geschicklichkeitsanforderungen im Schritt. Erreichbare Punktzahl je Station = abwerfbare Teile x 10. Für das Abwerfen von Abwurfteilen werden jeweils 10 Punkte abgezogen.

Teil 4: Es wird eine vorgegebene Trabstrecke im Tempo 250 m/Minute. geritten. Das Mitführen einer Uhr ist nicht zugelassen. Die Idealzeit in Sekunden = max. erreichbare Punktzahl. Abweichungen (zu schnell oder zu langsam) ergeben je Sekunde 1 Punkt Abzug.

Teil 5: Reiten einer festgelegten Galoppstrecke im Tempo 450 m/Minute. In der Strecke ist ein „Tor" zu durchreiten. Das Mitführen einer Uhr ist nicht zugelassen. Die Idealzeit in Sekunden = max. erreichbare Punktzahl. Abweichungen (zu schnell oder zu langsam) ergeben je Sekunde 1 Punkt Abzug.

- **Gesamtbewertung:** Die Punkte der Teilprüfungen werden addiert.

52. Mini-Ride and Tie

Jede Gruppe eines Teams besteht aus zwei Reitern, ein Reiter absolviert eine Laufstrecke von 500 m, übernimmt am Ende der Strecke in einer Wartezone das Pferd von seinem Teampartner und reitet eine Geländestrecke mit sechs verschiedenen Geländehindernissen (max. 60 cm, z.B. Stroh, Baumstämme und Ähnliches). Der zweite Reiter absolviert erst die Geländestrecke, übergibt sein Pferd in der Wartezone an den Teampartner und läuft die Laufstrecke. Die Zeitmessung endet, wenn der letzte Reiter/Läufer das Ziel erreicht.
Die Reiter erhalten für die Hindernisstrecke eine WN von 10 bis 0 (1 Dezimalstelle) für den leichten Sitz, die Tempokontrolle und das Springen. Die gelaufene Zeit auf der Laufstrecke wird in eine WN umgerechnet. Die Addition der vier Wertnoten ergibt das Ergebnis des Teams.

➔ *Musterumrechnungstabelle: siehe ➔ Teil IV, W3*

53. „Tempofeeling"-Test/Tempo-Gefühl-Test

Die Teilnehmer reiten eine festgelegte Strecke. Diese ist unterteilt in zwei Galoppstrecken mit zwei unterschiedlichen Tempovorgaben und eine Trabstrecke mit einer großen und einer engen Wendung (durch Tore markiert). Für die einzelnen Abschnitte werden Idealzeiten festgelegt. Die beste Leistung ergibt sich aus dem dichtesten Abstand zur Idealzeit bzw. dem Erreichen der Idealzeit.

- **Ausrüstungshinweis:** Es darf keine Uhr mitgenommen werden.

54. Allround-WB-Gelände

Die Geländestrecke über ca. 1 bis 1,5 km Länge geht über max. zehn gebaute und/oder natürliche Geländehindernisse (z.B. natürlicher Bachlauf und Steilhang) gem. Broschüre „Allround-WB Gelände" (FNverlag, 2005). Beispiel-Aufgaben: Nr. 2) „Abwehren", 3) „Brücke", 4) „Brücke", 11) „Mitnehmen", 18) „Rein-Raus", 21) Slalom", 24) „Umsetzen", 30) „Windbruch".

- **Tempovorgabe:** 350 m/Min.

- **Bewertung:** Nach Fehler und Zeit

- **Fehler:** Fallende Elemente an Hindernissen werden mit je 20 Strafpunkten gewertet. Verweigerung: Die erlaubte Zeit pro Hindernis beträgt 20 Sekunden. Bei Nichtbewältigen des Hindernisses gibt der Hindernisrichter nach Ablauf der 20 Sekunden das Signal zum Weiterreiten zum nächsten Hindernis. Es werden 30 Strafpunkte angerechnet. Der Reiter scheidet aus, wenn er ein Hindernis in der falschen Richtung nimmt/springt, das Signal nicht abwartet oder wenn er ein Hindernis auslässt, ohne den Versuch unternommen zu haben, es anzureiten. Bei Überschreiten der Höchstzeit/Bestzeit: 1 Strafpunkt je angefangene Sekunde.

2.2 Gefahrene WB

WBO-WB

55. „Boxenstopp": Einspänner

Richtiges Ausspannen und Abschirren, Aufschirren und Anspannen. Die Aufgaben werden nach ***Achenbach (siehe ➔ Teil IV, M8)*** in der vorgegebenen Reihenfolge absolviert. Aufgaben sind: Einfahren, drei Minuten freie Präsentation des Gespannes nach eigenem Ermessen im Schritt und Trab, anschließend wird das Gespann aufgestellt mit Blick zu den Richtern.

Alle auf dem Wagen befindlichen Personen (mindestens Fahrer und Beifahrer) spannen das Pferd aus und schirren ab. Der Zaum bleibt aus Sicherheitsgründen auf dem Pferd. Das Pferd wird anschließend wieder aufgeschirrt und angespannt.

- **Bewertung:** Nach Zeit und korrekter Ausführung des Abschirrens, Aufschirrens und Anspannens.

- **Ausrüstung:** Sicheres Geschirr und Zaum, vierrädriger Wagen mit Fußbremse und Rückstrahler, Peitsche, Richtungskelle, mindestens ein Beifahrer. Tachometer nicht erlaubt.

56. Fahren vom Boden aus

Das Pferd wird fachgerecht aufgeschirrt mit Blendklappen und eingezogener Leine. Der Fahrer läuft mit Peitsche hinter dem Pferd und lenkt es durch einen besonderen Geschicklichkeitsparcours. Die Aufgabe wird mit der Zeiteinteilung versendet. Während des Wettbewerbs wird sie von einem Helfer des Veranstalters vorgelesen. Mögliche Elemente: Schritt, Trab, Volten, Kehrtvolten, Schlangenlinie, Handwechsel etc. Offen für alle Rassen. Beurteilt wird mit einer WN von 10 bis 0 (1 Dezimalstelle).

- **Dauer:** Ca. 3–4 Minuten

- **Ausrüstung:** Sicherer Zaum, zum Laufen ohne Wagen geeignetes Geschirr

➲ *Musteraufgabe: siehe ➲ Teil IV, W7*

57. Fahren einer Acht

Ein-/Zweispänner fahren – Eignungstest für Fahrer und Gespann
Aufgabe: Fahren einer einfachen Dressuraufgabe im Viereck 40 x 80 m, im Trab einfahren, **X** halten und grüssen, anfahren im Trab, **C** – rechte Hand eine Acht im gesamten Viereck verteilen (**X** ist der Knotenpunkt), bei **G** halten, grüßen, ausfahren.
Beurteilt wird mit einer WN von 10 bis 0 (1 Dezimalstelle), die korrekt gefahrene Acht, im gesamten Viereck verteilt.

- **Ausrüstung:** Sicherer Zaum und Geschirr, vierrädriger Wagen mit Fußbremse und Rückstrahler, Peitsche, Richtungskelle, Beifahrer

58. Fahrquadrille mit Kostümen

Fahrquadrille mit Kostümen zu einem passenden Thema (z.B. Eisenbahn, vier Jahreszeiten, Indianer, Einwanderer). Eine Quadrille besteht aus Einspännern oder Zweispännern. Jede Fahrquadrille fährt eine Kür nach freiem Ermessen mit kleinen Pflichtteilen an beliebiger Stelle.

- **Mindestanforderungen:** Mind. 40 m Trab- und 40 m Schrittstrecken

- Die Bewertung erfolgt über den ***Bewertungsbogen für Fahrquadrillen (siehe ➔ Teil IV, M7)*** mit einer A- und einer B-Note von 10 bis 0 (1 Dezimalstelle). Bewertungskriterien:
  A-Note: Grundgangarten, Korrektheit der gewählten Figuren, Ausbildung der Pferde, Gehorsam, Losgelassenheit und Durchlässigkeit der Pferde, Fahrfertigkeit der Fahrer, Haltung und Hilfengebung, Gefühl und Einwirkung
  B-Note (künstlerische Gestaltung): Herausgebrachtsein und Zusammenpassen der Pferde und Wagen, Inhalt der Kür, Ideenreichtum, Verteilung der Figuren auf dem Viereck, Übereinstimmung der Bewegungsabläufe mit der Musik, Gesamteindruck (Musik, dressurmäßige Leistung)
- **Dauer:** Ca. 6–8 Minuten

59. Holzrücke-WB

Der Teilnehmer muss mit seinem vor einer Schleppe mit Baumstamm (oder Ähnlichem) gespannten Pferd eine festgelegte Slalom-Strecke von 50 m mit fünf Hindernissen vom Boden aus fahren.

Gewertet wird nach Zeit, Fehler (Auslassen von Hindernissen, Umwerfen von Hindernisteilen) werden als Strafsekunden dazuaddiert. Die Aufgabe dauert max. 4 Minuten.

2.3 Voltigier-WB

WBO-WB

2.3.1 Voltigier-WB mit Motto

60. Themenvoltigieren mit Kostüm

Die Voltigierer zeigen eine frei zusammengestellte Vorführung im Schritt zu einem bestimmten Motto. Max. zwei Voltigierer sind gleichzeitig auf dem Pferd. Die Kostüme und die Musik sind an das Thema angepasst. Vokalmusik ist erlaubt. Die Vorführung darf auf beliebiger Hand erfolgen. Ein Handwechsel ist erlaubt.

- **Teilnehmer:** 4 bis 10 Voltigierer
- **Gesamtzeit der Vorführung:** 6–10 Minuten
- **Bewertung:** WN von 10 bis 0 (1 Dezimalstelle). A-Note für die Schwierigkeit der Kürübungen und ihre Ausführung und B-Note für die künstlerische Gestaltung (Musik und Kostüme). Diese beiden Noten entsprechen einer Punktzahl und werden addiert. Die Gruppe mit der höchsten Punktzahl gewinnt.

61. Pas de deux „Lustige Tierwelten"

- **Teilnehmer:** Zwei Voltigierer zeigen eine Vorführung im Schritt oder im Galopp in Anlehnung an die Klasse A (gem. Aufgabenheft Voltigieren LPO).
- **Kostümierung**: Darstellung von Tieren. Die Musik ist passend zum gewählten Motto zu wählen. Vokalmusik ist erlaubt. Die Vorführung darf auf beliebiger Hand erfolgen.
- **Gesamtzeit:** Max. 2 Minuten
- **Bewertung:** WN von 10 bis 0 (1 Dezimalstelle). A-Note für die Schwierigkeit der Kürübungen und ihre Ausführung und B-Note für die künstlerische Gestaltung (Musik und Kostüme). Diese beiden Noten entsprechen einer Punktzahl und werden addiert. Die Gruppe mit der höchsten Punktzahl gewinnt.

2.3.2 Geschicklichkeits-WB

62. Triathlon für Voltigierstafetten

Jede Stafette besteht aus drei Teilnehmern: Während eines Durchlaufes sind mehrere Aufgaben zu absolvieren:

1) Der erste Teilnehmer (mindestens 14 Jahre alt) führt das Voltigierpferd im Schritt durch einen Parcours (Slalom, Kehrtvolte etc.).
2) Der zweite Teilnehmer zeigt auf einem Holzpferd so viele Pflichtübungen wie möglich.
3) Der dritte Teilnehmer (zeitgleich mit dem zweite Teilnehmer) versucht auf dem Pferd so viele Tennisbälle wie möglich in die um den Zirkel aufgestellten Eimer zu werfen.

- **Wertung:** Es wird die benötigte Zeit für den Parcours, die Anzahl der gezeigten Pflichtübungen und die Anzahl der Tennisbälle im Eimer gewertet. Für die Teilprüfungen 2) und 3) beträgt die erlaubte Zeit 2 Minuten.

- **Bewertung:**
  Teilprüfung 1): Die Anzahl der Teilnehmer entspricht der höchstmöglichen Punktzahl (z. B. 10 teilnehmende Stafetten sind am Start, d. h., die Stafette mit der schnellsten Zeit erhält 10 Punkte, die zweite erhält 9 Punkte usw.).

  Die Anzahl der Pflichtübungen aus der Teilprüfung 2) und die Anzahl der Tennisbälle aus der Teilprüfung 3) werden dazuaddiert. Die Stafette mit der höchsten Punktzahl gewinnt.

63. Catwalk

- **Teilnehmer:** 6 bis 8 Voltigierer

- **Es wird folgendes Material benötigt:** Ständer, 1 Mütze, 1 Schal, 1 Paar Handschuhe, 1 Paar große Stulpen, 1 Weste, 1 Stoppuhr

Dieses Spiel kann sowohl ohne als auch mit Zeitnahme erfolgen oder endet grundsätzlich nach 2 Minuten für jeden Voltigierer. Der Voltigierer sitzt auf dem Pferd. Um den Zirkel verteilt stehen die Ständer, an jedem hängt ein Bekleidungsstück. Es geht immer bei dem Ständer mit der Mütze los. Dieses versucht der Voltigierer – ebenso wie die übrigen Kleidungsstücke – möglichst schnell und ordentlich anzuziehen.

Die Zeitnahme erfolgt immer ab Mützenkontakt bis zum Überstreifen/

Anziehen des letzten Teils oder es werden die Kleidungsstücke gezählt, die innerhalb von 2 Minuten angelegt werden konnten.

64. Fünf Übungen mit Ringen und Reifen

- **Teilnehmer:** 5 bis 10 Voltigierer

Es werden insgesamt fünf Disziplinen absolviert:

1) Ein Voltigierer sitzt auf dem Pferd und versucht von oben den Reifen über die aufgestellten Kegel zu werfen.
   Zeit: 1 Minute
2) Ein Voltigierer versucht auf dem Pferd die Ringe zu fangen, die die anderen Voltigierer (die auf der Zirkellinie verteilt stehen) ihm zuwerfen.
   Zeit: 1 Minute
3) Ein Voltigierer versucht auf dem Pferd im Stehen den Hula-Hopp-Reifen zu schwingen. Während dieser Zeit versucht ein weiterer Voltigierer so viele Aufsprünge wie möglich auf einem Holzpferd (stellt der Veranstalter) zu absolvieren (Minitrampolin ist ggf. mitzubringen).
   Zeit: 1,30 Minuten
4) Beim „Ringvoltigieren" versucht ein Voltigierer mit einer „Lanze" vom Pferd aus so viele Ringe wie möglich von den umstehenden Voltigierern zu bekommen.
   Zeit: 1 Minute
5) In einem zweiminutigen „Abschlussschaubild" zeigt die Gruppe ein schönes Bild der olympischen Ringe:

- **Wertung:** Jede Disziplin (1 bis 4) wird von max. zwei Voltigierern gezeigt. Die Höchstpunktzahl kommt in die Wertung. Die Anzahl der Aufgaben von 1) bis 4) werden zusammenaddiert. Die WN für das Abschlussschaubild wird mal 2 genommen und zu den vier Aufgaben dazugerechnet. Die Mannschaft mit der höchsten Punktzahl gewinnt.

2.3.3 Einsteiger-WB im Schritt

WB gem. Aufgabenheft Voltigieren LPO

65. Gruppenvoltigieren im Schritt

- **Teilnehmer:** 6 bis 10 Voltigierer
- **Anforderungen:**
  Pflicht:
  Möglichkeit 1: Vier Übungen der nachfolgenden Pflicht:
  Aufsprung mit Hilfestellung, freier Grundsitz, Bank-Fahne, Liegestütz mit Abgang nach außen, Quersitz, Knien, Wende nach innen
  Möglichkeit 2: Vier Übungen des Motivationsabzeichens (Hufeisen)
  Aufsprung mit Hilfestellung, Abgang nach innen mit Landung und Auslaufen in Bewegungsrichtung. Grundsitz vw angefasst/frei, Bank vl/rl, Bank vl innere Hand auf dem Rücken des Voltigierers, Seitsitz innen/außen angefasst, Quersitz innen/außen eine Hand frei, Rückwärtssitz angefasst/frei, freies Knien vw/rw, Liegestütz vw, Lieger vw/sw, Sitzen vor dem Gurt vw/rw, Schneidersitz vw/rw angefasst/frei, Standwaage auf dem Pferderücken/in der Schlaufe vw/rw/sw angefasst/frei, Umsteiger im Sitzen

  Kür:
  Möglichkeit 1: A-Pflichtkür (gem. Aufgabenheft Voltigieren LPO) im Schritt
  Zehn der folgenden Kürelemente müssen in der Pflichtkür enthalten sein, um die Höchstpunktzahl 5,0 für den Wert der Schwierigkeit zu erreichen:
  - Aufsprung in den Innen- oder Außensitz
  - Aufsprung ins Knien mit Partnerhilfe von oben
  - Kürabgang aus der unteren Ebene über den Stütz
  - Kürabgang aus der mittleren Ebene (als Partnerübung)
  - Positionswechsel im Sitzen
  - Rollbewegung
  - Sitzen rw vor dem Gurt
  - Querlieger
  - Übung in der Schlaufe
  - Schulterstand mit Partnerhilfe
  - Bank rl auf der Kruppe mit Abspreizen eines Beines

- Prinzensitz frei in beliebiger Richtung

Es dürfen nicht mehr als zwei Voltigierer gleichzeitig auf dem Pferd sein.

Möglichkeit 2: Partnerübungen aus den Anforderungen des Motivationsabzeichens (z.B. kleines Hufeisen)
Zeit für die Kür: 6 Minuten

Der Veranstalter entscheidet sich für jeweils eine der beiden Möglichkeiten in der Pflicht und in der Kür. Die Vorführung beginnt auf beliebiger Hand. Ein Handwechsel ist vorgeschrieben. Ein Handwechsel erfolgt zwischen Pflicht und Kür. Bewertung: Für die Einzelübungen bekommt jeder Voltigierer eine WN von 10 bis 0 (1 Dezimalstelle). Für die Partnerübungen gibt es eine WN für die Ausführung. Die WN werden zusammenaddiert (WN = Punktzahl). Die Gruppe mit der höchsten Punktzahl gewinnt.

- **Zugelassene Pferde:** 6-jährig und älter
- **Ausrüstung Pferde:** Gem. LPO ***(siehe*** ➔ ***Teil IV, L2 analog Voltigier-LP Kl. A)***, Laufferzügel erlaubt
- **Ausrüstung Voltigierer:** Sportgerechte Kleidung **(*analog Voltigier-LP Kl. A)***

WBO-WB

66. Mein erstes Turnier

- **Teilnehmer:** 4 bis 10 Voltigierer
- **Alter:** Max. 9 Jahre

Jeder Voltigierer zeigt zunächst zwei Einzelübungen nach Wahl und ist anschließend in mindestens einer Partnerübung eingebunden. Die Gangart ist frei wählbar.

- **Zeit:** Max. 10 Minuten

- **Bewertung:** Für die Einzelübungen bekommt jeder Voltigierer eine WN von 10 bis 0 (1 Dezimalstelle). Für die Partnerübungen gibt es eine WN, für die Ausführung und für die Gestaltung. Die WN werden zusammenaddiert (WN = Punktzahl). Die Gruppe mit der höchsten Punktzahl gewinnt.

2.3.4 Einsteiger-WB im Galopp

WB gem. Aufgabenheft Voltigieren LPO

67. Einsteigerwettbewerb im Galopp

- **Teilnehmer:** 6 bis 10 Voltigierer

- **Anforderungen:**
  Pflicht:
  A-Pflicht im Galopp
  Aufsprung (der Aufsprung kann mit Hilfestellung im Galopp erfolgen), freier Grundsitz, Bank-Fahne, Liegestütz mit Abgang nach außen, Quersitz, Knien, Wende nach innen

  Kür:
  A-Pflichtkür (gem. Aufgabenheft Voltigieren LPO) im Schritt
  Zehn der folgenden Kürelemente müssen in der Pflichtkür enthalten sein, um die Höchstpunktzahl 5,0 für den Wert der Schwierigkeit zu erreichen:
  - Aufsprung in den Innen- oder Außensitz
  - Aufsprung ins Knien mit Partnerhilfe von oben
  - Kürabgang aus der unteren Ebene über den Stütz
  - Kürabgang aus der mittleren Ebene (als Partnerübung)
  - Positionswechsel im Sitzen
  - Rollbewegung
  - Sitzen rw vor dem Gurt
  - Querlieger
  - Übung in der Schlaufe

- Schulterstand mit Partnerhilfe
- Bank rl auf der Kruppe mit Abspreizen eines Beines
- Prinzensitz frei in beliebiger Richtung

Es dürfen nicht mehr als zwei Voltigierer gleichzeitig auf dem Pferd sein.

Zeit für die Kür: 5 Minuten

Die Vorführung beginnt auf beliebiger Hand. Ein Handwechsel erfolgt zwischen Pflicht und Kür. Die Bewertung erfolgt analog des ***Bewertungsbogens für A-Gruppen gem. Aufgabenheft Voltigieren 2008 (siehe ➲ Teil IV, A7)***.

- **Zugelassene Pferde:** 6-jährig und älter

- **Ausrüstung Pferde:** Gem. LPO (***siehe ➲ Teil IV, L2 analog Voltigier-LP Kl. A)***, Laufferzügel erlaubt

- **Ausrüstung Voltigierer:** Sportgerechte Kleidung ***(analog Voltigier-LP Kl. A)***

3. WB Reiten, Fahren Kl. E, Voltigieren Kl. A analog LP der LPO

WB Kl. E (WBO) analog LP der Kl. E (LPO)

Für die Durchführung dieser WB Kl. E (WBO) analog LP Kl. E (LPO) gelten die Bestimmungen der LPO. Einzusetzen sind ***Turnierfachleute gem. LPO-Vorgabe (siehe ➔ Teil IV, L7).*** Auszuschreiben sind die ***Aufgaben der Kl. E gem. Aufgabenheft LPO (siehe ➔ Teil IV, A3).***

- **Erlaubte Ausrüstung der Pferde/Reiter:** Es gelten die ***Ausrüstungsvorgaben der LPO analog LP Kl. E für WB Kl. E (siehe ➔ Teil IV, L1 und L2).***

- **Ausnahme:** Kl. A und höhere LP der LPO können nur als Ausnahme für besonders definierte Zielgruppen, Themenstellungen und/oder Pferderassen als WB (innerhalb WBO-, WBO-/LPO-Veranstaltungen) ausgeschrieben werden. Sie sind analog zu den entsprechenden LP der LPO zu formulieren. Eine Erfolgsanrechnung/-registrierung erfolgt nicht.

3.1 Dressur-WB Kl. E

68. Dressur-WB Kl. E

Eine Gruppe von drei bis vier Reitern reitet eine festgelegte Aufgabe (gem. Aufgabenheft LPO) nach Kommando.

- **Anforderungen:** Gangartenwechsel zwischen zwei Gangarten, Lektionen (z.B. Halten aus dem Trab, Angaloppieren aus dem Trab) und Hufschlagfiguren der Kl. E. Hilfszügel sind nicht zulässig.

- **Dauer der Aufgabe**: Ca. 3–4 Minuten

- **Bewertung:** Bewertet die Gesamtleistung von Reiter und Pferd sowie Sitz, Hilfengebung, Gefühl und Einwirkung des Reiters mit einer WN von 10 bis 0 (1 Dezimalstelle).

- **Zugelassene Pferde:** 4-jährig und älter
- **Richtverfahren:** *Gemeinsames Richten (siehe ➲ Teil IV, L3/L4)*
- **Ausrüstung Pferd:** *Gem. LPO (siehe ➲ Teil IV, L2).*
- **Ausrüstung Reiter:** *Gem. LPO (siehe ➲ Teil IV, L1)*
- **Aufgabe:** *Gem. Aufgabenheft der LPO (siehe ➲ Teil IV, A3)*

69. Kombinierter Dressur-WB: Pflichtaufgabe und Kür Kl. E

Teil 1: Eine Aufgabe der Kl. E (gem. Aufgabenheft der LPO). Die besten „xy" (beliebig festzulegende Anzahl) Reiter aus dieser Pflichtaufgabe reiten als Finale eine auf dem Niveau der Kl. E frei gestaltete Kür der Kl. E.

- **Dauer:** 4–5 Minuten
- **Bewertung:** Bewertet werden die Gesamtleistung von Reiter und Pferd sowie Sitz, Hilfengebung, Gefühl und Einwirkung des Reiters mit einer WN von 10 bis 0 (1 Dezimalstelle). In der Kür fließen diese Kriterien in eine A-Note für die Ausführung und eine B-Note für den Inhalt mit ein.
- **System:**
  Die Summe der WN der Pflicht und der Kür werden addiert,
  oder
  nur die WN der Kür sind maßgebend.
- **Zugelassene Pferde:** 4-jährig und älter
- **Richtverfahren:** *Gemeinsames Richten (siehe ➲ Teil IV, L3/L4)*
- **Ausrüstung Pferd:** *Gem. LPO (siehe ➲ Teil IV, L2).*
- **Ausrüstung Reiter:** *Gem. LPO (siehe ➲ Teil IV, L1)*
- **Aufgabe:** *Gem. Aufgabenheft der LPO (siehe ➲ Teil IV, A3)*

70. Dressur-WB – Kür Kl. E

Es wird eine auf dem Niveau der Kl. E frei gestaltete Kür der Kl. E geritten. In der Kür sind die drei Grundgangarten mit Gangartenwechseln, Lektionen der Kl. E und frei erfundene Hufschlagfiguren und Formationen zu zeigen.

- **Dauer:** 4–5 Minuten
- Bewertet werden die Gesamtleistung von Reiter und Pferd sowie Sitz, Hilfengebung, Gefühl und Einwirkung des Reiters. Diese Kriterien fließen in eine A-Note von 10 bis 0 (1 Dezimalstelle) und eine B-Note ein ***(gem. Leitfaden Aufgabenheft LPO: siehe ➲ Teil IV, M4 und M5).***
- **Zugelassene Pferde:** 4-jährig und älter
- **Richtverfahren:** ***Gemeinsames Richten (siehe ➲ Teil IV, L3/L4)***
- **Ausrüstung Pferd:** ***Gem. LPO (siehe ➲ Teil IV, L2)***
- **Ausrüstung Reiter:** ***Gem. LPO (siehe ➲ Teil IV, L1)***

3.2 Spring-WB Kl. E

➲ ***Weitere Informationen: siehe ➲ Teil IV, L5***

71. Standardspring-WB Kl. E

Der Parcours besteht aus mind. sieben (in der Halle sechs) Hindernissen, Höhe/Weite 0,85 m +/- 5 cm, Weite -10/+20 cm und höchstens einer Kombination. Die Distanz von Sprung zu Sprung beträgt entweder 7,00 bis 8,00 m oder 10,00 bis 11,00 m. Für Ponys kann diese entsprechend angeglichen werden.

- **Bewertung:** Gem. LPO (Abzüge für Fehler, Verweigerung, Zeitüberschreitung, Ausschluss bei erstem Sturz)

- **Richtverfahren:** Nach Fehler und Zeit
- **Zugelassene Pferde:** 5-jährig und älter
- **Ausrüstung Pferd:** *Gem. LPO (siehe ➲ Teil IV, L2)*
- **Ausrüstung Reiter:** *Gem. LPO (siehe ➲ Teil IV, L1)*

72. Stilspring-WB

Der Parcours besteht aus mind. sieben (in der Halle sechs) Hindernissen, Höhe/Weite 0,85 m +/- 5 cm, Weite -10/+20 cm und höchstens einer Kombination. Die Distanz von Sprung zu Sprung beträgt entweder 7,00 bis 8,00 m oder 10,00 bis 11,00 m. Für Ponys kann diese entsprechend angeglichen werden.

- **Bewertung:** *Gem. LPO siehe ➲ Teil IV, L5* (Abzüge für Fehler, Verweigerung, Zeitüberschreitung, Ausschluss bei erstem Sturz)
- **Richtverfahren:** (*siehe ➲ Teil IV,* L3) Gem. LPO Beurteilung von Sitz und Einwirkung und das harmonische Gesamtbild während des Rittes mit einer WN von 10 bis 0 (1 Dezimalstelle).
- **Zugelassene Pferde:** 5-jährig und älter
- **Ausrüstung Pferd:** *Gem. LPO (siehe ➲ Teil IV, L2)*
- **Ausrüstung Reiter:** *Gem. LPO (siehe ➲ Teil IV, L1)*
  Folgende Varianten sind möglich:
  a) Von der WN werden nur Strafpunkte (Hindernisfehler, Verweigerungen) abgezogen. Es erfolgt keine Zeitwertung. Die Zeit wird nur genommen, um das evtl. Überschreiten der Höchstzeit feststellen zu können
  b) Von der WN werden Strafpunkte für Hindernisfehler, Verweigerungen und für das Überschreiten der „Erlaubten Zeit" abgezogen.
  c) Wie unter a) beschrieben. Das beste Viertel der Teilnehmer reitet ein Stechen mit der Bewertung nach Fehler und Zeit über den gleichen oder einen verkürzten Parcours.

d) Alle Teilnehmer erhalten mit der Bewertung nach Fehlern auch gleichzeitig eine Stil-WN. Bei Strafpunktgleichheit auf Platz 1 bis 5 werden diese Teilnehmer entsprechend der Stil-WN platziert, alle nachfolgenden entsprechend ihrer Fehlerzahl.
Teilnehmer mit gleicher Fehlerzahl teilen sich denselben Platz.

e) Alle Teilnehmer erhalten mit der Bewertung nach Fehlern auch gleichzeitig eine Stil-WN. Bei Punktgleichheit entscheidet die bessere Stil-WN über die Platzierung.

f) Stilspringen mit Standardanforderungen: wie unter a) beschrieben. In den Parcours sind zusätzlich neben den Hindernissen Standardaufgaben (wie z.B. Durchparieren zum Trab an vorgegebener Stelle, Trabstangen o.Ä.) zu bewältigen.

➔ ***Vier Parcoursvorlagen: Siehe ➔ Teil IV, A4***

73. Stafettenspring-WB
(nicht als Pony-WB und nicht für TN unter 16 Jahren zugelassen)

Ein Team aus zwei oder drei Teilnehmern bildet eine Stafette. Das Team reitet gemeinsam ein und aus. Die Staffel (Gerte) wird jeweils nach Überwinden des letzten Hindernisses an den nächsten Reiter übergeben. Fällt die Staffel (egal wo) runter, muss sie vom Reiter wieder aufgehoben werden, erst dann kann er seinen Ritt fortsetzen. Der Parcours wird nacheinander geritten.

- **Richtverfahren:** Nach Fehler und Zeit

- **Bewertung:** Die Zeit wird gemessen, vom Überreiten der Startlinie des ersten Reiters bis zur Überquerung der Ziellinie des letzten Reiters. Der Ausschluss eines Teilnehmers bei dreimaliger Verweigerung führt zum Ausschluss des Teams. Für Fehler (Hindernisfehler, Verweigerung) und Überschreiten der Erlaubten Zeit werden Strafsekunden berechnet. Erster Sturz führt zum Ausschluss ***(siehe ➔ Teil IV, L5)***.

- **Zugelassene Pferde:** 5-jährig und älter

- **Ausrüstung Pferd:** ***Gem. LPO (siehe ➔ Teil IV, L2)***

- **Ausrüstung Reiter:** ***Gem. LPO (siehe ➔ Teil IV, L1)***

74. Zwei-Phasen-Spring-WB

Der Parcours besteht aus zwei Phasen: In der ersten Phase mit fünf Hindernissen wird nach Fehlern und Zeit gewertet. Bleibt der Teilnehmer fehlerfrei in Phase 1, reitet er direkt in die Phase 2 mit vier Hindernissen (die nicht unbedingt Bestandteil von Phase 1 sein müssen) weiter.

- **Bewertung:** Phase 1 Fehler und Zeit, Phase 2 kann nach Fehler und Zeit oder mit einer WN von 10 bis 0 (1 Dezimalstelle) bewertet werden; jeweils mit den entsprechenden Abzügen für Fehler, Verweigerung und Zeitüberschreitung. Für die Zeitwertung gilt: Die Ziellinie von Phase 1 ist gleichzeitig die Startlinie für Phase 2. Erster Sturz führt zum Ausschluss. Für die Platzierung sind das Ergebnis und die Zeit bzw. die WN aus Phase 2 maßgeblich, erst danach werden ggf. Teilnehmer mit dem Ergebnis aus Phase 1 platziert.

- **Zugelassene Pferde:** 5-jährig und älter

- **Ausrüstung Pferd:** *Gem. LPO (siehe ➔ Teil IV, L2)*

- **Ausrüstung Reiter:** *Gem. LPO (siehe ➔ Teil IV, L1)*

75. Mannschaftsspring-WB

Ein Team besteht aus drei bis vier Teilnehmern. Jeder Teilnehmer reitet ein Pferd. Die Startfolge der Teams wird gelost, die Startfolge innerhalb des Teams legt der Mannschaftsführer fest. Der WB kann aus einem oder zwei Umläufen bestehen.

- **Bewertung:** Für das Teamergebnis werden die Ergebnisse und Zeiten der besten drei Teamreiter addiert. Bei WB mit zwei Umläufen werden beide Umläufe getrennt bewertet. Beendet ein Team-Teilnehmer seinen Ritt nicht, erhält er die Strafpunktzahl des Teilnehmers mit der höchsten Strafpunktzahl in diesem WB plus 20 Punkte.

- **Zugelassene Pferde:** 5-jährig und älter

- **Ausrüstung Pferd:** *Gem. LPO (siehe ➔ Teil IV, L2)*

- **Ausrüstung Reiter:** *Gem. LPO (siehe ➔ Teil IV, L1)*

3.3 Gelände-WB

76. Vielseitigkeits-WB Kl. E (VE)

Der WB besteht aus drei Teil-WB: Dressur-WB, Spring-WB, Gelände-WB (an einem Tag). Die Teil-WB können mit Einzelwertung ausgeschrieben werden. Der erste Teil-WB ist Dressur, die beiden anderen Teil-WB können in beliebiger Reihenfolge folgen. Vor dem WB erfolgt eine Verfassungsprüfung und/oder Fitnesskontrollen ***(gem. LPO: siehe ➲ Teil IV, „Pferdekontrolle/Fitnesskontrolle")***.

Dressur:
VS-Aufgabe der Kl. E gem. Aufgabenheft der LPO (siehe ➲ Teil IV, A5)

- **Bewertungsverfahren: *Gemeinsames Richten (gem. LPO, siehe ➲ Teil IV, L3)***

- **Bewertung:** eine WN zwischen 10 bis 0 (1 Dezimalstelle). Nach evtl. Abzügen ***(gem. LPO siehe Teil IV, L4)*** wird die WN mit 10 multipliziert. Diese Zahl wird von 100 abgezogen, das Ergebnis mit 1,5 multipliziert und auf eine Dezimalstelle gerundet.

Gelände:

- Phase A: Wegestrecke Tempo 220 m/Min. max. 20 Minuten, d.h. 4400 m Länge.

- Phase D: Streckenlänge 1000–2000 m, Tempo 450 m/Min., max. 12–15 Sprünge, max. 0,90 m hoch, max. Weite im oberen Teil/im unteren Teil (an der Basis): 1,00 m/1,50 m, Graben: 0,80 m weit, Tiefsprung: 0,90 m tief. Hindernisse sind nummeriert, Kombinationen mit a, b, c gekennzeichnet. Einzelne Hindernisse können zweiteilig (mit zwei verschiedenen Schwierigkeitsgraden) gebaut sein. Der leichtere Teil ist mit einem längeren Weg verbunden. Die Hindernisteile sind beide gesondert ausgeflaggt, beide Teile sind mit einem schwarzen Balken auf der Hindernisnummer markiert. Die Strecke kann Pflichttore enthalten. Eine Skizze der Strecke steht mit dem Zeitpunkt der offiziellen Besichtigung den Teilnehmern zur Verfügung.

- **Bewertung:** Nach Strafpunkten und Zeit zwischen Start- und Ziellinie

- **Zeitwertung:**
  Phase D: Bei Überschreiten der BZ wird je angefangene Sekunde 0,4 Strafpunkte bis zum Erreichen der Höchstzeit (BZ x 2) angerechnet.

Überschreiten der Höchstzeit: Ausschluss, Unterschreiten der BZ wird nicht beachtet. ***Bewertung von Hindernisfehlern: Gem. LPO (siehe ➔ Teil IV, L6)***
Springen:
- **Die Streckenlänge in Metern:** bei zehn Hindernissen max. 600 m.
- **Tempo:** 350 m/Min.
- **Anzahl Sprünge:** 8 – 10
- **Höhe/Weite:** 0,85 m
- **Max. Weite an der Basis:** 1,20 m

- **Bewertung:**
  Hindernisfehler: 4 Strafpunkte
  1. Ungehorsam: 4 Strafpunkte
  2. Ungehorsam: 8 Strafpunkte
  3. Ungehorsam: Ausschluss
  1. Sturz des Reiters: 8 Strafpunkte
  1. Sturz des Pferdes: Ausschluss
  2. Sturz des Reiters: Ausschluss
  Überschreiten der EZ: 1 Strafpunkt pro angefangene Sekunde

- **Platzierung:** Die Strafpunkte werden addiert. Der Teilnehmer mit der geringsten Strafpunktzahl gewinnt. Bei Punktgleichheit entscheidet
  - Zunächst die bessere Leistung in der Geländestrecke (Hindernis- und Zeitfehler).
  - Besteht auch hier Punktgleichheit, die der BZ nächste Zeit in der Geländestrecke.
  - Besteht wiederum Punktgleichheit, zählt die bessere Leistung im Springen (Hindernis- und Zeitfehler).
  - Besteht auch hier Punktgleichheit, die bessere (schnellere) Zeit im Springen.
  - Besteht auch hier Punktgleichheit, die bessere Prozentpunktzahl aus der Dressur.
  - Besteht auch hier Punktgleichheit, werden die Teilnehmer auf dem gleichen Platz rangiert.

- **Zugelassene Pferde:** 5-jährig und älter
- **Ausrüstung Pferd:** *Gem. LPO (siehe ➔ Teil IV, L2)*
- **Ausrüstung Reiter:** *Gem. LPO (siehe ➔ Teil IV, L1)*

77. Geländeritt Kl. E

Die Strecke ist ca. 1000–2000 m lang, Tempo 450 m/Min., max. 12–15 Sprünge, max. 0,90 m hoch, max. Weite im oberen Teil/im unteren Teil (an der Basis): 1,00 m/1,50 m, Graben: 0,80 m weit, Tiefsprung: 0,90 m tief. Hindernisse sind nummeriert, Kombinationen mit a, b, c gekennzeichnet. Einzelne Hindernisse können zweiteilig (mit zwei verschiedenen Schwierigkeitsgraden) gebaut sein. Der leichtere Teil ist mit einem längeren Weg verbunden. Die Hindernissteile sind beide gesondert ausgeflaggt, beide Teile sind mit einem schwarzen Balken auf der Hindernisnummer markiert. Die Strecke kann Pflichttore enthalten. Eine Skizze der Strecke steht mit dem Zeitpunkt der offiziellen Besichtigung den Teilnehmern zur Verfügung.

- **Bewertung:** Nach Strafpunkten und Zeit zwischen Start- und Ziellinie
- **Zeitwertung:** Bei Überschreiten der BZ werden je angefangene Sekunde 0,4 Strafpunkte bis zum Erreichen der Höchstzeit (BZ x 2) angerechnet.
- **Überschreiten der Höchstzeit:** Ausschluss, Unterschreiten der BZ wird nicht beachtet.
- **Bewertung von Hindernisfehlern:** *Gem. LPO (siehe ➔ Teil IV, L6)*
- **Zugelassene Pferde:** 5-jährig und älter
- **Ausrüstung Pferd:** *Gem. LPO (siehe ➔ Teil IV, L2)*
- **Ausrüstung Reiter:** *Gem. LPO (siehe ➔ Teil IV, L1)*

78. Stilgeländeritt Kl. E

Die Strecke ist ca. 1.000–1.500 m lang, Tempo 350–400 m/Min., max. 10–15 Sprünge, max. 0,90 m hoch, max. Weite im oberen Teil/im unteren Teil (an der Basis): 1,00 m/1,50 m, Graben: 0,80 m weit, Tiefsprung: 0,90 m tief. Hindernisse sind nummeriert, Kombinationen mit a, b, c gekennzeichnet. Einzelne Hindernisse können zweiteilig (mit zwei verschiedenen Schwierigkeitsgraden) gebaut sein. Der leichtere Teil ist mit einem längeren Weg verbunden. Die Hindernissteile sind beide gesondert ausgeflaggt, beide Teile sind mit einem schwarzen Balken auf der Hindernisnummer markiert. Die Strecke kann Pflichttore enthalten. Eine Skizze der Strecke steht mit dem Zeitpunkt der offiziellen Besichtigung den Teilnehmern zur Verfügung. Der WB kann mit oder ohne Bestzeit ausgeschrieben werden.

- **Bewertung:** Eine WN von 10 bis 0 (1 Dezimalstelle) für den Leichten Sitz, Einwirkung des Reiters und besonders für das rhythmische, flüssige Überwinden der Strecke und den Gesamteindruck abzüglich evtl. Hindernisfehler ***(gem. LPO siehe ➔ Teil IV, L5)*** und Zeitfehler (wenn mit BZ ausgeschrieben ist).
  Mit BZ: Bei Überschreiten der BZ werden je angefangene Sekunde 0,4 Strafpunkte bis zum Erreichen der Höchstzeit (BZ x 2) angerechnet.

- **Überschreiten der Höchstzeit:** Ausschluss

- **Unterschreiten der BZ:** Wird nicht beachtet.

- **Zugelassene Pferde:** 5-jährig und älter

- **Ausrüstung Pferd:** ***Gem. LPO (siehe ➔ Teil IV, L2)***

- **Ausrüstung Reiter:** ***Gem. LPO (siehe ➔ Teil IV, L1)***

79. Geländeritt mit Stilwertung Kl. E

Die Strecke ist ca. 1000–2000 m lang, Tempo 450 m/Min., max. 12–15 Sprünge, max. 0,90 m hoch, max. Weite im oberen Teil/im unteren Teil (an der Basis): 1,00 m/1,50 m, Graben: 0,80 m weit, Tiefsprung: 0,90 m tief. Hindernisse sind nummeriert, Kombinationen mit a, b, c gekennzeichnet. Einzelne Hindernisse können zweiteilig (mit zwei verschiedenen Schwierigkeitsgraden) gebaut sein. Der leichtere Teil ist mit einem längeren Weg verbunden. Die Hindernissteile sind beide gesondert ausgeflaggt, beide Teile sind mit einem schwarzen Balken auf der Hindernisnummer markiert. Die Strecke kann Pflichttore enthalten. Eine Skizze der Strecke steht mit dem Zeitpunkt der offiziellen Besichtigung den Teilnehmern zur Verfügung.

- **Bewertung:** Nach Strafpunkten und Zeit zwischen Start- und Ziellinie. Innerhalb einer festgelegten Teilstrecke mit mindestens drei Hindernissen/ca. 500 m Länge wird eine Stilnote zwischen 10 bis 0 (1 Dezimalstelle) gem. LPO *(siehe ➔ Teil IV, L3)* gegeben. Bei Strafpunktgleichheit entscheidet die bessere Stilnote über die Platzierung.

- **Zeitwertung:** Bei Überschreiten der BZ werden je angefangene Sekunde 0,4 Strafpunkte bis zum Erreichen der Höchstzeit (BZ x 2) angerechnet.

- **Überschreiten der Höchstzeit:** Ausschluss, Unterschreiten der BZ: wird nicht beachtet.

- **Bewertung von Hindernisfehlern:** *Gem. LPO (siehe ➔ Teil IV, L5)*

- **Zugelassene Pferde:** 5-jährig und älter

- **Ausrüstung Pferd:** *Gem. LPO (siehe ➔ Teil IV, L2)*

- **Ausrüstung Reiter:** *Gem. LPO (siehe ➔ Teil IV, L1)*

80. Gruppengeländeritt Kl. E

Die Gruppe besteht aus zwei bis vier Teilnehmern.
Die Strecke ist ca. 1500–2500 m lang, Tempo 450 m/Min., ca. 10 feste, ausreichend breite Sprünge, max. 0,80 m hoch, bzw. 1,50 m weit. Hinder-

nisse sind nummeriert. Die Strecke kann Pflichttore enthalten. Eine Skizze der Strecke steht mit dem Zeitpunkt der offiziellen Besichtigung den Teilnehmer zur Verfügung.

Jedes Mitglied der Gruppe muss alle Hindernisse/Sprünge in der angegebenen Reihenfolge überwinden. Mehrfaches Überwinden eines Hindernisses/Sprunges sowie Positions-, bzw. Pferdewechsel innerhalb der Gruppe sind zulässig. Für den Start- und Zieldurchgang stehen der Gruppe jeweils 10 Sekunden zur Verfügung.

- **Bewertung der Gruppe:** Nach Strafpunkten und Zeit zwischen Überreiten der Startlinie durch den ersten Reiter und Überreiten der Ziellinie durch den letzten Reiter. Zeitwertung: Bei Überschreiten der BZ werden je angefangene Sekunde 0,4 Strafpunkte bis zum Erreichen der Höchstzeit (BZ x 2) angerechnet. Überschreiten der für Start- bzw. Zieldurchgang zur Verfügung stehenden Zeit führt zum Ausschluss.

- **Bewertung von Hindernisfehlern:** ***Gem. LPO (siehe ➔ Teil IV, L5)***

- **Zugelassene Pferde:** 5-jährig und älter

- **Ausrüstung Pferd:** ***Gem. LPO (siehe ➔ Teil IV, L2)***

- **Ausrüstung Reiter:** ***Gem. LPO (siehe ➔ Teil IV, L1)***

3.4 Fahrer-WB Kl. E

81. Traditions-WB

Der WB ist für Ein- oder Zweispänner oder Tandems konzipiert. Gezeigt werden historische Kutschen und Geschirre. Der WB besteht aus einem „Präsentationsteil" und einem Fahrer-WB.

- **Bewertungskriterien:**
  Präsentation/Gespannkontrolle:
    - Pferde: Gesamtzustand, Pflegezustand, Futterzustand, Frisur, Hufbeschlag

   - Geschirre, Gebisse, Peitsche: die pferde- und funktionsgerechte Anpassung des Geschirrs, das Zusammenpassen von Anspannung, Wagen, Anzug Fahrer/Beifahrer und Pferden
   - Kutschen
   - Anzug Fahrer/Beifahrer
   - Gesamteindruck

  Funktions-WB:

   - Fahrerisches Können: Peitschen- und Leinenhilfen nach Achenbach, Sitz und Haltung auf dem Bock, Beherrschung des Gespanns.
   - Takt- und Taktsicherheit, Beibehaltung der Gangart
   - Losgelassenheit und Anlehnung der Pferde
   - Sicherheit und Ruhe im Gespann

- Für beide Teil-WB wird eine WN von 10 bis 0 (1 Dezimalstelle) gegeben. Für fehlende oder fehlerhafte Ausrüstung werden 0,1 Punkte von der WN abgezogen.
- Fahren ohne Peitsche: Abzug 3 Punkte
- Nichtfahren nach Achenbach: 0,5 Punkte Abzug
- Ausschluss: Leinenführung, Bremsengebrauch und Peitschenführung durch einen Mitfahrer führen zum Ausschluss.
- Die beide Teil-WB werden im Verhältnis 2 : 1 gewertet.

Der Traditions-WB kann kombiniert werden:

82. Traditions-WB mit dem Traditionsgeländefahrer-WB

83. Traditions-WB mit dem Traditonshindernisfahrer-WB

84. Kombinations-WB: Traditions-WB und Tradionsgeländefahrer-WB und Traditionshindernisfahrer-WB

Gem. Merkblatt „Tradionswettbewerbe zur Pflege und Darstellung der traditionellen Fahrkultur" siehe ➔ Teil IV, M8.

- **Zugelassene Pferde:** 5-jährig und älter

- **Ausrüstung Pferd:** *Gem. LPO (siehe ➔ Teil IV, L2)*

- **Ausrüstung Fahrer:** *Gem. LPO (siehe ➔ Teil IV, L1)*

3.5 Voltigier-WB Kl. A

85. Voltigier-WB Kl. A – Gruppenvoltigieren Galopp analog Voltigier-LP Kl. A gem. Aufgabenheft Voltigieren LPO

Mit diesem WB kann die Kl. A, eine LP gem. LPO als WB ausprobiert/getestet werden. Es darf maximal zweimal in diesem WB der Kl. A gestartet werden.

- **Anforderungen gem. Aufgabenheft Voltigieren LPO:**
  A-Pflicht und Pflichtkür im Galopp

  Die **Pflicht** besteht aus sieben Übungen in zwei Blöcken.
  1. Block: Aufsprung, freier Grundsitz, Bank-Fahne, Liegestütz mit Abgang nach außen
  2. Block: Quersitz, Knien, Wende nach innen

  Die Pflichtkür: Zehn der folgenden Kürelemente müssen in der Pflichtkür enthalten sein, um die Höchstpunktzahl 5,0 für den Wert der Schwierigkeit zu erreichen:
  - Aufsprung in den Innen- oder Außensitz
  - Aufsprung ins Knien mit Partnerhilfe von oben
  - Kürabgang aus der unteren Ebene über den Stütz
  - Kürabgang aus der mittleren Ebene (als Partnerübung)
  - Positionswechsel im Sitzen
  - Rollbewegung
  - Sitzen rw vor dem Gurt
  - Querlieger
  - Übung in der Schlaufe
  - Schulterstand mit Partnerhilfe
  - Bank rl auf der Kruppe mit Abspreizen eines Beines
  - Prinzensitz frei in beliebiger Richtung

Es dürfen max. 2 Voltigierer gleichzeitig auf dem Pferd sein.

- **Gesamtzeit**: 11 Minuten
- **Die Bewertung** erfolgt analog des Bewertungsbogen für A-Gruppen gem. Aufgabenheft Voltigieren LPO *(siehe ➔ Teil IV, A7)*.
- **Zugelassene Pferde**: 6-jährig und älter
- **Ausrüstung Pferde:** *Gem. LPO (siehe ➔ Teil IV, L2)*, Laufferzügel erlaubt
- **Ausrüstung Voltigierer:** Sportgerechte Kleidung

4. Zucht-WB

WBO-WB

86. Pferdebeurteilung

Die Teilnehmer bekommen ein Pferd beliebiger Rasse auf Trense gezäumt analog den Anforderungen in Zuchtschauen auf der Dreiecksbahn vorgestellt. (Jeder Teilnehmer stellt sein Pferd für die Beurteilung durch einen anderen Teilnehmer an der Hand vor). Anhand eines Vordrucks gibt der Teilnehmer eine Beurteilung des Pferdes/Ponys ab.

Die Fragen haben das Thema: Nennen der Körperteile, Lagebeschreibung der Körperteile, Farbe, Abzeichen (echte und unechte) sowie das richtige Führen.

Für jede richtige Antwort erhält der Teilnehmer 5 Punkte.

- **Ausrüstung des Teilnehmers:** Handschuhe und festes Schuhwerk

➔ ***Skizze Dreiecksbahn: siehe ➔ Teil IV, M2***

87. Vormustern

Jeder Teilnehmer stellt sein Pferd auf der Dreiecksbahn in zwei Teilwettbewerben vor:

a) Aufstellung im Stand
Aufstellung an der Markierungslinie: Der Vorführende tritt vor das Pferd, nimmt die Zügel in beide Hände. Das Pferd wird so aufgestellt, dass die Richter es von beiden Seiten begutachten können. Dabei sollen alle vier Beine gleichmäßig belastet und das Pferd „offen" zur Richterseite hin stehen. Bei der Vorstellung sind Alter, Rasse, Farbe und Abzeichen anzugeben.

b) Vormustern in der Bewegung
Der Daumen wird dabei auf den linken Zügel und das Zügelende gelegt. Dann tritt der Teilnehmer links neben die Schulter des Pferdes und führt es auf die Mittellinie des Dreiecks, wendet um die Markie-

rung nach rechts und führt es wieder gerade auf die Richter zu. Danach führt er das Pferd rechts herum zur ersten Seite des Dreiecks. Zu Beginn der Seite wird angetrabt, einmal um das Dreieck (Durchparieren zum Schritt an den Ecken des Dreiecks erlaubt). Vor den Richtern ist wieder zum Schritt durchzuparieren. Das Pferd wird im Schritt gewendet und wieder vor den Richtern offen aufgestellt.

- **Bewertung:** Beurteilt wird das korrekte Vormustern in Anlehnung an das FN-Merkblatt (www.pferd-aktuell.de): das Aufnehmen der Zügel und die Zügelhaltung, die Aufstellung des Pferdes, Vorstellung des Pferdes durch die führende Person (Positionierung am Pferd, Ausführen der Wendungen, das Führen, Tempi- und Gangartenübergänge). Die Bewertung erfolgt in zwei WN von 10 bis 0 (1 Dezimalstelle), die addiert werden.

➔ *Skizze Dreiecksbahn: siehe ➔ Teil IV, M2*

88. WB Wo und was ist was?

Teil a) Jeder Teilnehmer lost drei verschiedene Begriffe (Pferdekörperteile, Fachbegriffe) aus einem Fragenpool, die er am Pferd oder Modell anzeigen soll. Für jede richtige Antwort bekommt er 5 Pluspunkte, für jede falsche Antwort 1 Punkt Abzug.

Teil b) Jeder Teilnehmer zieht aus einem Fragenpool drei Fragen zum Thema Zucht: z.B. „Was ist Abstammung", „Was ist Körung", „Was ist Stockmaß", „Wie wird das Pferdegebäude beschrieben" u.Ä. Für jede richtige Antwort erhält er 5 Pluspunkte, für eine falsche oder nicht gewusste Antwort 0 Punkte.

Fachbegriffe: Siehe „Richtlinien für Reiten und Fahren Band 4: Haltung, Fütterung, Gesundheit und Zucht" FNverlag, Warendorf).

5. Spezielle WB der Anschlussverbände/ besonderen Verbände

Bundesverband für klassisch-barocke Reiterei e.V.

Kür-WB Kl. E für Barockpferde

- **Teilnahmeberechtigt sind:** Pferde ab 4 Jahre, alle Reiter
- **Zugelassene Pferderassen:** Pferde aller Rassen mit Bezug zum Barock
- **Bekleidung:** Originaltracht (z.B. spanisch, portugiesisch) oder beliebige Kostüme
- **Ausrüstung:** Gerte und Sporen erlaubt
- **Dauer:** 4 – 4,5 Minuten
- **Bewertung:** Die Kür wird nach folgenden Gesichtspunkten zu gleichen Teilen mit einer WN von 1 bis 10 (1 Dezimalstelle) bewertet:

  A-Note:

  1) Gesamteindruck
  2) Ausführung der Pflichtübungen, insbesondere hinsichtlich Takt, Losgelassenheit, Energie und Elastizität

  B-Note:

  3) Harmonie zwischen Pferd und Reiter
  4) Choreographie und Musik

     Pflichtelemente:
     - Mittelschritt (mind. 40 m zusammenhängend)
     - Arbeitstrab
     - einfache Schlangenlinie (links oder rechts)
     - Volte links und rechts
     - Arbeitsgalopp
     - einfache Galoppwechsel über Schritt oder Trab von links nach rechts und von rechts nach links
     - Mittelgalopp

Seitliches Übertreten und zirzensische Lektionen (Spanischer Schritt, Kompliment ...) dürfen in der Kür gezeigt werden und gehen in die B-Note ein.

Deutscher Akademischer Reiterverband e.V – (DAR)

Studententurnier mit WB analog LP der LPO

Für die besondere Zielgruppe „Studenten" ausgeschriebene Turniere sind Einladungsturniere, bei denen die Studentenreitgruppe einer Universität Teams anderer Universitäten einlädt. Es gibt Nachwuchsturniere, normale Studententurniere, internationale Studententurniere sowie entsprechende Meisterschaften. Es wird auf zur Verfügung gestellten Pferden des Ausrichters geritten. Den Reitern werden Pferdegruppen vorgestellt und zugelost. Üblicherweise lädt die jeweils ausrichtende Studentenreitgruppe 6 bis 15 Mannschaften anderer Universitäten mit jeweils drei Teilnehmern ein. Diese müssen zunächst eine A-Dressur und ein A-Springen absolvieren. Dabei muss sich jeder Teilnehmer mit jeweils zwei anderen Reitern anderer Mannschaften messen, die nacheinander auf demselben Pferd denselben WB reiten. Der jeweils beste Reiter auf einem Pferd erreicht die nächste Runde, eine L-Dressur (Trense) bzw. ein niedriges L-Springen. Darauf folgt eine L-Dressur (Kandare) bzw. ein etwas höheres L-Springen. Im Finale stehen sich jeweils noch zwei Teilnehmer in einer M-Dressur bzw. einem M-Springen gegenüber.

Erste Westernreiter Union Deutschland e.V. – (EWU)

Western Horsemanship:

Allgemeines und Bewertungskriterien

Bewertet wird der Reiter nach Sitz und feiner Hilfengebung. Die Vorstellung soll kontrolliert und harmonisch wirken. Die schnell aufeinanderfolgenden Manöver bedingen ein sehr ruhiges Grundtempo.

Prüfungsablauf
Die Prüfung besteht aus zwei Teilen:
1. der Einzelaufgabe (Pattern), die 80 Prozent der Bewertung ausmacht
2. der Gruppenaufgabe (Railwork)

■ Einzelaufgabe (Pattern)
Der Richter bestimmt die Einzelaufgabe und gibt sie spätestens eine Stunde vor Turnierbeginn bekannt (Aushang Meldestelle und Abreiteplatz). Das Pattern der Einzelaufgabe ist gezeichnet und beschrieben. Werden Marker eingezeichnet, so muss zu ersehen sein, auf welcher Seite der Marker geritten wird.

■ Gruppenaufgabe (Railwork)
Es obliegt dem Richter zu entscheiden, welche Teilnehmer für die Gruppenaufgabe aufgefordert werden und welche Gangarten und Manöver in der Gruppenaufgabe verlangt werden.

Barrel Race:
Barrel Race ist eine Prüfung nach Zeit.

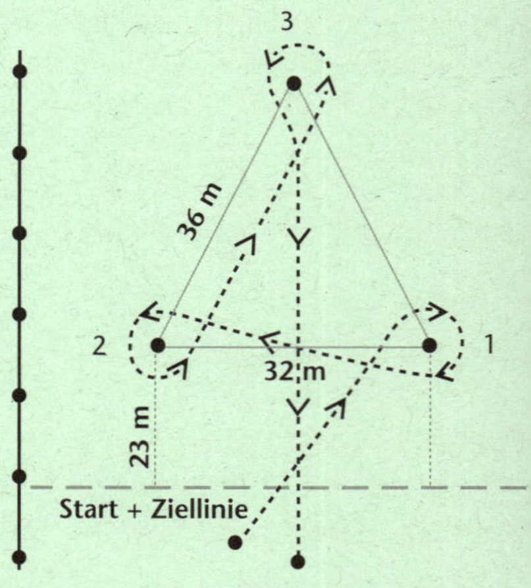

Der Rennkurs muss exakt ausgemessen werden. Bei Platzproblemen wird dieser Kurs um je fünf Meter verkleinert, bis er ohne Probleme auf dem vorhandenen Reitplatz angelegt werden kann. Die Distanz von der dritten Tonne bis zur Ziellinie wird nicht verkürzt, wenn noch genügend Platz zum Anhalten des Pferdes bleibt. Zwischen Tonnen und Reitbahnbegrenzung ist ein angemessener Sicherheitsabstand einzuhalten. Es sollten an der Bande Start/Ziellinienmarkierungen angebracht werden. Eine elektrische Zeitnahme wird, falls vorhanden, aufgestellt. Es müssen mindestens zwei Stoppuhren benutzt werden. Als offizielle Zeit gilt die Durchschnittszeit.

Den Teilnehmern ist ein fliegender Start erlaubt. Die Zeit wird jeweils genommen, wenn die Nase des Pferdes die Start/Ziellinie erreicht.

Auf das Signal des Starters hin überquert der Teilnehmer die Startlinie und umrundet die Tonne Nr. 1 im Rechtsbogen, reitet dann zur Tonne Nr. 2 und umrundet diese in einem Linksbogen; danach umrundet er die Tonne Nr. 3 in einem Linksbogen und reitet zwischen den Tonnen Nr. 1 und 2 zurück über die Ziellinie.

Alternativer Rennkurs

Der Reiter galoppiert zuerst zur Tonne Nr. 2 und umrundet diese in einem Linksbogen, reitet dann in einem Rechtsbogen um Tonne Nr. 1 und umrundet schließlich die Tonne Nr. 3 in einem Rechtsbogen. Im Übrigen wie bei der oben beschriebenen Lösung zurück über die Ziellinie. Für das Einreiten ohne Hut oder das Umwerfen einer Tonne erhält der Teilnehmer fünf Strafsekunden. Einschlagen eines falschen Weges hat die Disqualifikation zur Folge. Es ist erlaubt, die Tonnen mit den Händen zu berühren.

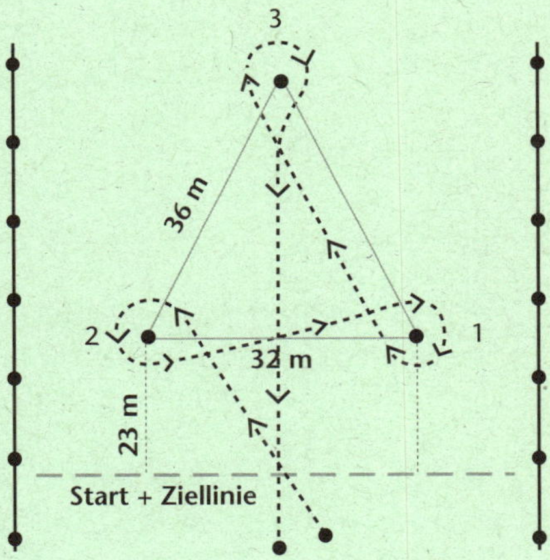

Bei Zeitgleichheit entscheidet ein- oder mehrmaliges Stechen.

Erster Trekkingclub Deutschland e.V. – (ETCD)

Beispiel Trekking-WB

Einsteigerritt Klasse E mit Motto (z.B. Schatzsuche, Wilder Westen, Ritter, Weltreise ...)

WB für Einzelreiter oder Teams mit bis zu vier Reitern, er besteht aus einer 15–25 km langen Strecke mit vier Etappen und einem Geschicklichkeitsparcours.

Die Strecke wird vor dem Start abgezeichnet oder die TN erhalten eine Kopie mit der Strecke. Angegeben sind die anzureitenden Etappenziele,

Kontrollpunkte und/oder die zu reitende Strecke. An den vier Etappenzielen können entsprechend dem Motto Geschicklichkeitsaufgaben gestellt werden.

- **Bewertung:** Je Etappe max. 25 Punkte. Für jede Etappe gibt es eine Idealzeit. Je Minute Abweichung nach oben oder unten wird 1 Punkt abgezogen. An den Kontrollpunkten wird durch Stempel, Bilder, Süßigkeiten oder Ähnliches, die bei den folgenden Etappenzielen abgefragt werden, das Einhalten der Strecke kontrolliert. Für ausgelassene Kontrollpunkte werden je 5 Punkte abgezogen. Die Rittgeschwindigkeit liegt bei max. Tempo 8 = 7,5 km/h.

An diese Teilprüfung schließt sich ein Geschicklichkeitparcours mit insgesamt zehn Aufgaben an (inkl. der Aufgaben, die an den Etappenzielen gestellt wurden). Die Aufgaben passen zum Thema des Ritts.
Jeder Teilnehmer aus dem Team soll alle Aufgaben bewältigen.

- **Bewertung:** Max. 100 erreichbare Punkte in der Orientierung und max. 100 erreichbare Punkte bei der Geschicklichkeit

Eventuell wird der Veranstalter Hufe, Bewegung und Puls kontrollieren lassen. Erlaubte Ausrüstung: gem. TPO. Es kann zusätzlich eine Kostümwertung ausgeschrieben werden.

Verein Deutscher Distanzreiter und -fahrer e.V. – (VDD)

VDD-Distanzritt: WB Beispiel „Einführungsritt"

- **Streckenlänge:** 30 km, zulässige Höchstzeit: T8 (7,5 km/h) = 240 Minuten

- **Pause:** 15 Minuten Pause bei km 15

Die letzten 3 km sind in T6 (10 km/h) = 18 Minuten zu reiten. Für jede Minute schneller oder langsamer als 18 Minuten wird 1 Punkt hinzuaddiert. Die Addition dieser Punkte plus der Pulswerte der 10- Minuten-Messung im Ziel ergeben die Platzierungspunkte.

- **Streckenbeschreibung:** Topografische Karten, eine Vorbesprechung wird angeboten. Der Wettbewerb findet nach Streckenkarte auf markierten Wegen statt.

- **Geläuf:** Ca. 10 % Asphalt, Beton o.Ä.; ca. 20 % befestigte Wege; ca. 70 % unbefestigte Wege

- **Wertung:** Die Pause beginnt bei Puls 64. Die Wertung erfolgt nach Zeit, in Minuten und Puls.
  Puls-Messungen erfolgen:
  - Im Vet Check/Vet Gate Pulsmessung sofort. Falls der Puls höher als 64 ist, erfolgt Nachmessung innerhalb von 20 Minuten.
  - In der Pause sofort. Falls der Puls höher als 64 ist, erfolgt Nachmessung innerhalb 20 Minuten.
  - Im Ziel sofort und nach 10 Minuten. Falls der Puls höher als 64 ist, erfolgt Nachmessung nach weiteren 10 Minuten.

- **Start:** Gruppenstart, max. 5 Teilnehmer pro Gruppe im Abstand von 5 Minuten

- **Ausrüstung:** Zäumung, die nicht Atem beengend ist. Als Hilfszügel ist nur das gleitende Ringmartingal erlaubt. Gerte erlaubt, Sporen dürfen nur in Absprache mit dem Veranstalter/VDD verwendet werden. Helmpflicht für alle Teilnehmer.

Bis spätestens 30 Minuten vor dem Start erfolgt eine Tierschutz-Voruntersuchung entsprechend der Startreihenfolge.

Zugelassen sind alle Pferde, soweit sie nicht innerhalb der letzten 10 Tage auf einer VDD-genehmigten Veranstaltung aus der Wertung genommen wurden oder einer Sperre durch ein Organ des VDD unterliegen. Grundsätzliche weitere Bestimmungen können dem Regelwerk des VDD entnommen werden.

6. WB für Teams und Mannschaften

Disziplinen nur für Teams:

- **Polo**
- **Horseball**
- **Pferdefußball**

Die WB-Regeln sind bei dem jeweiligen Verband zu erfahren (Adressen: siehe Teil IV, Adressen).

WB für Teams

WB wie z.B. Mannschafts-Reiter-WB für vier und mehr Reiter, Kostümkür für vier Reiter, Freestyle-Kür für Paare mit Kostüm, Zweipferdespringen mit Standardanforderungen, Fahrquadrille mit Kostümen, Springquadrillen und Schaubilder-Wettbewerb. Diese Wettbewerbe können auch für beliebig viele Reiter/Pferde ausgeschrieben werden.

7. Kombinierte WB

Alle WB aus den Kapiteln 1. bis 7. und weitere können beliebig miteinander kombiniert werden, z.B.:

- die geführte Gelassenheitsprüfung mit der gerittenen Gelassenheitsprüfung und ein Theorietest
- ein Caprilli-Test kombiniert mit einem Geländerreiter-Wettbewerb
- Voltigier-Wettbewerb kombiniert mit einem Longenreiter-Wettbewerb

Ferner können alle WB beliebig mit anderen geeigneten Sportarten kombiniert werden, z.B.:

- Reiten und Laufen
- Reiten und Schwimmen
- Fahren und Tanzen
- Fahren und Fahrradfahren

Ebenfalls beliebig miteinander kombinierbar sind alle WB aus 3.1 bis 3.5.

Teil III **Allgemeines**

A Tipps und Hinweise
B Versicherungen

Aufbau Teil III

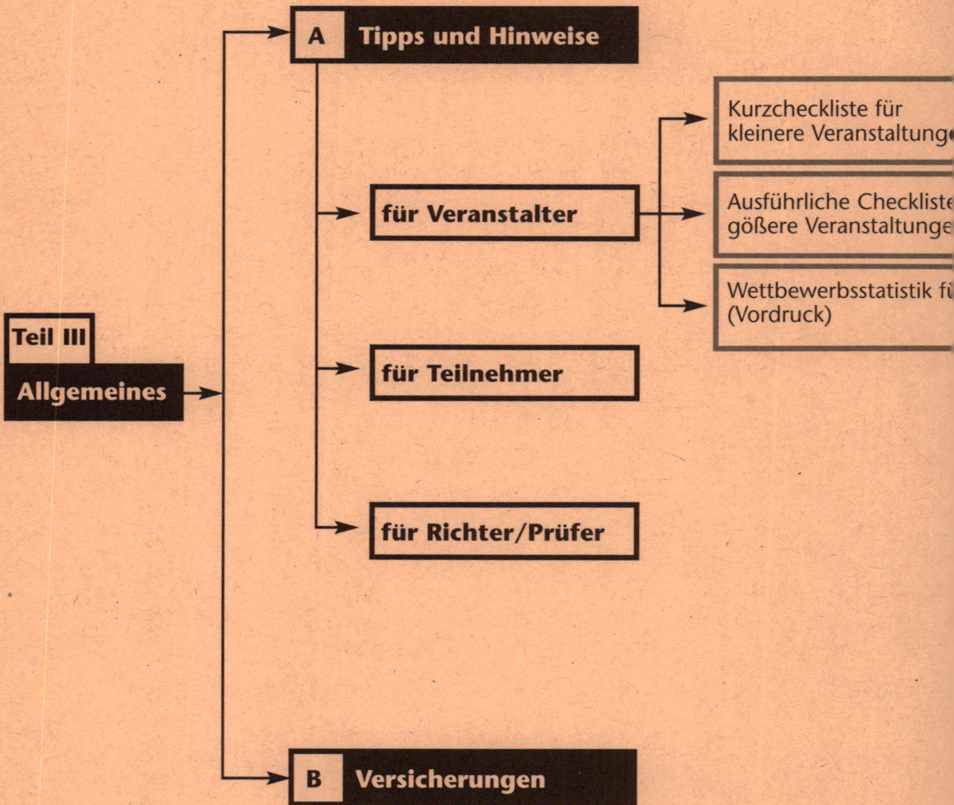

1. Tipps und Hinweise für Veranstalter, Teilnehmer und Richter/Prüfer

1.1 A Tipps und Hinweise für Veranstalter

Veranstalter, Teilnehmer und Richter sorgen gemeinsam für den harmonischen Ablauf der Veranstaltung.

Wer darf veranstalten?
Veranstalter von Wettbewerben können die FN, Landes-, Bezirks- oder Kreisverbände, deren Vereine und Mitgliedsbetriebe sowie die Anschlussverbände der FN sein.

Zu beachten sind die jeweiligen Besonderen Bestimmungen der LV/LK, z.B. bezüglich Sanitätsdienst, Verfügbarkeit eines Tierarztes etc.

Zu beachtende Regelwerke
WBO, ggf. die „Besonderen Bestimmungen" des jeweiligen/der jeweiligen LV/LK, ggf. die LPO.

Wer erstellt die Ausschreibung, wer genehmigt sie, wie erhält der Reiter sie?
Der Veranstalter formuliert die Ausschreibung mit den Wettbewerben und Regelungen für die Teilnahme und Durchführung. Die Ausschreibung soll sich am Ausbildungsniveau der Pferde und Reiter und an den Wünschen der Zielgruppen orientieren. Der Inhalt soll variantenreich, auf die Bedürfnisse im Basisbereich ausgerichtet, ausgewählt werden. Die Anzahl der Wettbewerbe pro Tag muss sensibel gewählt werden, die richtige Wahl dient der Zufriedenheit und Atmosphäre. Zu viele Wettbewerbe bedeuten Stress und Unzufriedenheit für alle, zu wenig heißt lange Pausen ohne Aktionen.

Der Veranstalter reicht die Ausschreibung fristgerecht (die Fristen sind durch den LV/die LK festgelegt) zur Genehmigung beim jeweiligen LV/der LK ein.

Sobald sie genehmigt ist, kann sie über den LV/die LK in der Landesverbandszeitschrift (Gebühren regelt der LV/die LK) und über sonstige Medien veröffentlicht und an interessierte Teilnehmer und Vereine versandt werden. Nachträgliche Änderungen dürfen nur mit Genehmigung der zuständigen LK/des LV vorgenommen werden und müssen den Teilnehmern über die Zeiteinteilung oder spätestens rechtzeitig vor Ort mitgeteilt werden. Vor Ort darf nur der LK-Beauftragte (mitdem Veranstalter) Änderungen vornehmen.

Der Veranstalter legt (für die eigene Organisationssicherheit) eine Zeitschiene für alle anstehenden Aufgaben fest.

- Welche Aufgaben müssen bis wann durch wen erledigt sein?
- Aufgaben und Verantwortungen ggf. delegieren.
- Regelmäßige Treffen zur Überprüfung der Ergebnisse.

Wie viele Teilnehmer sind vom Veranstalter gewünscht und können zufriedenstellend bedient werden: Kapazität der Anlage/der Helfer?
Der Veranstalter muss anhand seiner örtlichen Möglichkeiten überlegen, wie viele Reiter und Pferde gleichzeitig seine Anlage (Plätze, Hallen, Parkplätze, Helfer, Material) nutzen können. Der einzuladende Hauptteilnehmerkreis kommt aus dem näheren Umfeld (ca. Radius bis 150 km um den Veranstaltungsort). Die zweite Frage gilt den Interessen dieser Teilnehmer. Welche Schwerpunktthemen sind als Wettbewerbsinhalte gewünscht?

Zum Beispiel sollte beachtet werden:

- Gibt es Schwerpunktdisziplinen im veranstaltenden Verein/Betrieb, in den umliegenden Anlagen (Geländereiten, Fahren, Geschicklichkeit)?
- Gibt es verschiedene Pferderassen?
- Gibt es spezielle Gruppen wie „Reiten mit Damensattel" und andere Reitweisen?
- Besteht der Wunsch nach Teamwertungen, Familienwertung o.Ä.?
- …

Formulierung des einzelnen Wettbewerbs

Alle Wettbewerbe der Veranstaltung werden in der sogenannten „Ausschreibung" schriftlich aufgeführt. Welche Informationen muss ein Wettbewerbstext enthalten?

Jeder Wettbewerb soll mit folgendem Aufbau beschrieben werden:

a) Bezeichnung des Wettbewerbs
b) Zugelassene Teilnehmer
c) Zugelassene Pferde
d) Kurzbeschreibung der Aufgabe
e) Allgemein zugelassene Ausrüstung, Extraausrüstung
f) Dauer der Aufgabe, der Anforderungen je Teilnehmer
g) Art der Bewertung
h) Einsatzhöhe
i) Startfolge

Zu den einzelnen Punkten von a) bis i):

a) die Bezeichnung des Wettbewerbs
Kurz, kreativ und informativ, der Titel soll Interesse wecken.

b) und c) Zugelassene Teilnehmer, zugelassene Pferde
Empfohlen wird, den Teilnehmerkreis unter Ausbildungs- und Tierschutzaspekten auszuwählen: d.h., wie hoch können die Anforderungen gestellt werden, wie hoch kann die physische und psychische Beanspruchung gewählt werden, ohne Pferd und Teilnehmer zu überfordern.

- **Für welche Teilnehmer** ist der WB konzipiert? Zum Beispiel für Kleinkinder (ab 4 Jahren), Jugendliche, Erwachsene, ältere Pferdesportler, Behinderte, Pferdesportler mit und ohne Jahresturnierlizenz?

- **Für welche Pferde** ist der WB geeignet? Zum Beispiel: Alter: 4-jährig und älter? Hengste? Tragende Stuten? Stuten mit Fohlen bei Fuß/milchführende Stuten? Ponys? Equiden (z.B. Esel)?

Um ein Teilnehmerfeld einzugrenzen gibt es folgende Möglichkeiten
Der Veranstalter benötigt entsprechend seiner räumlichen, materiellen, finanziellen und personellen Kapazitäten ein Instrument, das Teilnehmerfeld ggf. einzuschränken, um einen reibungslosen Ablauf zu sichern.

Als Kriterien können gewählt werden:

- das Alter der teilnahmeberechtigten Reiter
- das Alter der teilnahmeberechtigten Pferde
- Pferdesportler mit oder ohne Leistungsklasse
- die regionale Begrenzung (z.B.: Pferdesportler der PLZ 12345, der Vereine, der Betriebe)
- die Abgrenzung der Teilnahmeberechtigung in mehreren Wettbewerben (z.B. teilnahmeberechtigt in WB 1, 2, 3, die nicht in WB 6, 8, 9 starten oder „nur die, die auch in WB xy starten)
- Teilnehmer: ohne Jahresturnierlizenz der FN (= LK 0) oder Teilnehmer mit Jahresturnierlizenz der FN und der darauf angegebenen Leistungsklasse (LK 6–1)

d) Kurzbeschreibung der Aufgabe
Im Fließtext so kurz wie möglich den Ablauf des Wettbewerbs, die Aufgabenstellung, die Regeln und die Bewertung darstellen. Der Teilnehmer muss einschätzen können, ob er und sein Pferd den Anforderungen gewachsen sind, bzw. ob er die Anforderungen als so interessant empfindet, dass er daraufhin üben will. Verständlich für Jugendliche und Erwachsene formulieren!

e) Die allgemein zugelassene Ausrüstung, zugelassene Extraausrüstung
Die allgemein zugelassene, geforderte Ausrüstung wird in der Ausschreibung in einem „allgemeinen" Vorspann für alle WB geregelt oder in jedem einzelnen WB. Dabei unbedingt die Ausrüstung anderer Reitweisen mit berücksichtigen! Extra zugelassene Ausrüstung muss in den betreffenden Wettbewerben angegeben werden. Den Einsatz von Hilfsmitteln wie Hilfszügel, Gerte und Sporen, Bandagen, Gamaschen regeln!

f) Die Dauer der Aufgabe (im Viereck oder Parcours) je Teilnehmer
Für jeden Wettbewerb sollte eine Höchstzeit/Teilnehmer festgelegt werden.

Begründung:

- Der Teilnehmer kann so die zeitliche Anforderung an sich und sein Pferd einschätzen.
- Der Veranstalter kann anhand dieser Zeiten und des Nennungsergebnisses einen Zeitplan kalkulieren.
- Die Richter/Prüfer haben innerhalb des Bewertungsspielraumes ein Ausschlusskriterium bei Überschreitung der Höchstzeit.

Ermittlung der Höchstzeit: anhand der möglichen Dauer eines durchschnittlich schnellen Rittes, diese Zeit kann je nach Anforderung mit 1,5 oder 2 multipliziert werden und ergibt die Höchstzeit.

Errechnung der möglichen Dauer

- Anhand der Strecke und des Durchschnittstempos
Anhaltswerte: Im Gelände: zügiger Trab: 220 m/Min.
zügiger Galopp: 450 m/Min.
Renngalopp: 600 m/Min.
Im Spring-Parcours: 350 m/Min.
- Durch einen neutralen Vorreiter, dessen Zeit gestoppt wird und als Maß gilt.

Zu großzügige oder zu enge Zeitvorgaben können bis nach dem dritten fehlerlosen (d.h. ohne Sturz und/oder Ungehorsam) Ritt vom Richter/Prüfer des WB geändert werden: aber ohne dass die bereits gestarteten Reiter (zusätzliche) Strafpunkte angerechnet bekommen!

g) Das Bewertungssystem/Art der Bewertung

Das Bewertungssystem

Das System richtet sich nach der Art des WB. WB anderer Reitweisen bzw. der Anschlußverbände sollen von mind. einem Richter/Prüfer dieser Reitweise bewertet werden.

Die Art der Bewertung

Die Art der Bewertung des Wettbewerbs ist in der Ausschreibung festzulegen. Je nach Ausschreibung haben die Richter/Prüfer folgende Möglichkeiten, eine Leistung zu beurteilen:

- **Beobachtendes Richtverfahren**
  Mit dem beobachtenden Richtverfahren wird die Leistung nach Anzahl der Strafpunkte und der benötigten Zeit bewertet, d.h. Fehlerpunkte und Zeit gezählt. Das Überschreiten der Höchstzeit führt zum Ausschluss.

- **Beurteilendes Richtverfahren**
  Mit dem „beurteilenden Richtverfahren" wird die Leistung nach freiem Ermessen nach den in den Richtlinien für Reiten und Fahren Band 1–6 (FNverlag) festgelegten Grundsätzen der klassischen Reitlehre bzw. Grundsätzen anderer Reitweisen beurteilt. Für die Leistungen werden WN von 10 bis 0 (evtl. mit 1 Dezimalstelle) vergeben. Mit jeder WN sind feste Bewertungskriterien verbunden, wie z.B. von geringfügigen, einmalig aufgetretenen Fehlern bis schwerwiegenden, häufig auftretenden Fehlern. Von der Gesamtnote können Abzüge für Verreiten, Auslassen von Teilaufgaben und Fehler gemacht werden. Bei einer festgelegten Aufgaben-/Kür-/Parcoursdauer werden bei Zeitüberschreitung Abzüge pro angefangener Sekunde von der WN vorgenommen. Bei Überschreiten einer Höchstzeit wird der Reiter ausgeschlossen.

h) Einsatzhöhe

Wird vom Veranstalter festgelegt.

i) Startfolge

Kann z.B. entsprechend der allgemeinen, zu Jahresbeginn von der LK/dem LV festgelegten Buchstaben-Startfolge für Wettbewerbe erfolgen. Das heißt der Wettbewerb beginnt mit dem Reiter, dessen Nachname mit diesem Buchstabe beginnt (2. Variante: mit dem Pferd, dessen Name mit dem Buchstabe beginnt).

Die Festlegung von Startzeiten ist nicht zu empfehlen, wenn mehrere Wettbewerbe für den gleichen Teilnehmerkreis parallel laufen! Stattdessen sollte ein Gesamtzeitrahmen, evtl. mit Zeitblöcken für jeden WB festgelegt und mit der Zeiteinteilung mitgeteilt werden. Innerhalb dieser Zeit kann flexibel auf Überschneidungen von Startzeiten des Teilnehmers reagiert werden.

Checklisten zur Planung und Durchführung von breitensportlichen Veranstaltungen (BV)

Nachfolgende Checklisten sind als Hilfestellungen gedacht. Sie sind eine Auflistung der zu beachtenden Kriterien bei der Veranstaltungsplanung und Durchführung. Der Veranstalter sucht sich die Punkte heraus, die für ihn relevant sind.

Es werden zwei Versionen beschrieben:

A) eine Auflistung der nötigsten Punkte für eine Veranstaltung auf Vereins- oder Kreisebene,
B) eine sehr ausführliche Auflistung für eine größere Veranstaltung.

A. Checkliste für Veranstaltungen auf Vereins- oder Kreisebene

Empfehlungen und Hinweise für die Durchführung einer breitensportlichen Veranstaltung

Kriterien	Empfehlung an den Veranstalter:
Organisationsteam	Bildung eines Organisationsteams, das folgende Punkte plant: • Informationswege: Orga-Team, Helfer, Teilnehmer • Finanzen • den sportlichen Bereich (Wettbewerbe) inkl. Technik und Material • ggf. Paddockbereich • Helferkoordination vor und während der Veranstaltung • Presse- und Öffentlichkeitsarbeit • Ehrengäste • Parken • Gastronomie

Kriterien	Empfehlung an den Veranstalter:
Terminwahl	Suche nach „bestem Termin“ für alle Beteiligten. Eine Kollision mit anderen Pferdesport- und auch Nichtpferdesportveranstaltungen in näherer Umgebung vermeiden.
Nennungsschluss	Der Nennungsschluss sollte so gelegt werden, dass alle organisatorischen Schritte problemlos durchgeführt werden können oder auch ggfs. eine Veranstaltung ohne zu große Verluste noch abgesagt werden kann. Eventuelle Vorgaben des Pferdesportverbandes beachten.
Anfahrt/Parken	• Gute Zufahrtmöglichkeit, um Wartezeiten bei Zufahrt zum Gelände zu vermeiden. • Befahrbarkeit der Flächen für Autos mit/ohne Anhänger bedenken.
Genehmigungen	• Anmeldung beim Landespferdesportverband bzw. bei der Landeskommission • Gegebenenfalls Genehmigungen bei der Kommune oder dem Eigentümer für zusätzlich benötigte Flächen einholen. • für die Gastronomie Genehmigungen beachten • GEMA-Gebühr („Urheberschutz für musikalische Tonträger“) bedenken: Anmeldeformular und weitere Information unter www.gema.de
Einzugsbereich Teilnehmer	Die Teilnehmer und ihre Begleiter kommen erfahrungsgemäß aus dem näheren Umfeld des Veranstaltungsortes, aus den Vereinen, FN-Mitgliedsbetrieben und nicht FN-angeschlossenen Betrieben und Privatanlagen.

Kriterien	Empfehlung an den Veranstalter:
Größe und Anzahl der Plätze/	• Platzgrößen je nach angebotenen WB (z.B. Fahren) beachten • mind. ein Außenplatz/eine Halle • Vorbereitungsplätze in der Nähe der Wettbewerbsplätze
Bodenanforderungen Plätze	Bedenken: Bestimmte WB erfordern aus Sicherheitsgründen besondere Bodengegebenheiten (z.B. Voltigieren im Galopp: Sandboden)
Pressearbeit/ Öffentlichkeitsarbeit	Artikel z.B. in • der regionalen Presse • der Landespferdesportverbands-Zeitschrift • der Terminliste des regionalen Veranstaltungskalenders
Werbung	• Handzettel • bei Veranstaltungen mit gleichem/ähnlichem Klientel (Pferdesport-/Sport- und Touristikveranstaltungen) • in Nachbarvereinen, Nachbarkreisen
Ausschreibung	• erstellt durch den Veranstalter entsprechend seiner vor Ort gegebenen Platz-, Material- und Helfermöglichkeiten • Mustervorlagen für die Wettbewerbe finden Sie in Teil II der WBO bzw. sind Ausschreibungen verschiedener erprobter Festivals
Einbeziehung anderer Reitweisen bzw. der Anschlussverbände	• mit ihren Wettbewerben • mit Schauvorführungen

Kriterien	Empfehlung an den Veranstalter:
Verbindung zur Zucht	Kombination mit Zuchtveranstaltungen, Zucht-WB, Zucht-Schauvorführungen
Zugelassene Teilnehmer	• alle organisierten und nicht organisierten Pferdesportler mit und ohne Leistungsklassen • evtl. eine Altersvorgabe machen (z.B. Ü40, Führzügel-Gelände-WB: mind. 5 Jahre alt usw.)
Teilnehmerzahl	Die mögliche Größenordnung anhand der vorhandenen Plätze kalkulieren. Steuerungsmöglichkeit: Die Verlängerung des Nennungsschlusses bei Bedarf ist möglich. Achtung: Erfahrungsgemäß geht ein Großteil der Nennungen eine Woche nach NS ein! Die Ablehnung oder Annahme liegt beim Veranstalter. Nachnennungen kann der Veranstalter jederzeit annehmen.
Anzahl der Wettbewerbe	Je nach WB und Anzahl der Nennungen ca. zwei bis vier Wettbewerbe je Platz und Tag planen.
Art der Wettbewerbe	Die Themenvielfalt des Pferdesports ist dargestellt über WB-Muster in Teil II/WBO, in „365 Ideen für den Breitensport" und in den Ausschreibungen der Breitensportfestivals.
Wertungen	Z.B. Vereinswertungen, Mannschaftswertungen oder Wertungen für frei zusammengestellte Teams. Sie verursachen organisatorisch geringen Aufwand, da sie reine Zählergebnisse sind. In der Ausschreibung die Mindest-/maximale Teamgröße (z.B. „3 von max. 5 TN werden gewertet") angeben. Festlegen, wie viele Ergebnisse und/oder welche WB-Ergebnisse in die Wertung eingehen. Wertungszeitraum angeben: Zeit zum Ausrechnen berücksichtigen. Wertungssystem beschreiben.

Kriterien	Empfehlung an den Veranstalter:
Material	• komplette Vierecke (mit Begrenzung und Buchstaben) • ausreichend (dabei an Überschneidungen von WB denken), gutes und sicheres Hindernismaterial • Zeitnahmegeräte (Stoppuhren oder elektronisch), Ausflaggung von Hindernissen, Sicherheitsauflagen, Aufgaben-/Hindernisnummernschilder, Start- und Zielschilder und Markierungen (Kegel oder einlaminierte Schilder) • entsprechendes Material für die Ausstattung der Vorbereitungsplätze (Startertafel, Hindernisse, Ausflaggung etc.) vorhalten.
Gastronomie	Je vielfältiger das Angebot, um so attraktiver (ggf. an verschiedene Zielgruppen denken).
Ansage	Eine gute Ansage und Zwischenmoderation der Wettbewerbe als Information an Zuschauer, Teilnehmer und Eltern hat wesentlichen Anteil am Erfolg der Veranstaltung. Für entsprechende Technik sorgen.
Ausstattung der Plätze	• Flüstertüte bereit halten (vielleicht kann Beschallungsanlagen mit Mikrofon organisiert werden). • Abspielgeräte für Kassetten und CDs z.B. für Quadrillen-WB, Voltigier-WB. (Hinweis, ob MP3-Player erlaubt sind). • Dekoration • wetterfeste Richterhäuschen, z.B. Pferdeanhänger oder kleine Pavillons. • Stühle/Tische für die Richter/Prüfer • Die Abfolge der Wettbewerbe und den Zeitplan an mehreren Stellen der Anlage für Zuschauer und Teilnehmer platzieren.

Kriterien	Empfehlung an den Veranstalter:
	• Startertafeln an den Vorbereitungsplätzen • Vielleicht Infotafeln bzw. Infotexte für nicht so bekannte WB erstellen (einlaminieren).
Platz-/Anlagenpflege	• Geräte (z.B. Wasserfass, Harken, Schaufeln, Walzen) vorhalten • Zugmaschine und Geräte sowie entsprechende Helfer einplanen
Parkplätze	• Parkplatzfläche möglichst in der Nähe (ggf. markieren/abtrassieren) • Parkplatzeinweisung • Parkplatzangebot nach Zielgruppen trennen: Teilnehmer, Zuschauer • Flächenbedarf für: Autos, Autos mit Anhänger (evtl. Paddockfläche) kalkulieren
Beschallung und Untermalungsmusik	• wasserfeste Lautsprecher, fachkundige Betreuung der Beschallung. Thematisch und nach Zielgruppen abgestimmte Musik
Strom	für Beschallung, Gastronomie, Beleuchtung, Meldestelle, Rechner, Technik, etc.
Allg. Wasserversorgung	für Platzpflege, Pferdetränke, Gastronomie, sanitäre Anlagen. Möglichst in erreichbarer Nähe
Sanitäre Anlagen	• genügend sanitäre Einrichtungen (an eine evtl. Entleerung der Behälter während der Veranstaltung denken) • Reinigung einplanen
Meldestelle	ganztägig anwesende Besetzung mit möglichst breitensport- und veranstaltungserfahrenen Personen

Kriterien	Empfehlung an den Veranstalter:
	• Läufer zwischen Meldestelle und WB-Plätzen einplanen
Material in der Meldestelle	• WBO, ggf. „Besondere Bestimmungen des Landespferdesportverbandes/der Landeskommission“, ggf. LPO, Tafel o.Ä. für Bekanntmachungen, Telefon, (ggf. Laptop/PC, Drucker), Ablagekästen, Schreibutensilien
Aufgaben der Meldestelle:	Beantwortung und Regelung organisatorischer Fragen, Annahme der Startmeldungen/Nachnennungen. Die Überprüfung der Teilnahmeberechtigung, die Erstellung der Starterlisten. Wenn auf mehreren Plätzen WB parallel laufen, ggf. den Start des Teilnehmers nach vorne oder hinten setzen. Erstellen und verteilen der Richterunterlagen, Ergebnisse einsammeln, erfassen, veröffentlichen.
Schleifen und Ehrenpreise	• Nach NS die Schleifen anhand der Nennungszahlen bestellen. Achtung: Bei hohen Nennungszahlen kann in mehreren Abteilungen platziert werden, d.h., auch die Anzahl der Schleifen in Platzierungsfarben erhöht sich. Ergänzend zu Platzierungsschleifen können als Motivation für alle weiteren Teilnehmer Urkunden gegeben werden. • Festes Helferteam für die Siegerehrungen/Ehrenpreise einplanen. • Die Siegerehrungen können anhand der Starterlisten vorbereitet werden; vielleicht „Ehrenpreiskarten“ einsetzen (diese erhält der Reiter, um seinen Preis später abholen zu können).

Kriterien	Empfehlung an den Veranstalter:
Richter/Prüfer	• Rechtzeitig, d.h. nach Terminfestlegung ausreichend Richter/Prüfer einladen (mit Rückmeldeumschlag). • Vor der Veranstaltung unbedingt die Ausschreibung an die Richter/Prüfer weiterleiten. • Richter/Prüfer für Außenstehende erkennbar machen (z.B. Namensschilder). • Kommentierung der WB durch die Richter/Prüfer vornehmen lassen.
Sanitätsdienst, Ärzte, Tierarzt, Schmied	• Rechtzeitig anschreiben, Rückmeldung geben lassen. • Besondere Bestimmungen der Landespferdesportverbände bzw. der Landeskommissionen berücksichtigen. • Notfallwege bedenken. • Notfallausrüstung beschaffen.
Helfer	• Genügend Helfer (auch an Ablösungen denken) einplanen, Aufgaben fest verteilen, Bereiche eigenständig organisieren lassen. • Termin für Helfereinweisung festlegen.
Richter- und Helferversorgung	Einplanen (Evtl. auch am WB-Platz)
Aufbau Vierecke und Parcours	Eine feste Helfergruppe für den Aufbau, den Umbau vor und nach dem Wettbewerb und für Reparaturarbeiten vorsehen, wenn nötig Parcourschef einladen.

Kriterien	Empfehlung an den Veranstalter:
Ausschilderung Zufahrtswege/ Beschilderung auf der Anlage	• Beschilderung der Anfahrtswege außerhalb des Geländes • auf der Anlage: ➜ Hinweisschilder Prüfungs- und Vorbereitungsplätze, Meldestelle ➜ Parkplätze (entsprechend der unterschiedlichen Zielgruppen ausweisen) ➜ Sanitäranlagen ➜ Gastronomie ➜ Erste Hilfe, Hufschmied
Vorabinformationen	• Information für die Pferdesportler: ➜ Ausschreibung ➜ Zeiteinteilung ➜ Lageplan, Anfahrtsbeschreibung • Informationen für die Helfer: ➜ Interne Informationswege ➜ Treffen vor der Veranstaltung ➜ Mobiltelefonnummernliste Helfer und Organisatoren • für die Zuschauer: ➜ Ansage ➜ Beschilderung ➜ Infostand
Notfallvorsorge	• Helferinformation, wie im Notfall zu reagieren ist (feste Absprachen treffen). • Informationsweg (ohne Zuschauerkontakt) sicherstellen. • Notfalltransportfahrzeug für Pferde und Sichtschutz bereithalten.

B. Ausführliche Checkliste für gößere Veranstaltungen

Empfehlungen und Hinweise für die Durchführung einer überregionalen breitensportlichen Veranstaltung

Kriterien	Empfehlung an den Veranstalter:
Organisationsstab	Bildung eines Organisations-Gremiums das folgende Bereiche sicherstellen und Zuständigkeiten festlegen muss: • Kommunikationswege • Finanzen • den sportlichen Bereich inkl. Technik und Material • Schaubereich • Stall-, Boxen- und Paddockbereich • Helferkoordination vor und während der Veranstaltung • Presse- und Öffentlichkeitsarbeit • Ehrengäste • Parken und Eintrittsbereiche • Gastronomie
Terminwahl	Suche nach „Bestem Termin" für Teilnehmer/Zuschauer/Funktionäre. Eine Kollision mit anderen Pferdesport- **und Nichtpferdesportveranstaltungen** vermeiden.
Nennungsschluss	Der Nennungsschluss sollte so gelegt werden, dass alle organisatorischen Schritte problemlos durchgeführt werden können bzw. im negativen Fall eine Veranstaltung ohne zu große Verluste noch abgesagt werden kann. Ggf. die Vorgabe des Pferdesportverbandes beachten.

Kriterien	Empfehlung an den Veranstalter:
Infrastruktur	Gute Anbindung an größere Straßen: schnelle Anreise der Zuschauer, geringe Wartezeiten bei Zufahrt zum Gelände, Anbindung an Bahn und Bus/Straßenbahn beachten
Genehmigungen	• Anmeldung beim Landespferdesportverband bzw. Landeskommission • Gegebenenfalls Genehmigungen bei der Kommune oder dem Eigentümer für zusätzlich benötigte Flächen einholen! • für die Gastronomie • GEMA-Gebühr („Urheberschutz für musikalische Tonträger") bedenken. Anmeldeformular und weitere Information unter www.gema.de
Zusätzliche Auflagen der Stadt/Auflagen des Grundstücks-eigentümers	• für die Gastronomie • Ordnungsamt, Gesundheitsamt, Polizei, Feuerwehr • Müllbeseitigung bei größeren Veranstaltungen
Verbindung mit anderen Veranstaltungen	Bewährt haben sich Kombinationen z.B. mit Landwirtschaftsschauen und Bauernmärkten. Die Veranstaltung gewinnt an Zuschauersicherheit. Zu beachten ist die Gleichgewichtung am Standort in Presse- und Werbearbeit und Zeitplanung beider Partner.
Einzugsbereich Teilnehmer und Zuschauer	Die Teilnehmer und ihre zahlreichen Begleiter kommen erfahrungsgemäß aus dem Umfeld im Radius bis 150 km um den Veranstaltungsort, aus den Vereinen, Betrieben und Privatanlagen. Das Gleiche gilt für die Zuschauer.

Kriterien	Empfehlung an den Veranstalter:
Größe/Anzahl der Plätze	• zentral gelegene Anlage • mind. ein großer Außenplatz • ein großer Vorbereitungsplatz in der Nähe des Wettbewerbsplatzes • ein zusätzlicher Schauplatz • Tribünen (ggf. überdacht) • Platzgrößen je nach WB (z.B. Fahren) beachten
Bodenanforderungen an die Plätze	Quadrillen-, Voltigier-, Westernwettbewerbe und Schaunummern: nicht zu tiefer, aber rutschsicherer Sandboden
Pressearbeit/ Öffentlichkeitsarbeit:	Artikel z.B. in • der regionalen Presse • der Landesverbandszeitschrift • der Terminliste des regionalen Veranstaltungskalenders • ggf. Spots über das lokale Radio oder Fernseher
Werbung	• Zeitschriften (Artikel) • Plakatierung • Handzettel/Flyer • bedruckte Brötchentüten o.ä. • Poster • Mailings an Vereine • bei anderen gößeren Veranstaltungen mit gleichem/ähnlichem Klientel (Pferdesport-/Sport- und Touristikveranstaltungen)
Ausschreibung	• erstellt der Veranstalter entsprechend seiner vor Ort gegebenen Platz-, Material- und Helfermöglichkeiten • Wettbewerbe: Mustervorlagen für Wettbewerbe siehe Teil II der WBO bzw. in den Ausschreibungen verschiedener Festivals

Kriterien	Empfehlung an den Veranstalter:
Einbeziehung der Anschlussverbände/ anderer Reitweisen	• mit ihren Wettbewerben • mit in das Schauprogramm Die Organisatoren in die Planungstreffen vor der Veranstaltung mit einbeziehen, eigene WB selber organisieren lassen.
Verbindung zur Zucht	Kombination mit Zuchtveranstaltungen, Zucht-WB und/oder Zucht-Schauvorführungen
Zugelassene Teilnehmer	• alle organisierten und nicht organisierten Pferdesportler mit und ohne Leistungsklassen • evtl. eine Altersvorgabe machen (z.B. Ü40 oder Führzügel-Gelände-WB: mind. 5 Jahre alt) • die Vorgaben „Besondere Bestimmungen" des Landespferdesportverbandes bzw. der Landeskommission berücksichtigen
Teilnehmerzahl	Anhand der vorgegebenen Flächen und Infrastruktur kalkulieren. Steuerungsmöglichkeit: Der Nennungsschluss kann bei Bedarf verlängert werden. Achtung: Erfahrungsgemäß geht ein Großteil der Nennungen eine Woche nach NS ein. Die Ablehnung oder Annahme liegt beim Veranstalter. Nachnennungen kann der Veranstalter jederzeit annehmen.
Anzahl der Wettbewerbe	Je nach Nennungen sollten ca. zwei bis vier WB je Platz und Tag gerechnet werden.
Art der Wettbewerbe	Die Themenvielfalt des Pferdesports soll demonstriert werden: WB-Muster in Teil II/WBO, in „365 Ideen für den Breitensport", und den Ausschreibungen der Breitensportfestivals.
Wertungen	Z.B. Vereinswertungen, Mannschaftswertungen

Kriterien	Empfehlung an den Veranstalter:
	oder Wertungen für frei zusammengestellte Teams. Sie verursachen organisatorisch geringen Aufwand, da sie reine Zählergebnisse sind. In der Ausschreibung die Mindest-/maximale Teamgröße (z.B. „3 von max. 5 TN werden gewertet"), angeben. Festlegen, wie viele Ergebnisse und/oder welche WB-Ergebnisse in die Wertung eingehen. Wertungszeitraum angeben: Zeit zum Ausrechnen berücksichtigen; Wertungssystem beschreiben; eigene Rechenstelle vorsehen.
Material	• komplette Vierecke (mit Begrenzung und Buchstaben) je nach Anzahl der Plätze • ausreichend (dabei an Überschneidungen von WB denken), gutes und sicheres Hindernismaterial für Plätze einplanen; • Zeitnahmegeräte (Stoppuhren oder elektronisch), Ausflaggung von Hindernissen, Sicherheitsauflagen, Aufgaben-/Hindernisnummernschilder, Start- und Zielschilder und Markierungen (Kegel oder einlaminierte Schilder) • Entsprechendes Material und Ausstattung der Vorbereitungsplätze und Startertafeln einrechnen.
Gastronomie	Vielfältiges Angebot, Catering ggf. vergeben. Wenn Übernachtungsgäste bleiben: Standorte in der Nähe der Paddock-/Campingfläche, evtl. Pauschalangebote (Frühstück, Mittagessen, Abendessen) anbieten.
Organisation Schauprogramm	• professioneller oder sehr erfahrener Moderator • professioneller oder sehr erfahrener Beschallungstechniker • sehr genaue zeitliche Planung • separater Helferstab, erfahrene Helfer für den Einlass und die Organisation auf dem

Kriterien	Empfehlung an den Veranstalter:
	Vorbereitungsplatz • Schaumodule nicht länger als 8 bis 10 Minuten • fließende Übergänge der Schaunummern (Sprechertexte, Ablaufbeschreibungen und Musik für den Ansager vorher einsammeln) • Ausbildungs-/Zuchtdemonstrationen einbeziehen.
Ansage	Professionelle Ansage und Zwischenmoderation der Wettbewerbe
Aussteller/ Verkaufsstände	• Als ergänzendes Modul zu den sportlichen Wettbewerben planen. • Verkaufsverordnungen der Kommunen beachten (Anmeldung notwendig).
Abendveranstaltung	Grillfete oder Party zumindest für die Teilnehmer und Helfer planen.
Abschlussparade	Alle Teilnehmer des letzten Tages um ca. 16:00/ 16:30 Uhr zur gemeinsamen Abschlussparade einladen (nicht zu spät wegen der Heimreise).
Ausstattung der Plätze	• Beschallungsanlagen mit einem Mikrofon (möglichst mobil) • Abspielgeräte für Kassetten und CDs, ggf. MP3-Player z.B. für Quadrillen-WB, Voltigier-WB • Dekoration für die Plätze • Wetterfeste Richterhäuschen, Pferdeanhänger, Zelte/Pavillons • bequemes Mobiliar für die Richter/Prüfer • Infotafeln, Infotexte (einlaminiert), das Programm und den Zeitplan an mehreren Stellen der Anlage für Zuschauer und Teilnehmer platzieren. • Startertafeln an den Vorbereitungsplätzen

Kriterien	Empfehlung an den Veranstalter:
Platz-/ Anlagenpflege	• Geräte (z.B. Walze, Planer, Wasserfass, Harken, Schaufeln) vorhalten • Helfer für die Zugmaschinen und Geräte
Paddockfläche	Bei Übernachtungsangebot entsprechend der Bestellung: • Angemessene große Fläche vorab trassieren (Flatterband). • Auto mit Anhänger neben dem Paddock planen (Aufsicht) • Paddockbelegungsplan vorher erstellen. • ca. 10 m x 6 m je Auto mit Anhänger und Paddock/Pferd rechnen • Wasserfeste Blanko-Beschilderung für Pferdename/Reiter- oder Besitzername und Handynummer des Ansprechpartners vor Ort bereithalten (Befestigung am Paddock mit Kabelbinder). • Helfer zum Einweisen
Stallbereich	• Boxenbelegungsplan vorher erstellen. • Beschilderung der Boxen (Pferdenamen, Reiter/Besitzer vor Ort und seine Handynummer) • Helfer zum Einweisen
Futter-/ Wasserversorgung	• In der Nähe der Paddockflächen/des Stallbereiches zu kaufendes Futter/Einstreu; sowie Tränke- und Abspritzmöglichkeit bereithalten. • Helfer für den Verkauf
Mist-/ Müllentsorgung/Anlagenpflege	Mülleimer und Container bestellen und regelmäßig entleeren lassen, ggf. Anlage zwischendurch säubern.
Parkplätze	• Parkfläche in der Nähe • Parkplatzeinweisung sicherstellen.

Kriterien	Empfehlung an den Veranstalter:
	• Stellplätze sicher markieren/abtrassieren. • Parkangebot nach Aufenthaltsdauer und Zielgruppen trennen (Ein- und Zweitagesteilnehmer, Schauprogrammteilnehmer, Zuschauer, Aussteller, Ehrengäste). • Flächenbedarf für: Auto, Auto mit Anhänger, LKW, Wohnmobil, Zelt (Zeltgröße abfragen) kalkulieren.
Beschallung und Untermalungsmusik	Der Techniker und Ersatzgeräte müssen während der gesamten Veranstaltung vor Ort sein. Die Musik der Veranstaltungsart anpassen.
Strom	für Wohnmobile, Beschallung, Gastronomie, Beleuchtung, Meldestelle etc.
Allg. Wasserversorgung	für Platzpflege, Wassertränke Pferde, Gastronomie, sanitäre Anlagen: alles in erreichbarer Nähe
Sanitäre Anlagen	• Genügend sanitäre Einrichtungen (und Duschmöglichkeiten, wenn gezeltet wird) planen. • Entleerung der Behälter während der Veranstaltung gegebenenfalls nötig. • Reinigung einplanen.
Kassen	• Eintrittspreis nach Aufwand und Nutzen kalkulieren (bei Kombiveranstaltung den Preis mit dem Co-Veranstalter abstimmen), Infomaterial bereithalten. • Kassenhausbesetzung • Wechselgeld • Wetterschutz
Meldestelle	• Professionelle, ganztägig anwesende Besetzung mit ausreichend, „stressstabilen“, breitensporterfahrenen Personen

Kriterien	Empfehlung an den Veranstalter:
	• Genügend Läufer einplanen.
Material in der Meldestelle	• Material: WBO, LPO ggf. „Besondere Bestimmungen der Landeskommission“, Tafel o.Ä. für offizielle Bekanntmachungen, Telefon, PC, Drucker, Kopierer, Ablagekästen, Schreibutensilien
Aufgaben der Meldestelle	• Beantwortung und Regelung organisatorischer Fragen, Annahme der Startmeldungen/Nachnennungen. Die Überprüfung der Teilnahmeberechtigung, die Erstellung der Starterlisten. Wenn auf mehreren Plätzen WB parallel laufen, ggf. den Startplatz des Teilnehmers nach vorne oder hinten setzen. Erstellen und verteilen der Richterunterlagen, Ergebnisse einsammeln, erfassen, veröffentlichen.
Informationsbereich	Separater Informationsbereich für Teilnehmer und Zuschauer in Nähe der Meldestelle für alle Fragen rund um die Wettbewerbe, die Quartiere etc., die nicht direkt mit dem Melden und der Meldestelle zu tun haben. • Infobereich der beteiligten Vereine, Infostände/Infomöglichkeit als Werbeplattform für die teilnehmenden Vereine und Verbände
Separate Rechenstelle	getrennt von der Meldestelle in „nicht-öffentlichem“ Raum
Separater Bereich für Schleifen, Ehrenpreis und Ausgabe Stallplaketten	Ein festes Team für die Siegerehrungen beauftragen: Die Siegerehrungen können anhand der Starterlisten vorbereitet werden. Ausreichend Tragekörbe für Schleifen, Ehrenpreis, „Ehrenpreiskarte“ (diese bekommt der Reiter, um seinen Preis später abholen zu können) bestücken.

Kriterien	Empfehlung an den Veranstalter:
Schleifen- und Stallplaketten	• Schleifen nach NS anhand der Nennungszahlen bestellen. Achtung: Bei hohen Nennungszahlen kann in mehreren Abteilungen platziert werden, d.h., auch die Anzahl der Schleifen in Platzierungsfarben erhöht sich. Ergänzend zu Platzierungsschleifen können als Motivation für alle weiteren Teilnehmer Urkunden gegeben werden. • Ggf. je Teilnehmer eine Stallplakette kalkulieren (von der Pappkarton- bis zur Metallausführung erhältlich). Die Ausgabe kann über eine Gesamtteilnehmerliste kontrolliert werden.
Richter/Prüfer:	• Richter/Prüfer früh genug nach Terminfestlegung einladen, mit Rückmeldeumschlag. • Vor der Veranstaltung unbedingt die Ausschreibung an die Richter/Prüfer weiterleiten. • Informationstreffen • Richter/Prüfer und Offizielle für Außenstehende erkennbar machen (z.B. Namensschilder). • Kommentierung für Zuschauer und Teilnehmer muss gut und sicher sein.
Sanitätsdienst, Ärzte, Tierarzt, Schmied	• Rechtzeitig anschreiben, Rückmeldung geben lassen. • Besondere Bestimmungen der Landespferdesportverbände bzw. der Landeskommissionen berücksichtigen.
Notfallvorsorge	Notfallwege/Material einplanen.

Kriterien	Empfehlung an den Veranstalter:
Helfer	• Einen Bereichsleiter je Bereich planen. • Jedem Bereich genügend Helfer (auch an Ablösungen denken) zuteilen. • Die Bereichsleiter führen eigenständig vor der Veranstaltung eine Helfereinweisung für ihren Bereich durch. • Ein paar Tage vor der Veranstaltung ein Treffen aller Helfer: Allgemeininformationen (Abläufe, Verpflegung, Kleidung etc.) • Helfer mit Namensschildern, Caps, T-Shirts o.Ä. erkennbar machen.
Richter- und Helferversorgung	• Separate Helferversorgung einplanen. • Separate Helfergruppe für die Richter-/Prüfer- und Helferversorgung an den Plätzen während der WB einplanen.
Aufbau Vierecke und Parcours	Eine feste Helfergruppe nur für den Aufbau, den Umbau vor und nach dem Wettbewerb und für Reparaturarbeiten vorsehen.
Ausschilderung Zufahrtswege/ Beschilderung auf der Anlage	• Beschilderung der Anfahrtswege außerhalb des Geländes: ggf. Genehmigung einholen • auf der Anlage: ➜ Hinweisschilder Prüfungs- und Vorbereitungsplätze ➜ Paddockplätze ➜ Parkplätze (entsprechend der unterschiedlichen Zielgruppen ausweisen) ➜ Sanitäranlagen ➜ Infobereich ➜ Gastronomie ➜ Erste Hilfe, Schmied ➜ Teilnehmerführung und Zuschauerführung

Kriterien	Empfehlung an den Veranstalter:
Informationswege/ Kommunikationswege	• Information der Pferdesportler: ➜ mit der Ausschreibung ➜ Zeiteinteilung ➜ Lageplan, Anfahrtsbeschreibung • Helfer: Interne Informationswege: ➜ Treffen vor der Veranstaltung ➜ Mobiltelefonnummernliste aller Helfer und Organisatoren ➜ evtl. Funk während der Veranstaltung • für die Zuschauer: ➜ Ansage ➜ Beschilderung ➜ Infostand
Notfallvorsorge	• Helferinformation, wie im Notfall zu reagieren ist (feste Absprachen treffen). • Wenn Funkgeräte im Einsatz sind: feste Codierungen für bestimmte Fälle vereinbaren. • Notfalltransportfahrzeug für Pferde und Sichtschutz bereithalten.

Hinweis für den Veranstalter:
Die Wettbewerbsstatistik nach der Veranstaltung ausgefüllt an die jeweilige LK/LV zurücksenden. Adressen siehe Seite 325 ff.

C. Wettbewerbsstatistik für BV

(Vordruck siehe Seite 145)

Wettbewerbsstatistik für die Veranstaltung

am: ______________________ in: ______________________________________

im Landespferdesportverband: ______________________________

Wieviel Richter wurden eingesetzt?	
Wieviele Prüfer Breitensport wurden eingesetzt?	

Art der Veranstaltung	WBO:		WBO und LPO	☐
(ankreuzen):	* WB ausschließlich	☐		
	* WB für eine besonders definierte Zielgruppe	☐		

Wieviele Wettbewerbe gemäß WBO wurden durchgeführt?	
Wieviele Leistungsprüfungen gemäß LPO wurden durchgeführt?	

WB-Nr.:	Wettbewerbsname:	aus WBO-Bereich 1-6 * :	Zahl der genannten Teilnehmer:	Zahl der gestarteten Teilnehmer:	Zahl der genannten Pferde:	Zahl der gestarteten Pferde:
1						
2						
3						
4						
5						
6						
7						
8						
9						
10						
11						
12						
13						
14						
15						
16						
17						
18						
19						
20						
21						
22						
23						
24						
25						
26						
27						
28						
29						
30						
	Gesamtzahl der genannten Teilnehmer:					
	Gesamtzahl der gestarteten Teilnehmer:					
	Gesamtzahl der genannten Pferde:					
	Gesamtzahl der gestarteten Pferde:					

Legende: WBO-Bereiche:
- 1 = WB im Umgang mit dem Pferd
- 2 = WB Reiten, Fahren, Voltigieren
- 2.1.2 = Basis-WB, ehem. Reiter-WB (gesondert aufführen!)
- 3 = WB Reiten, Fahren, Voltigieren analog LP Kl. E LPO
- 4 = WB Zucht
- 5 = WB Anschlussverbände
- 6 = WB für Teams und Mannschaften

→ *Formular zum Download unter www.pferd-aktuell.de*

1.2 A Tipps und Hinweise für Teilnehmer

Teilnehmer, Veranstalter, und Richter/Prüfer sorgen gemeinsam für den harmonischen Ablauf der Veranstaltung.

Von der Ausschreibung bis zum Start:

- **Wo bekommt der Teilnehmer die Ausschreibung her?**
  Über den nächsten Pferdesportverein, den Landesverband, die Landesverbandszeitschrift, den Kreisverband, das Internet, die FN (Adresse: siehe Anhang), Hinweise in der Regionalpresse.

- **Wo bekommt der Teilnehmer das Nennungsformular her?**
  Über den Pferdesportverein, den Landesverband, den Kreisverband, das Internet, die FN, (Adressen: Teil IV), oder aus dem Anhang der WBO, Teil IV, „Nennungsvordrucke".

- **Wie wird das Nennungsformular ausgefüllt?**
  Siehe: Ausgefülltes Musterformular (siehe Teil IV, „Nennungsvordrucke") oder alternativ die Anleitung im Internet zu Nennung-Online (NEON) befolgen (www.fn-neon.de), wenn vom Veranstalter die Online-Nennung angeboten wird.

- **Was ist beim Nennen zu beachten?**
  Spätestens bis zum NS – siehe Ausschreibung – entweder online nennen oder das Formular mit dem Gesamteinsatz für alle genannten Wettbewerbe sowie ggf. LK-Gebühr in bar oder mit Scheck (lt. Ausschreibung) an die Nennungsadresse senden. Bei Nennung online wird die Nennungsgebühr abgebucht. Nennungen für Wettbewerbe, die nach NS abgesandt worden sind, können vom Veranstalter abgelehnt werden. Der Veranstalter hat die Möglichkeit, nach Nennungsschluss weitere Wettbewerbsnennungen (Reiter und Pferd sind neu) anzunehmen.

- **Was ist, wenn das Pferd/der Teilnehmer nach Nennungsschluss krank wird?**
  Der Teilnehmer hat die Möglichkeit, nach NS ein anderes Pferd „nachzunennen". Ein Reiterwechsel (ein anderer Reiter stellt das genannte Pferd in dem genannten Wettbewerb vor) ist ebenfalls jederzeit möglich Das neue Pferd bzw. der eingewechselte Reiter muss natürlich den Teilnahmebedingungen der Ausschreibung entsprechen.

Zeiteinteilung für die Veranstaltung

Ca. eine Woche vor der Veranstaltung verschickt der Veranstalter die Zeiteinteilung mit folgenden Angaben:

- Welcher Wettbewerb an welchem Tag stattfindet.
- Wann jeder einzelne Wettbewerb beginnt, evtl. auch mit dem Endzeitpunkt, wann der Wettbewerb beendet/geschlossen wird.
- Zahl der (genannten) Teilnehmer in jedem Wettbewerb.
  Achtung: Die Starterzahl kann natürlich vor Ort geringer oder bei Nachnennungen etwas höher ausfallen. Die Starterlisten werden anhand der Meldungen vor Beginn des Wettbewerbs vor Ort von der Meldestelle erstellt und ausgehängt.
- Startfolge: Mit welchem Anfangsbuchstaben von Reiter oder Pferd (oder anderen Kriterien) der Wettbewerb beginnt (das Kriterium muss in der Ausschreibung/Zeiteinteilung angegeben werden).
- Meldeschluss der Wettbewerbe ist normalerweise bis eine Stunde vor dem jeweiligen WB-Beginn.
- Welche Richter/Prüfer den Wettbewerb richten, wer Aufsicht auf dem Vorbereitungsplatz führt.
- Auf welchem Platz/in welcher Halle der Wettbewerb stattfindet.
- Anfahrtsskizze, Wegbeschreibung
- Welche Startnummer das Pferd für die Veranstaltung zugeteilt bekommt. (Die variable Stecknummer muss selber mitgebracht werden. Sie ist in jedem Fachhandel erhältlich.)
- Telefonnummer und Erreichbarkeit/Öffnungszeiten der Meldestelle
- Die Information, ob telefonisch „gemeldet" werden kann. Telefonnummer und Zeiten sind angegeben.

Achtung: Wenn der Reiter keine Zeiteinteilung erhalten hat, sollte er beim Veranstalter oder unter der Nennungsadresse nachfragen!

Am Tag des Wettbewerbs

Wichtig: Unbedingt rechtzeitig anreisen. Nur auf ausgewiesenen Transporterparkplätzen parken. Bis zu einer festgelegten Frist (siehe Zeiteinteilung) muss der Teilnehmer seine „Startbereitschaft" auf der Meldestelle „erklären". Mit den tatsächlich anwesend gemeldeten Teilnehmern/Pferden wird die Starterliste erstellt. Hat der Teilnehmer mehrere Pferde am Start, so regelt die Meldestelle, dass nach Möglichkeit genügend Abstand zwischen den Startzeiten liegt.

Der Wettbewerb

Der Teilnehmer kann sich nach Meldeschluss an der Informationstafel der Meldestelle informieren, an wievielter Stelle er in dem Wettbewerb startet. So kann er sich zeitgerecht vorbereiten. Der vorgegebene Startplatz kann im laufenden WB nur mit triftigem Grund und in Absprache mit den Richtern/Prüfern und der Meldestelle nach hinten/vorne verschoben werden.

Der Teilnehmer ist verpflichtet, das Pferd während der gesamten Veranstaltung, auf dem Vorbereitungsplatz, im Wettbewerb etc. mit der zugeteilten Startnummer erkennbar zu machen.

Der Reiter trägt selber dafür Sorge, dass er sein Pferd zeitgerecht auf dem Vorbereitungsplatz vorbereitet hat und pünktlich startet. Am Vorbereitungsplatz hängt eine Startertafel mit der Startfolge nach Startnummern. Der Teilnehmer sollte sich davon überzeugen, dass die Startnummer seines Pferdes dort notiert ist. Wenn nicht: Rücksprache mit der Meldestelle halten. Verspätet sich der Teilnehmer, so hat er keinen Anspruch mehr auf einen Start, lediglich mit Zustimmung der Richter/Prüfer kann bei triftigem Grund ein verspäteter Start erfolgen. Nachdem der letzte Starter laut Starterliste seine Vorstellung beendet hat, wird der Wettbewerb geschlossen. Die Platzierung erfolgt, wenn vorgesehen, entweder direkt im Anschluss oder zur angekündigten Zeit. Protokolle (wenn kein mündlicher Kommentar abgegeben wird) können an der Meldestelle abgeholt werden.

Laufen mehrere Wettbewerbe gleichzeitig auf unterschiedlichen Plätzen, ist zu bedenken, dass der Veranstalter für die Wettbewerbe außer der Beginnzeit auch eine Endzeit plant; bis zu diesem Zeitpunkt warten die Richter/Prüfer, auch wenn zwischendurch kein Starter kommt. Jeder Reiter hat in diesem Fall die Verpflichtung, so bald wie möglich zu starten.

1.3 A Tipps und Hinweise für Richter/Prüfer

Richter/Prüfer, Veranstalter und Teilnehmer sorgen gemeinsam für den harmonischen Ablauf der Veranstaltung.

- Vor dem Beginn des Wettbewerbs: Erläuterung der Anforderungen und der Bewertung des folgenden Wettbewerbs für die Teilnehmer und ggf. Zuschauer. Es muss die Möglichkeit geboten werden, noch offene Fragen der Teilnehmer zu beantworten.

- Grundsätzlich: Bewertet wird die Leistung.
  Auf dem WB-Platz wird von Gruß zu Gruß bewertet (z.B. bei der Dressur) bzw. von der Start- bis zur Ziellinie (beim Springen/Gelände).

- **Mögliche Richtverfahren**

  - **Beobachtendes Richtverfahren**
    Beim „beobachtenden" Richtverfahren sind vorwiegend Kriterien wie „Hindernisfehler", „Ungehorsam des Pferdes", „Überschreiten der Höchstzeit/der vorgegebenen Zeit" u.a. maßgebend und werden gezählt.

Zum Beispiel können Strafpunkte für Hindernisfehler von einer zu erreichenden Punktzahl abgezogen werden. Hindernisfehler können sein: abgeworfene Hindernisteile, heruntergefallene Bälle oder Gegenstände, die lt. Ausschreibung oder Parcoursskizze an ihrem Platz verbleiben müssen bzw. an anderer festgelegter Stelle neu positioniert werden sollen.

Ungehorsam des Pferdes kann mit Abzügen bewertet werden, die Abzüge müssen in der Ausschreibung festgelegt werden. Empfohlene Formulierung für das Verweigern: Nach mind. dreimal Anreiten kann der Parcours bei der nächsten Aufgabe fortgesetzt werden. Alle Aufgaben eines WB sind anzureiten.

Zu großzügige bzw. zu enge Zeitvorgaben können bis nach dem dritten fehlerlosen (d.h. ohne Sturz und/oder Ungehorsam) Ritt noch korrigiert werden, aber ohne dass die bereits gestarteten Reiter (zusätzliche) Strafpunkte angerechnet bekommen.

Für das Über- und/oder Unterschreiten der angesetzten Dauer einer Gesamt- oder Einzelaufgabe können Abzüge festgelegt werden. Bei Überschreiten der Höchstzeit kann der Ausschluss erfolgen.

- **Beurteilendes Richtverfahren**
  Beim beurteilenden Richtverfahren wird nach freiem, fachlichem Ermessen nach den in den Richtlinien für Reiten und Fahren (Band 1–6, FNverlag) festgelegten Grundsätzen entschieden.
  Hierbei finden die folgenden WN Anwendung:

  a) Standard-Richtverfahren

10	=	ausgezeichnet	4	=	mangelhaft
9	=	sehr gut	3	=	ziemlich schlecht
8	=	gut	2	=	schlecht
7	=	ziemlich gut	1	=	sehr schlecht
6	=	befriedigend	0	=	nicht ausgeführt
5	=	genügend			

  Eine Dezimalstelle ist zulässig. Die Wertnotenvergabe erfolgt für die Korrektheit und Harmonie in der Ausführung anhand der Wertnotenskala von 10 bis 0. Abzüge für Fehler/Ungehorsam können festgelegt werden. Bei Überschreiten einer festgelegten Zeit, z.B. bei Kür-/Quadrillen-WB, (eventuell +/– 1 Minute Kulanz) werden Abzüge von der WN vorgenommen.

  b) Besondere Richtverfahren
  Entsprechend dem Schulnotensystem mit Noten von 1 bis 6:
  1 = sehr gut
  2 = gut
  3 = befriedigend
  4 = ausreichend
  5 = mangelhaft
  6 = ungenügend

- **Kombiniertes Richtverfahren**
  Es ist möglich Wettbewerbe nach beiden o.g. Verfahren gemischt zu bewerten. Der Bewertungsmodus muss in der Ausschreibung veröffentlicht sein. Gegebenfalls sind Umrechnungstabellen (Strafpunkte in Zeit, Zeit in WN) zu erstellen.

Ausschlussformulierungen

- Bei mehrfach „nicht korrigiertem Verreiten/Verfahren" (der Teilnehmer kennt den Parcours/die Aufgabe nicht) oder reitet/fährt eine falsche Reihenfolge, erfolgt der Ausschluss des Teilnehmers
- Bei Überschreiten der festgelegten Höchstzeit erfolgt der Ausschluss des Teilnehmers
- Sofortiger Ausschluss des Teilnehmers:
  Entsteht während eines WB eine Situation, die Menschen, Tiere oder Sachgegenstände in nicht zu vertretende Gefahr bringt, kann der Teilnehmer sofort durch den Richter/Prüfer von dem WB/von der Veranstaltung ausgeschlossen werden. Ein Einspruch ist nicht möglich.

Kommentar/Protokoll

Grundsätzlich sollte jede Leistung mündlich und/oder schriftlich (Kurzprotokoll) für den Teilnehmer (und Zuschauer) kommentiert werden. Leistungen sind schriftlich über Auswertungsbogen oder Protokolle zu erfassen und schnellstmöglich im Anschluss an den Wettbewerb bekannt zu geben und an der Meldestelle zu veröffentlichen. Die Auswertungsbogen, Protokolle und Ergebnisbogen müssen von den Richtern/Prüfern unterschrieben werden. Die Meldestelle setzt die Namen der Richter/Prüfer gut leserlich in die Ergebnisvordrucke ein, sollte ein Wechsel stattfinden, muss der Vordruck entsprechend angepasst werden.

Platzierung/Rangierung

In Absprache mit dem Veranstalter bleibt dem Richter/Prüfer überlassen, ob eine Platzierung oder Rangierung erfolgt. Motivierende Erinnerungsschleifen bzw. Urkunden sind für alle Teilnehmer wünschenswert.

Einspruchmöglichkeiten

Vom Veranstalter/Richter/Prüfer zu vertretende falsche Ergebnisse können bis $^1/_2$ Stunden nach WB-Ende beanstandet werden.

Aufgaben des Richters und Prüfers

Grundsätzlich:

Aufgaben und Verpflichtungen in seiner Funktion als unabhängiger, unbefangener, qualifizierter, geprüfter Sachverständiger und als Beauftragter des LV/der LK auf dessen/deren Richter-/Prüferliste er geführt wird:

- Es dürfen nur Wettbewerbe/Veranstaltungen gerichtet werden, die vom zuständigen Landesverband/von der Landeskommission geprüft und genehmigt sind (Genehmigungsvermerk in der Ausschreibung).
- Der Richter/Prüfer muss sich im Voraus über die Ausschreibung/den Wettbewerb informieren. Wenn nötig beim Veranstalter rückfragen.
- Überprüfung der Einhaltung der Ausschreibung und der Wettbewerbsregeln
- Gemeinsames Abgehen des Parcours/der Anforderungen mit den Teilnehmern.
- Beurteilung und Bewertung der Leistungen während des Wettbewerbs
- Mündliches, motivierendes Kommentieren mit kurzem Ausbildungshinweis (möglichst auch für Zuschauer hörbar)
- Der zuständige Richter gibt Auskunft über Wettbewerbsbedingungen.
- Abnahme der technischen Voraussetzungen (Parcours, Hindernismaterial, Zeitnahme) und der Notfall-Vorsorgemaßnahmen
- Aufsicht Vorbereitungsplatz führen
- Falls benannt, zuständig als Vertreter des LV/der LK
- Zuständig bei Verstößen (Rüge oder Ausschluss vom WB oder der gesamten Veranstaltung)
- Sachliche Vermittlung in Konfliktsituationen
- Kontrolle und wenn notwendig Berichtigung von Ergebnissen
- Durchführung der Siegerehrung

B Versicherungen

Veranstalterversicherungen/Teilnehmerversicherungen

Merkblattinhalt

1. **Absicherung von Veranstaltern breitensportlicher Veranstaltungen**
2. **Risiken und Absicherung der Funktionsträger auf breitensportlichen Veranstaltungen, soweit der Veranstalter als Verein Mitglied im Landespferdesportverband ist**
3. **Risiken und Absicherung der Funktionsträger, soweit der Veranstalter gewerblicher Pferdebetrieb ist**

Vorbemerkung
Ausreichende Versicherungen sind zum Schutz der Pferdesportvereine und ihrer Mitglieder, der Pferdebesitzer und aller Mitbürger erforderlich. Daher muss jeder sorgfältig prüfen, ob er gegen die etwaigen Risiken unseres Sports ausreichend versichert ist. Die Vorstände der Vereine müssen sich mit dem Umfang und den Grenzen der Sportversicherung (siehe Punkt 2) vertraut machen. Sie sollten offene Fragen mit dem für sie zuständigen Landespferdesportverband (Adressen siehe WBO Teil IV, Anhang) klären.

Dementsprechend muss auch jeder Pferdesportler und jeder Pferdehalter für sich und sein Pferd einen umfassenden Versicherungsschutz sicherstellen.

1. Absicherung von Veranstaltern breitensportlicher Veranstaltungen

1.1 Sportversicherung des LSB als Haftpflicht- und Unfallversicherung (nur für Vereine, die Mitglied eines Landespferdesportverbandes sind, und deren Vereinsmitglieder)

Im Rahmen der Sportversicherungsverträge der Landessportbünde/-verbände (kurz: LSB) besteht für die den Landes- und Regionalverbänden angeschlossenen Vereine, deren Organe und Mitglieder ein Versicherungsschutz für die Durchführung des satzungsgemäßen Vereinsbetriebes und in diesem Rahmen für Veranstaltung und Ausrichtung aller Veranstaltungen und Unternehmungen. Leistungen und Umfang des Versicherungsschutzes ergeben sich aus den Versicherungsmerkblättern der LSB. Diese Merkblätter erhalten Sie u.a. auch bei dem für Sie regional zuständigen Landespferdesportverband (Adressen siehe WBO Teil IV, Anhang).

Die Träger der Sportversicherung in den Landes- und Regionalverbänden sind z.B. die ARAG oder der Gerling-Konzern.

Der Versicherungsnehmer ist der jeweilige LSB. Der Verein ist automatisch versichert, sollte sich jedoch über den Umfang der Versicherung genau erkundigen.

Die Haftpflichtversicherung der Sportverbände bezieht sich auf Vereinsmitglieder, die Vereine und deren Organe, die Kreis-, Bezirks-, Regional- und Landesverbände.

1.2 Umfang des versicherten Risikos

1.2.1. Versichert ist die gesetzliche Haftpflicht der Vereine und Verbände und ihrer Organe aus ihrer satzungsgemäßen Tätigkeit

- bei der Durchführung von satzungsgemäßen Veranstaltungen,
- als Eigentümer, Mieter, Pächter und Nutznießer von Reitsportanlagen,
- bei der Ausbildung von Vereinsmitgliedern,
- bei der Bestellung von Mitgliedern des Vorstandes und den von ihnen beauftragten Vereinsmitgliedern,
- bei Schäden, die vom Verein angestellte Personen in Ausübung ihrer dienstlichen Verrichtung verursachen, bei Ansprüchen der Vereinsmitglieder gegen den Reitlehrer aus der Verletzung seiner Aufsichtspflicht.

1.2.2. Versichert ist die persönliche, gesetzliche Haftpflicht der Vereinsmitglieder aus

- der Teilnahme an Vereinsveranstaltungen (Veranstaltungen/Turniere nach WBO oder LPO, Distanzritte, Wanderritte, gesellige Veranstaltungen),
- der An- und Abfahrt auf den direkten Wegen zu und von den Veranstaltungen,
- der sportlichen Tätigkeit im Rahmen der Vereinsausbildung (Ausbildung in der Reitbahn, auf dem Reitplatz, im freien Gelände, Einzel- und Gruppenausbildung).

1.2.3. Haftpflichtversicherung für Pferdebetriebe

Pferdebetriebe, die Mitglied im regional zuständigen Landespferdesportverband sind, dürfen zwar nach dem Sportregelwerk breitensportliche Veranstaltungen durchführen. Sie müssen allerdings für eigenständigen Versicherungsschutz sorgen und ihr „Veranstalterrisiko" durch den Abschluss einer separaten Veranstalterhaftpflichtversicherung abdecken. Oder aber ihr zuständiger Landespferdesportverband hat eine über die jeweilige LSB-Sportversicherung hinausgehende Veranstalterhaftpflicht abgeschlossen. Bitte erkundigen Sie sich beim zuständigen Landespferdesportverband (Adressen siehe WBO Teil IV, Anhang).

1.2.4. Unfallversicherung der Vereinsmitglieder

Die Unfallversicherung der Sportverbände bezieht sich auf die wirtschaftlichen Folgen körperlicher Unfälle, von denen die Vereinsmitglieder während der Dauer ihrer Mitgliedschaft betroffen werden.

Umfang des Risikos:

- Unfälle, die den Mitgliedern bei der Teilnahme an allen Veranstaltungen ihres Vereins zustoßen (auch die tägliche Reitstunde); das Alleintraining ist nur dann versichert, wenn es vom Verein ausdrücklich angeordnet ist. Einige Landespferdesportverbände haben eine Zusatzversicherung abgeschlossen, damit alle Sportunfälle ihrer Mitglieder versichert sind. Wenn das nicht der Fall ist, lassen Sie sich Ihr Einzeltraining vom Vorstand oder Trainer schriftlich anweisen.
- Unfälle, die aktiven Sportlern bei der Teilnahme an Veranstaltungen eines Vereins, eines Mitgliedsverbandes, des LSB oder anderer Sportorganisationen im In- und Ausland zustoßen, wenn sie durch ihren Verein, einen Mitgliedsverband oder den LSB dorthin delegiert werden.
- Unfälle, die passiven Mitgliedern bei der Teilnahme an auswärtigen Veranstaltungen im In- und Ausland zustoßen, wenn ihr Verein zu dieser Veranstaltung offiziell eine Mannschaft oder Einzelsportler gemeldet hat,
- Unfälle, die den Mitgliedern auf den direkten Wegen zu und von den Veranstaltungen zustoßen;
- Unfälle, die Personen, die hauptberuflich angestellt oder die unentgeltlich bei der Ausrichtung von Sportveranstaltungen eingesetzt sind, zustoßen (ausgeschlossen sind Berufsunfälle des gewerblichen Personals); Unfälle die Mitgliedern bei den vom Verein organisierten Ausritten zustoßen.

Der Versicherungsschutz bezieht sich also nur auf Mitglieder eines Vereines. Deshalb empfiehlt sich für Teilnehmer bei breitensportlichen Veranstaltungen nach WBO ohne Vereinszugehörigkeit der Abschluss einer privaten Unfallversicherung!

1.3. Haftung der Nichtmitglieder eines Vereins

Für Nichtmitglieder stellt der LSB weder die persönliche, gesetzliche Haftpflicht der Vereinsmitglieder noch die gesetzliche Haftpflicht der Vereine und ihrer Organe aus ihren satzungsgemäßen Tätigkeiten zur Verfügung.

2. Risiken und Absicherung der Funktionsträger auf breitensportlichen Veranstaltungen, soweit der Veranstalter als Verein Mitglied im Landespferdesportverband ist

Bei der Vorbereitung und Durchführung von BV werden bzgl. der Absicherung die Helfer in zwei Gruppen unterschieden:

2.1. Die sporttechnischen Funktionsträger

Sie erfüllen für den Veranstalter sporttechnische Ordnungsfunktionen. Ihre Aufgaben sind teilweise in der WBO definiert:

- Richter/Prüfer Breitensport
- Hilfsrichter
- LK-Beauftragter
- Parcourschef
- Parcoursdienst
- Mitglieder der Meldestelle und ggf. Rechenstelle
- Kommandogeber
- Veranstaltungstierarzt (bei etwaigen Pferdekontrollen)
- Transportdienst für verletzte Pferde
- Ansager
- Ordner am Einritt
- Absperrpersonal
- Platzanweiser
- PKW-Einweiser
- Schlepperfahrer
- „Schleifenmädchen"

Alle diese sporttechnischen Funktionsträger sind Beauftragte des Veranstalters. Sie sind gegenüber Dritten als „Erfüllungsgehilfen“ bzw. Verrichtungsgehilfen des Veranstalters (i.S. des BGB) zu betrachten. Im Sinne der Versicherungsbedingungen der LSB sind sie „Funktionäre des Veranstalters“.

Unerheblich ist, in welcher Form die Beauftragung durch den Veranstalter erfolgt war. Wenn z.B. ein Richter/Prüfer Breitensport bei einer Siegerehrung das Schleifenbrett dem nächststehenden kleinen Mädchen in die Hand drückt, dann ist dieses Kind insoweit „Funktionär des Veranstalters“.

2.2. Die Angehörigen des freien Dienstleistungsbereichs
Daneben gibt es über die sporttechnischen Funktionen hinaus Aufgaben der allgemeinen Vorsorge, deren Wahrnehmung teilweise in der WBO (Grundregel 6.3.) vorgegeben sind:

- Turnierarzt
- Turniertierarzt (außerhalb der Tätigkeiten nach WBO bei etwaigen Pferdekontrollen)
- Sanitätsdienst

Die in der WBO genannten freien Dienstleistungsbereiche gehören nicht zum eigenen Aufgabenbereich des Veranstalters. Der Veranstalter schuldet keine ärztlichen, tierärztlichen o.ä. Leistungen. Er ist lediglich verpflichtet, organisatorisch sicherzustellen, dass diese Leistungen präsent bzw. erreichbar sind. Da die Dienstleistung selbst nicht zum Aufgabenbereich des Veranstalters gehört, sind Arzt, Sanitätsdienst u.a. auch nicht als „Erfüllungsgehilfen“ bzw. „Verrichtungsgehilfen“ des Veranstalters zu betrachten.

Der Tierarzt kann allerdings eine Doppelfunktion einnehmen: Soweit er im Rahmen der Grundregeln 6.3. der WBO für den Veranstalter tätig ist, gehört dies zum sporttechnischen Zuständigkeitsbereich des Veranstalters; insofern ist er sporttechnischer Funktionsträger. Im anderen Falle (Tierarzt wird auf dem Turnier um Behandlung eines Pferdes gebeten) gehört seine Tätigkeit in den Rahmen des freien Dienstleistungsbereichs.

Weitere über den Kreis der WBO-Grundregeln hinausgehende freie Dienstleistungsbereiche sind denkbar und teilweise üblich, z.B.
- Bewirtung durch gewerbliche Unternehmer,
- Verkauf von Reitsportartikeln durch Unternehmer.

2.2.1. Die typischen Risiken

Die typischen Risiken der Funktionsträger (sporttechnische Funktionsträger und freier Dienstleistungsbereich) bei breitensportlichen Veranstaltungen lassen sich in zwei Gruppen einteilen:

- Haftpflichtrisiko
- Unfallrisiko

2.2.1.1. Haftpflichtrisiko

Als Haftpflichtrisiko bezeichnen wir die Möglichkeit, durch fehlerhaftes Tun oder Unterlassen einen Schaden zu verursachen mit der Folge, dass der Verursacher nach allgemeinem Recht dem Geschädigten haftet und ihm zum Schadensersatz verpflichtet ist (daher das Wort „Haftpflicht").

Wer haftet?

Jeder kann in die Situation kommen, dass er im Rahmen einer breitensportlichen Veranstaltung schuldhaft (normalerweise fahrlässig, theoretisch auch vorsätzlich) einem anderen Schaden zufügt, sei es einem Teilnehmer, einem Zuschauer oder einem anderen Funktionsträger.

Auf welcher Rechtsgrundlage wird gehaftet?

Wenn ein sporttechnischer Funktionsträger auf einer breitensportlichen Veranstaltung einem Dritten einen Schaden zufügt, dann verbindet ihn normalerweise mit dem Geschädigten kein Vertragsverhältnis. In diesem Falle folgt die Haftung aus dem Gesichtspunkt des Deliktes (§§ 823ff BGB). Die Angehörigen des freien Dienstleistungsbereichs treten jedoch regelmäßig in vertragliche Beziehungen zu ihrem Patienten/Kunden und haften in diesem Falle zugleich auf vertraglicher Grundlage, wenn und so weit sie ihrem Patienten/Kunden schuldhaft einen Schaden zufügen. Typische Haftpflichtfälle auf breitensportlichen Veranstaltungen:

Im Rahmen sporttechnischer Ordnungsfunktionen:

- **Richter/Prüfer Breitensport**
  Schleifenübergabe – Pferd scheut – Richter hält es am Kopfzeug fest – Pferd steigt, überschlägt sich – Reiter und/oder Pferd kommen zu Schaden ...
- **Parcoursdienst**
  läuft unachtsam dem Pferd in den Weg – Pferd scheut ...
- **Parcourschef (Reiten)**
  baut in Abweichung von der Ausschreibung für den jeweiligen WB eindeutig zu schwer.

- **Ansager**
  bittet Sieger und Platzierte eines WB zur Ehrenrunde im Galopp, obgleich die Gruppe damit sichtbar überfordert ist – einige Pferde gehen durch ...

Im Rahmen des freien Dienstleistungsbereichs:
- **Tierarzt** wird vom Reiter um Behandlung eines verletzten Pferdes gebeten, begeht einen Kunstfehler ...
- **Gewerblicher Gastronom** verkauft verdorbene Lebensmittel ...

2.2.1.2. Unfallrisiko
Als Unfallrisiko bezeichnen wir die Möglichkeit, als Funktionsträger im Rahmen der breitensportlichen Veranstaltung selber einen Unfall zu erleiden. Die meisten Unfälle werden durch Pferde verursacht, z.B.

- Pferd schlägt Richter/Prüfer Breitensport beim Überreichen der Schleife.
- Pferd bricht vor Hindernis aus und verletzt einen Angehörigen des Parcoursdienstes.
- Pferd wehrt sich bei der Untersuchung auf Lahmheit und verletzt Tierarzt.

Andere nicht durch Pferde verursachte Unfälle sind denkbar, z.B.
- Treppe zum Richterwagen bricht.
- Richter/Prüfer Breitensport erleidet Autounfall auf Hin- oder Rückfahrt zur BV.

2.2.3. Absicherung

2.2.3.1. Absicherung gegen Haftpflichtansprüche
Ansprüche gegen sporttechnische Funktionsträger:
Die Haftpflichtrisiken der sporttechnischen Funktionsträger sind über den LSB abgesichert. Die Absicherung selbst ist hoch genug. Es besteht mithin keine Veranlassung, die eigene Haftpflichtversicherung (Privathaftpflicht) um dieses Risiko zu erweitern.

Wenn der Funktionsträger jedoch zugleich in Ausübung seines Berufes handelt (Tierarzt in jedem Falle), greift die Haftpflichtversicherung des LSB nicht ein.

2.2.3.2. Ansprüche gegen Angehörige des freien Dienstleistungsbereichs

Anders ist es mit den Angehörigen des freien Dienstleistungsbereiches. Diese sind im engeren Sinne nicht Funktionsträger des Veranstalters und damit auch nicht über den LSB haftpflichtversichert. Hier tritt die eigene Haftpflichtversicherung (z.B. Berufshaftpflicht) des Arztes, Tierarztes usw. ein. Es liegt im Eigeninteresse der Betroffenen, sich gegen diese Risiken abzusichern. Das ist den Betroffenen auch ohne Weiteres zuzumuten, da sich ihr Einsatz im Rahmen einer breitensportlichen Veranstaltung nicht wesentlich von ihrem sonstigen Aufgabenbereich unterscheidet, für den sie haftpflichtversichert sind (sein sollten).

2.2.4. Unfallversicherung

Unfallversicherung der sporttechnischen Funktionsträger:
Soweit es sich um sporttechnische Funktionsträger handelt, besteht eine Unfallversicherung des LSB. Es ist jedoch zu beachten, dass diese Unfallversicherung im Umfang gering ist. Im Übrigen gilt für die Unfallversicherung des LSB folgende Einschränkung: Versichert ist nur, wer in irgendeinem dem Landespferdsportverband angeschlossenen Verein Mitglied ist oder für den Veranstalter unentgeltlich tätig ist.

Die Unfallversicherung der Angehörigen des freien Dienstleistungsbereichs:
Die Angehörigen des freien Dienstleistungsbereichs genießen im Rahmen ihrer Dienstleistungen bei breitensportlichen Veranstaltungen keine besondere Unfallversicherung.

Zusammenfassung

Haftpflichtversicherung

Die sporttechnischen Funktionsträger nehmen auf Turnieren Ordnungsfunktionen für den Veranstalter wahr und sind daher im Rahmen der Sportbundversicherung haftpflichtversichert, wenn und so weit sie selbst in Ausübung ihres Amtes einem Dritten einen Schaden zufügen. Achtung: Sie müssen Mitglied in irgendeinem dem Landespferdesportverband angeschlossenen Verein sein. Richtern/Prüfern Breitensport, Parcourschefs usw. ist daher dringend anzuraten, Mitglied in einem Pferdesportverein zu sein. Den Veranstaltern ist dringend anzuraten, bei der Auswahl ihrer sporttechnischen Funktionsträger auf deren Vereinszugehörigkeit zu achten! Wenn der Funktionsträger zugleich in Ausübung seines Berufs tätig geworden ist (z.B. Tierarzt bei Pferdekontrolle) ist er in keinem Falle über den LSB haftpflichtversichert.

Die Angehörigen des freien Dienstleistungsbereichs sind auf ihre eigene (Berufs-) Haftpflichtversicherung angewiesen. Das gilt für den Tierarzt auch dann, wenn er als sporttechnischer Funktionsträger tätig war.

Unfallversicherung:
Gegen Unfallrisiken sind die sporttechnischen Funktionsträger über den LSB versichert. Achtung: Die Versicherungshöhe ist gering. Im Übrigen setzt die Sportbund-Unfallversicherung wiederum die Mitgliedschaft in einem dem Landespferdesportverband angeschlossenen Verein voraus, es sei denn, der Helfer ist unentgeltlich tätig.

Die Angehörigen des freien Dienstleistungsbereichs sind nicht gegen Unfälle bei breitensportlichen Veranstaltungen versichert. Sie sind auf ihre eigene evtl. bestehende (Berufs-)Unfallversicherung angewiesen.

3. Risiken und Absicherung der Funktionsträger, soweit der Veranstalter gewerblicher Pferdebetrieb ist

Die Sportbundversicherung des LSB stellt für Pferdebetriebe bei der Durchführung von Veranstaltungen **keinen Haftpflicht- bzw. Unfallversicherungsschutz für Funktionsträger** zur Verfügung. Deshalb muss der veranstaltende Pferdebetrieb eine eigene Veranstalterhaftpflichtversicherung bzw. eine zusätzliche Unfallversicherung abschließen, bei der die Funktionsträger eingeschlossen sind. Oder aber sein zuständiger Landespferdesportverband hat eine über die Sportversicherung des jeweiligen LSB hinausgehende Veranstalterhaftpflichtversicherung abgeschlossen, die o.a. Risiken für Funktionsträger abdeckt. Bitte informieren Sie sich bei Ihrem zuständigen Landespferdesportverband.

Diese Information ist nach bestem Wissen zusammengestellt – dennoch kann nicht ausgeschlossen werden, dass wegen des Umfangs versicherungsrechtlicher Probleme einzelne Fragen noch einer ergänzenden, vielleicht aber auch berichtigenden Antwort bedürfen. Daher empfehlen wir das Gespräch mit Landessportverbänden und Versicherungsunternehmen und bitten um Verständnis, wenn wir eine Gewähr für die vorstehenden Informationen nicht leisten können.

Teil IV **Anhang**

Ergänzungen *(grüner Teil)*
Hinweise *(weißer Teil)*

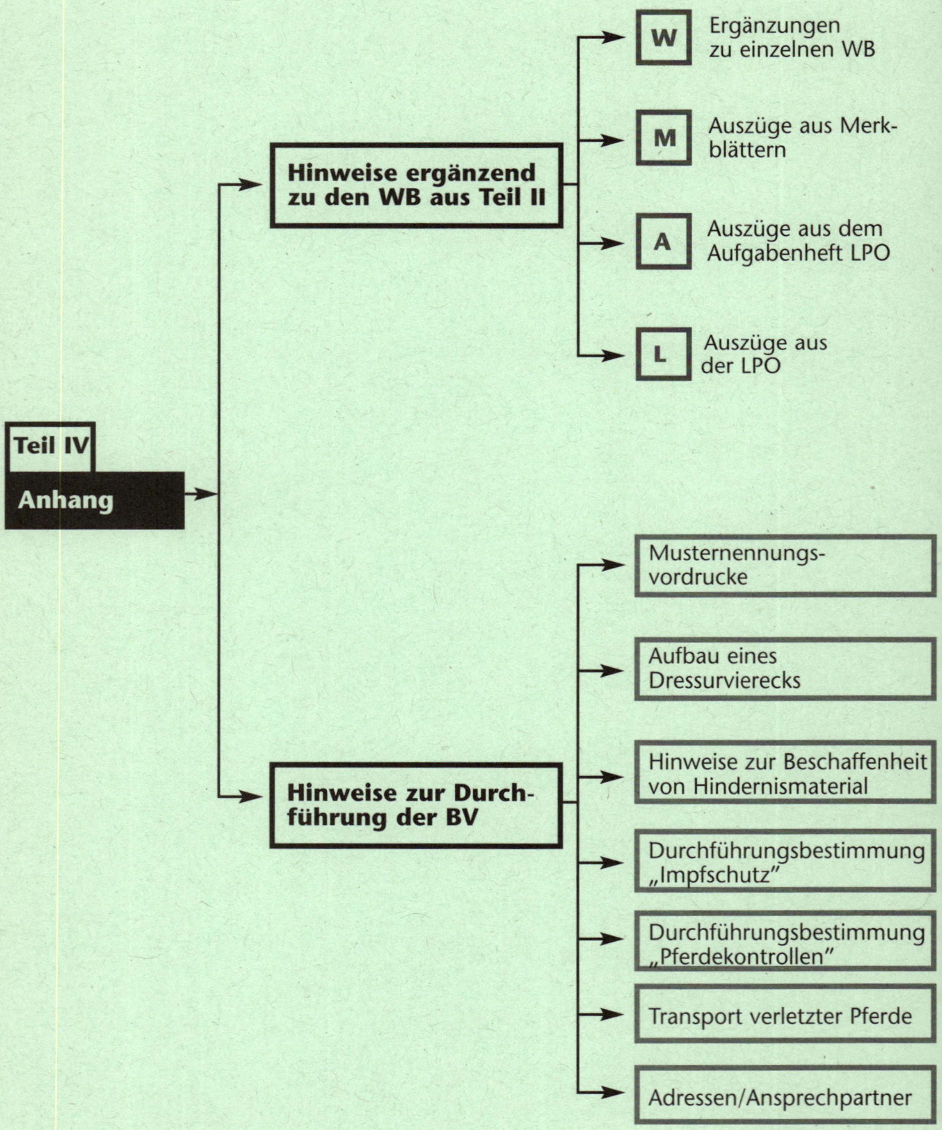
Teil IV
Anhang
Hinweise ergänzend zu den WB aus Teil II
W
Ergänzungen zu einzelnen WB
M
Auszüge aus Merkblättern
A
Auszüge aus dem Aufgabenheft LPO
L
Auszüge aus der LPO
Hinweise zur Durchführung der BV
Musternennungsvordrucke
Aufbau eines Dressurvierecks
Hinweise zur Beschaffenheit von Hindernismaterial
Durchführungsbestimmung „Impfschutz"
Durchführungsbestimmung „Pferdekontrollen"
Transport verletzter Pferde
Adressen/Ansprechpartner

Hinweise ergänzend zu den Wettbewerben aus Teil III

1. W = Ergänzungen zu einzelnen WB
2. M = Auszüge aus Merkblättern
3. A = Auszüge aus dem Aufgabenheft LPO
4. L = Auszüge aus der LPO

Hinweise zur Durchführung der BV

- Musternennungsvordrucke
  - Nennungsvordruck WBO
  - Nennungsvordruck – ausgefülltes Muster
  - Quadrillen-Reiten
  - Mannschafts-/Team-Nennungsvordruck
  - Voltigiernennung
- Aufbau eines Dressurvierecks
- Hinweise zur Beschaffenheit von Hindernismaterial
- Durchführungsbestimmung „Impfschutz“
- Durchführungsbestimmung „Pferdekontrollen“
- Transport verletzter Pferde
- Adressen/Ansprechpartner

Wettbewerbsordnung (WBO)

W = Ergänzungen zu einzelnen Wettbewerben

Umrechnungstabellen, Musteraufgaben, Aufbauskizzen, Auswertungsbogen

WB -Nr.	für WB:	Was	Fundstellen Bezeichnung	
3.	Verladetest	Umrechnungstabelle	W	1
6.	Freie Präsentation und Ausschirren	Umrechnungstabelle	W	2
52.	Mini Ride and Tie	Umrechnungstabelle	W	3
33.	Mannschafts-Reiter-WB	Kurzaufgabe Informationen	W	4
37.	Schritt-Trab-Dressur	Aufgabe	W	5
38.	Sicher in der Hilfengebung?	Aufgabe	W	6
56.	Fahren vom Boden aus	Musteraufgabe	W	7
43.	Springdressur mit Sprüngen	Musteraufgabe	W	8
44.	Dressuraufgabe für Springreiter	Kurzaufgabe Springdressur	W	9
14.	Horse & Dog Trail	Aufbau-Skizze	W	10
48.	Gymnastikreihen mit und ohne Zügel	Aufbau-Skizze	W	11
49.	Die richtige Anzahl Galoppsprünge	Aufbau-Skizze	W	12

W 1

Umrechnungstabelle für WB Nr. 3 „Verladetest"

benötigte Zeit in Sekunden	Wertnote
< 120 sek	9,0
120 – 121,9 sek	8,9
122 – 123,9 sek	8,8
124 – 125,9 sek	8,7
126 – 127,9 sek	8,6
128 – 129,9 sek	8,5
130 – 131,9 sek	8,4
132 – 133,9 sek	8,3
134 – 135,9 sek	8,2
136 – 137,9 sek	8,1
138 – 139,9 sek	8,0
140 – 141,9 sek	7,9
142–143,9 sek	7,8
144 – 145,9 sek	7,7
146 – 147,9 sek	7,6
148 – 149,9 sek	7,5
150 – 151,9 sek	7,4
152 – 153,9 sek	7,3
154 – 155,9 sek	7,2
156 – 157,9 sek	7,1

benötigte Zeit in Sekunden	Wertnote
158 – 159,9 sek	7,0
160 – 161,9 sek	6,9
162 – 163,9 sek	6,8
164 – 165,9 sek	6,7
166 – 167,9 sek	6,6
168 – 169,9 sek	6,5
170 – 171,9 sek	6,4
172 – 173,9 sek	6,3
174 – 175,9 sek	6,2
176 – 177,9 sek	6,1
178 – 179,9 sek	6,0
180 sek	5,9
181 sek	5,8
182 sek	5,7
183 sek	5,6
184 sek	5,5
185 sek	5,4
186 sek	5,3
187 sek	5,2
> 188 sek	5,1

Umrechnungstabelle für WB Nr. 6 „Freie Präsentation und Ausschirren"

benötigte Zeit in Sekunden	Wertnote
< 270 sek	9,0
270 – 272,9 sek	8,9
273 – 275,9 sek	8,8
276 – 278,9 sek	8,7
279 – 281,9 sek	8,6
282 – 284,9 sek	8,5
285 – 287,9 sek	8,4
288 – 290,9 sek	8,3
291 – 293,9 sek	8,2
294 – 296,9 sek	8,1
297 – 299,9 sek	8,0
300 – 302,9 sek	7,9
303 – 305,9 sek	7,8
306 – 308,9 sek	7,7
309 – 311,9 sek	7,6
312 – 314,9 sek	7,5
315 – 317,9 sek	7,4
318 – 320,9 sek	7,3
321 – 323,9 sek	7,2
324 – 326,9 sek	7,1
327 – 329,9 sek	7,0

benötigte Zeit in Sekunden	Wertnote
330 – 332,9 sek	6,9
333 – 335,9 sek	6,8
336 – 338,9 sek	6,7
339 – 341,9 sek	6,6
342 – 344,9 sek	6,5
345 – 347,9 sek	6,4
348 – 350,9 sek	6,3
351 – 353,9 sek	6,2
354 – 356,9 sek	6,1
357 – 359,9 sek	6,0
360 – 362,9 sek	5,9
363 – 365,9 sek	5,8
366 – 368,9 sek	5,7
369 – 371,9 sek	5,6
372 – 374,9 sek	5,5
375 – 377,9 sek	5,4
378 – 380,9 sek	5,3
381 – 383,9 sek	5,2
384 – 386,9 sek	5,1
> 387 sek	5,0

W 3

Umrechnungstabelle WB Nr. 52 „Mini-Ride-and-Tie" (500 m laufen)

benötigte Zeit in Sekunden	Wertnote
< 130 sek	9,0
130 – 131,9 sek	8,9
132 – 133,9 sek	8,8
134 – 135,9 sek	8,7
136 – 137,9 sek	8,6
138 – 139,9 sek	8,5
140 – 140,9 sek	8,4
141–141,9 sek	8,3
142–143,9 sek	8,2
144 – 145,9 sek	8,1
146 – 147,9 sek	8,0
148 – 149,9 sek	7,9
150 – 151,9 sek	7,8
152 – 153,9 sek	7,7
154 – 155,9 sek	7,6
156 – 157,9 sek	7,5
158 – 159,9 sek	7,4
160 – 161,9 sek	7,3
162 – 163,9 sek	7,2
164 – 165,9 sek	7,1
166 – 167,9 sek	7,0
168 – 169,9 sek	6,9

benötigte Zeit in Sekunden	Wertnote
170 – 171,9 sek	6,8
172 – 173,9 sek	6,7
174 – 175,9 sek	6,6
176 – 177,9 sek	6,5
178 – 179,9 sek	6,4
180 – 181,9 sek	6,3
182 – 183,9 sek	6,2
184 – 185,9 sek	6,1
186 – 187,9 sek	6,0
188 – 189,9 sek	5,9
190 – 191,9 sek	5,8
192 – 193,9 sek	5,7
194 – 195,9 sek	5,6
196 – 197,9 sek	5,5
198 – 199,9 sek	5,4
200 – 201,9 sek	5,3
202 – 203,9 sek	5,2
204 – 205,9 sek	5,1
206 – 207,9 sek	5,0
208 – 209,9 sek	4,9
> 210 sek	4,8

Kurzaufgabe „Mannschafts-Reiterwettbewerb"

Auf der rechten Hand im Mittelschritt Abteilung bilden

Prüfung beginnt

B Abteilung im Arbeitstempo antraben, leichttraben, 1-mal herum, danach bei

K durch die ganze Bahn wechseln.

E Aussitzen.

H An der nächsten langen Seite eine einfache Schlangenlinie

B auf dem Mittelzirkel geritten.

E Abteilung im Arbeitstempo Galopp – Marsch 2-mal herum.

E Abteilung im Arbeitstempo Trab, bei B ganze Bahn.

C Abteilung Schritt, Bügel überschlagen.

E Abteilung im Arbeitstempo Trab.

H Durch die ganze Bahn wechseln.

M Abteilung Schritt, Mittelschritt, Bügel wieder aufnehmen.
Anfang rechts dreht, links marschiert auf – Marsch.
Anfang – Halt.

W 4

„Mannschaftsdressur" (Auszug Aufgabenheft Reiten LPO)

Vorbemerkung

Diese Prüfung dient dazu, neben den Fertigkeiten im dressurmäßigen Reiten, auch das Aufeinanderabstimmen verschiedener Reiter und damit die Teamfähigkeit zu fördern und zu überprüfen.

Ausführliche Informationen sind in den „FN-Turniersport-Merkblättern" (Bezug über www.pferd-aktuell.de) und in den „Richtlinien für Reiten und Fahren, Band 1 und 2" (Bezug über den FNverlag), zu finden.

Anforderungen

Mannschaftsweises Reiten nach den Anforderungen an das Reiten von Dressurprüfungen gem. § 405 LPO. Zusätzlich wird das Einhalten der Abstände und das Anpassen an die anderen Mannschaftsmitglieder bei geschlossenem Gesamteindruck überprüft. Eine Mannschaft besteht aus bis zu 4 Reitern (genaue Festlegung in der Ausschreibung) und dem Mannschaftsführer.

Beurteilung

Beurteilt werden die einzelnen Reiter und Pferde entsprechend den Kriterien für Dressurprüfungen, ergänzt um die Anpassungsfähigkeit in die Mannschaft. Zusätzlich wird der Gesamteindruck bewertet. Dazu zählen das Gleichmaß der Abteilung (Einhaltung der Abstände während der Aufgabe und der Zwischenräume bei der Aufstellung), die Ausstrahlung der gesamten Abteilung (Zusammenpassen der Pferde in Größe, Farbe, Verhalten und Bewegungsablauf; der Sitz und die Einwirkung der Reiter, Zusammenpassen von Reiter und Pferd), die Exaktheit der Lektionen, das Auftreten des Reitlehrers und das Herausgebrachtsein von Reiter und Pferd (gleichmäßige, ordentliche, saubere, zulässige Ausrüstung der Pferde; einheitlicher Anzug der Reiter).

Leitfaden Mannschaftsdressur/Abteilungsreiten für Vereine der Klassen E, A und L

Aufgaben E 1 bis E 4, A 1 bis A 4 und L 1

Grundgangarten, Tempi und Übergänge
Mittelschritt Arbeitstrab Arbeitsgalopp **In *Klasse A und L* zusätzlich:** Mitteltrab Mittelgalopp **In *Klasse L* zusätzlich:** Versammelter Trab Versammelter Galopp
Korrektheit der verlangten Lektionen
Losgelassenheit und Anlehnung des Pferdes
Sitz und Einwirkung der Reiter
Gesamtbeurteilung
(inkl. Aufstellungen, Bahndisziplin, Herausgebrachtsein, Reitlehrer) **Note:**

WB Nr. 37 „Schritt-Trab-Dressur-WB"

Aufgabe:

- Auf der rechten Hand im Mittelschritt Abteilung bilden, ganze Bahn.
- Mitte der kurzen Seite (bei C) auf den Zirkel abwenden.
- Abteilung im Arbeitstempo antraben, leichttraben.
- „Überhol-Mannöver": der zweite Reiter überholt den ersten Reiter mit großem Seitenabstand innen, dann überholt wieder der (neue) zweite Reiter den ersten Reiter. Beide Reiter reiten diese Übung 2-mal.
- Ab Mitte der kurzen Seite ganze Bahn, eine lange Seite zulegen im Leichttraben, vor der Ecke Tempo zurücknehmen.
- Mitte der kurzen Seite Mittelschritt.
- Durch die halbe Bahn wechseln, sobald der zweite Reiter auf dem Hufschlag ist, antraben, aussitzen.
- Mitte der langen Seite auf dem Mittelzirkel geritten und nebeneinander aufschließen (der zweite Reiter reitet innen).
- Nach einer Runde reitet der äußere Reiter ganze Bahn, der innere Reiter bleibt eine weitere Runde auf dem Mittelzirkel und reitet erst dann ganze Bahn.
- Beide Reiter wenden auf zwei Zirkel ab.
- Beide Reiter parieren vor X durch zum Schritt, wechseln aus dem Zirkel und traben wieder an.
- Eine Runde auf dem Zirkel geritten, dabei Zügel-aus-der-Hand-kauenlassen
- Zügel wieder aufnehmen und ganze Bahn.
- Jeweils Mitte der langen Seiten durchparieren zum Schritt und nach zwei Pferdelängen zum Halten (5 Sekunden).
- Anreiten im Mittelschritt, Zügel-aus-der-Hand-kauenlassen

Ende der Aufgabe

WB Nr. 38 „Sicher in der Hilfengebung?"

Aufgabe:

- Rechte Hand antraben, leichttraben, bei C auf dem Zirkel geritten (1 Runde).
- Aussitzen (1/2 Runde).
- Zur geschlossenen Seite (zwischen den Kegelmarkierungen) angaloppieren (1 Runde).
- Zur geschlossenen Seite (zwischen den Kegeln) durchparieren zum Trab. Ganze Bahn.
- Vor der ersten Ecke der kurzen Seite durchparierten zum Schritt.
- Durch die Länge der Bahn wechseln dabei Mitte des ersten Zirkels (zwischen den Kegeln) durchparieren zum Halten,
- Antraben, Mitte des zweiten Zirkels (zwischen den Kegeln) Schritt, danach antraben rechte Hand.
- Mitte der langen Seite halten, Vorhandwendung (in einzelnen Phasen: ein Schritt, dann halten, ein Schritt, dann halten usw.).
- Antraben, aussitzen, an der nächsten langen Seite durch den Slalom (dritter Hufschlag) reiten.
- Mitte der kurzen Seite zwischen den Kegel-Markierungen angaloppieren, ganze Bahn.
- Vor der kurzen Seite durchparieren zum Arbeitstrab, durchparieren zum Schritt.
- Zügel-aus-der-Hand-kauenlassen.

Ende der Aufgabe

W 6

Bewertung:

An jeder Station können 10 Punkte erreicht werden.

Je 1 Punkt Abzug für:

1) Halten auf der Mittellinie aus dem Schritt und Trab:
Abzug erfolgt, wenn zu beobachten ist:
seitliches Ausweichen der Hinterhand, zu starke Zügelhilfe ohne treibende Hilfe, Halten erfolgt nicht an der vorgegebenen Markierung.

2) Vorhandwendung in einzelnen Phasen und als ganze Lektion: Abzug für: keine Reaktion auf den inneren Schenkel, keine Reaktion auf den äußeren Schenkel, zu viel Zügeleinwirkung, zu starke Halsabstellung.

3) Slalom: Abzug erfolgt, wenn:
kein Anpassen des Zügelmaßes erfolgt, keine Gewichtsverlagerung erkennbar, äußerer Ellenbogen wird vorgestreckt und äußere Schulter bleibt hinten, Schenkel werden nicht entsprechend der Wendung umgelegt.

4) „Angaloppieren zwischen zwei Markierungen": Abzug erfolgt, wenn:
Die Galopphilfe mit dem äußeren Schenkel gegeben wird, feststehende innere Hand, keine Parade am äußeren Zügel vor der Galopphilfe, Zulegen im Tempo vor dem Angaloppieren, Gewichtshilfe außen, Einknicken nach innen.

Kurzaufgabe: WB Nr. 56 „Fahren vom Boden aus“:

A–X	Einfahren im Mittelschritt.
X	Halten. Grüßen. Im Gebrauchstrab anfahren, zwischen den Kegeln/Stangengasse durchfahren
C	rechte Hand.
B–E–B	Zirkel.
B	zum Schritt durchparieren, Mittelschritt, ganze Bahn.
A–X	Rechts um durch die Stangengasse.
X–E	Links um durch die Stangengasse.
E	Rechte Hand.
C	Volte (10 m).
C	Im Gebrauchstrab anfahren. Vor der langen Seite auf den dritten Hufschlag abwenden.
M–B–F	Durch den Slalom fahren.
F	zum Schritt durchparieren, Mittelschritt
A	Auf die Mittellinie abwenden.
X	Halten. Grüßen.

W 8

Musteraufgabe: WB Nr. 43 „Springdressur mit Sprüngen"

A–X	Einreiten im Arbeitstrab – leichttraben.
Vor X	Aussitzen.
X	Halten. Grüßen.
X–C	Im Arbeitstempo antraben, leichttraben.
C	Rechte Hand.
Nach M	Auf dem Zirkel geritten, zur geschlossenen Seite hin angaloppieren, danach 1 1/2 Zirkelrunden leichter Sitz.
Nach M	Durch die ganze Bahn wechseln.
K	Arbeitstrab, leichttraben.
F	Aussitzen (dabei Sitz entlasten).
B	Halten (5 Sekunden).
B–H	Antraben leichttraben.
H–B	Durch die halbe Bahn wechseln, über das In-Out, daraus weitergaloppieren oder vor B angaloppieren.
B–A	Leichter Sitz.
Nach A	Abwenden auf die gegenüberliegende kurze Seite zu.
Ab Kegel A bis Kegel B	5 Galoppsprünge auf 17,50 m (laut zählen), zur Markierung reiten.
Kurze Seite	Rechte Hand.
K	Durchparieren zum Arbeitstrab.
E–B–E	Auf dem Mittelzirkel geritten, Zügel-aus-der-Hand-kauen-lassen.
E	Durchparieren zum Schritt, Mittelschritt

Ende der Aufgabe

Kurzaufgabe: WB Nr. 44 Dressuraufgabe für Springreiter

A–X	Einreiten im Arbeitstrab – leichttraben.
Vor X	Auss tzen.
X	Halten. Grüßen.
X–C	Im Arbeitstempo antraben, leichttraben,.
C	Rechte Hand.
Vor B	Rechts um im entlastenden Sitz über 4 Trabstangen geritten.
E	Linke Hand, leichttraben.
B–E–B	Auf den Mittelzirkel abwenden, dabei im Arbeitstempo angaloppieren, leichter Sitz, (1-mal herum).
B	Ganze Bahn.
H–X–F	Durch die ganze Bahn wechseln, bei X durchparieren zum Trab und im Rechtsgalopp angaloppieren.
K–H	Galoppsprünge verlängern,
zwischen H und M	das Tempo bis zum Arbeitstempo zurückführen (Ecken abrunden!).
B–E–B	Auf den Mittelzirkel abwenden Galoppsprünge verlängern (eine Runde).
B–E	Tempo bis zum Arbeitstempo zurückführen (halbe Runde).
E	Ganze Bahn.
H	Durchparieren zum Trab, entlastend aussitzen.
M–X–F	Eine einfache Schlangenlinie an der langen Seite.
F–B	Aus der Ecke kehrt (10 m bis zur Mittellinie).
B	Leichttraben.
H–K	Auf dem dritten Hufschlag geritten und Tritte verlängern.
K	Tempo zurückführen, aussitzen.
B–E–B	Auf dem Zirkel geritten, die Zügel-aus-der-Hand-kauenlassen.
E	Durchparieren zum Schritt, am hingegebenen Zügel die Bahn verlassen.

WB Nr. 14 „Horse & Dog Trail"

1. Einreiten im Schritt mit Hund an der Leine, halten und grüßen, den Hund auf einem Heuballen ableinen und ablegen, weiter im Schritt.
2. Tor öffnen, durchreiten und geöffnet lassen, Hund rufen und ablegen. Tor schließen. Weiter im Trab mit Hund.
3. Über Trabstangen.
4. Anhalten und Hund auf Heuballen füttern, anreiten, antraben und angaloppieren mit Hund.
5. Hund ablegen, rückwärts durch das L, Hund rufen.
6. Mit Hund vorwärts im Schritt durch das U, weiter im Schritt.
7. Hund über Brücke vorausschicken und im Schritt folgen, weiter im Trab.
8. Am Marker halten, Hund auf Heuballen anleinen und grüßen. Im Schritt ausreiten.

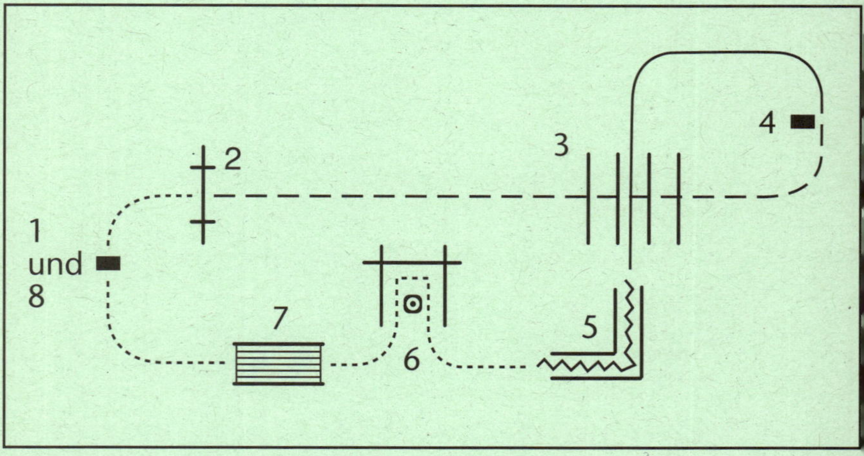

-------- Schritt — — — Trab ——— Galopp

WB Nr. 48 Gymnastikreihen

1. Stufe

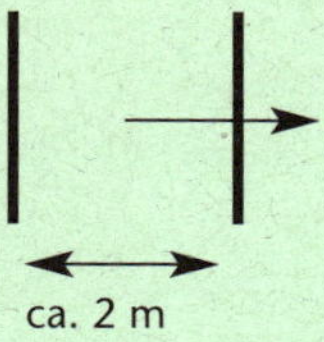

2. Stufe

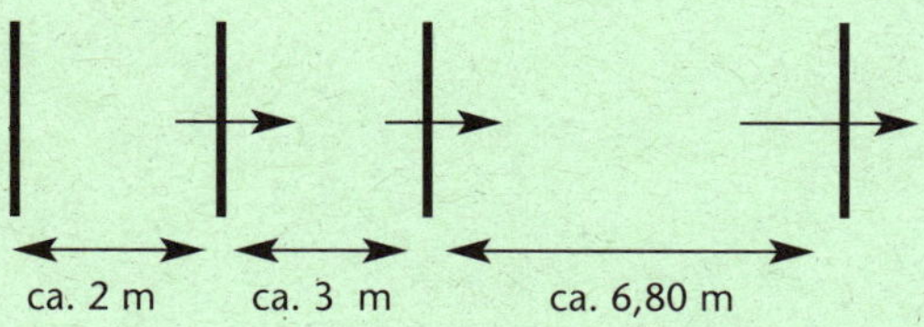

3. Stufe

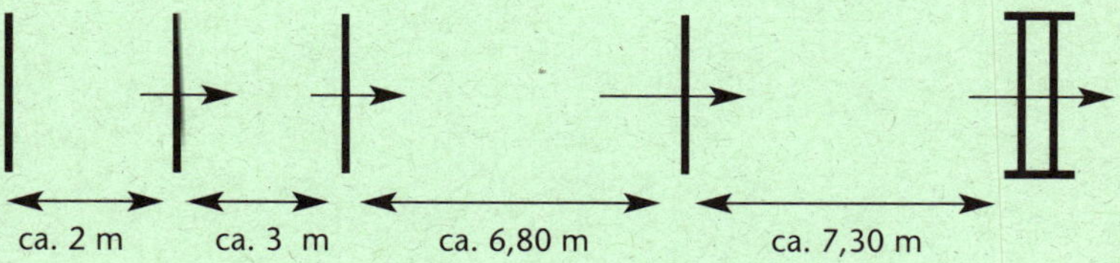

W 12

WB Nr. 49 „Die richtige Anzahl Galoppsprünge"

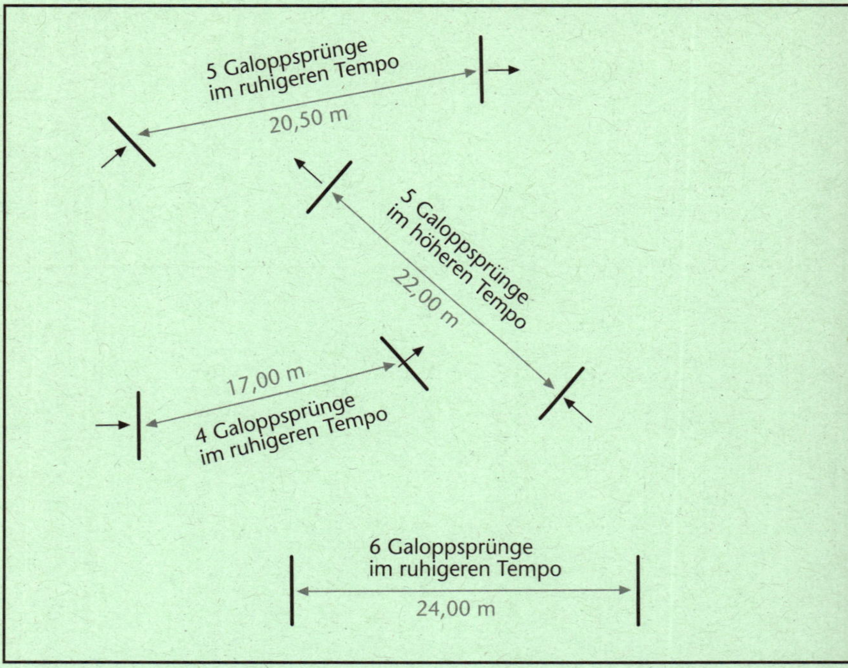

M = Auszüge aus Merkblättern

für WB/Thema	Fundstellen Bezeichnung	
Parcoursskizze geführte GHP I Parcoursskizze gerittene GHP	M	1
Vormustern (Skizze)	M	2
Caprilli-Test	M	3
Leitfaden Mannschaftsdressur	M	4
Leitfaden Mannschaftsdressur-Kür/Paar- /Dreierklasse, Quadrillenreiten der Kl. E, A, L	M	5
Leitfaden zum Richten eines Springquadrillen-WB	M	6
Leitfaden zum Richten eines Fahrquadrillen-WB	M	7
- Traditions-WB zur Pflege und Darstellung der traditionellen Fahrkultur - Skizze „Achenbach"	M	8

M 1

Schema des Pacours (geführte GHP Stufe 1)*

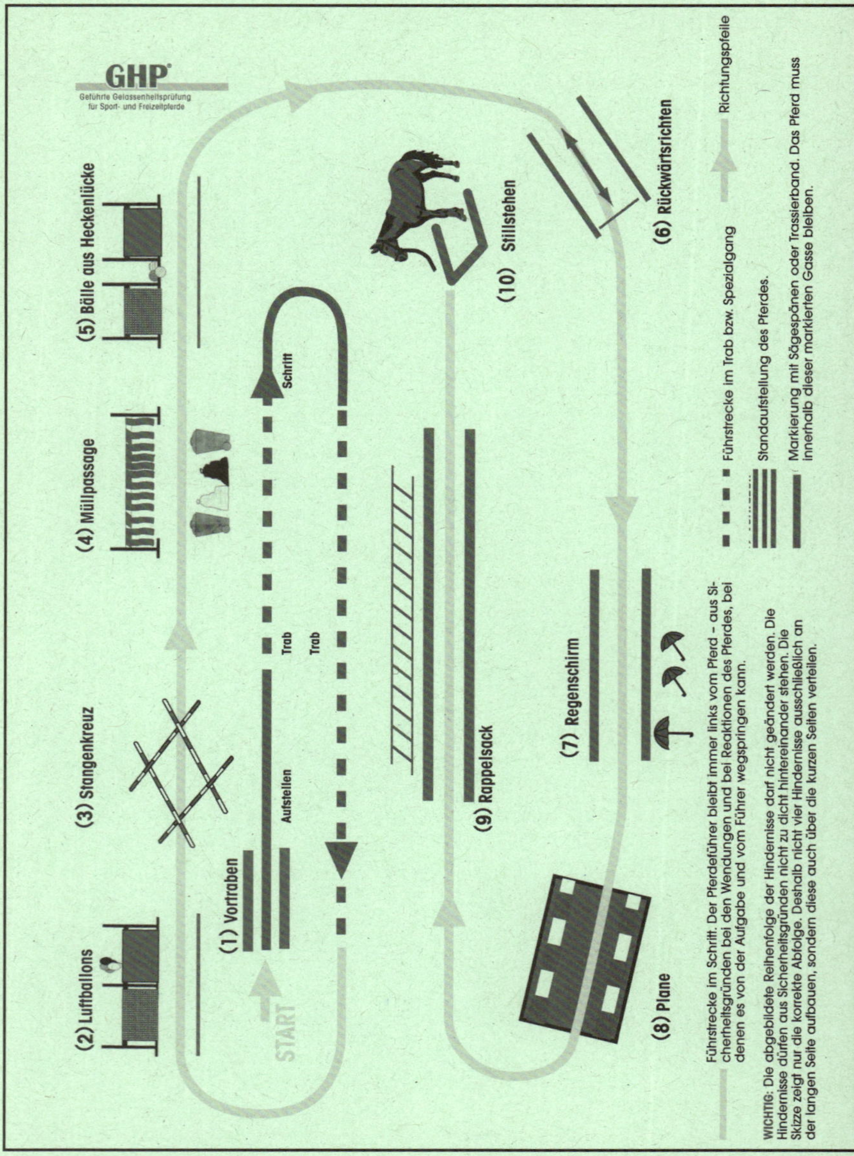

Schema des Pacours (gerittene GHP)*

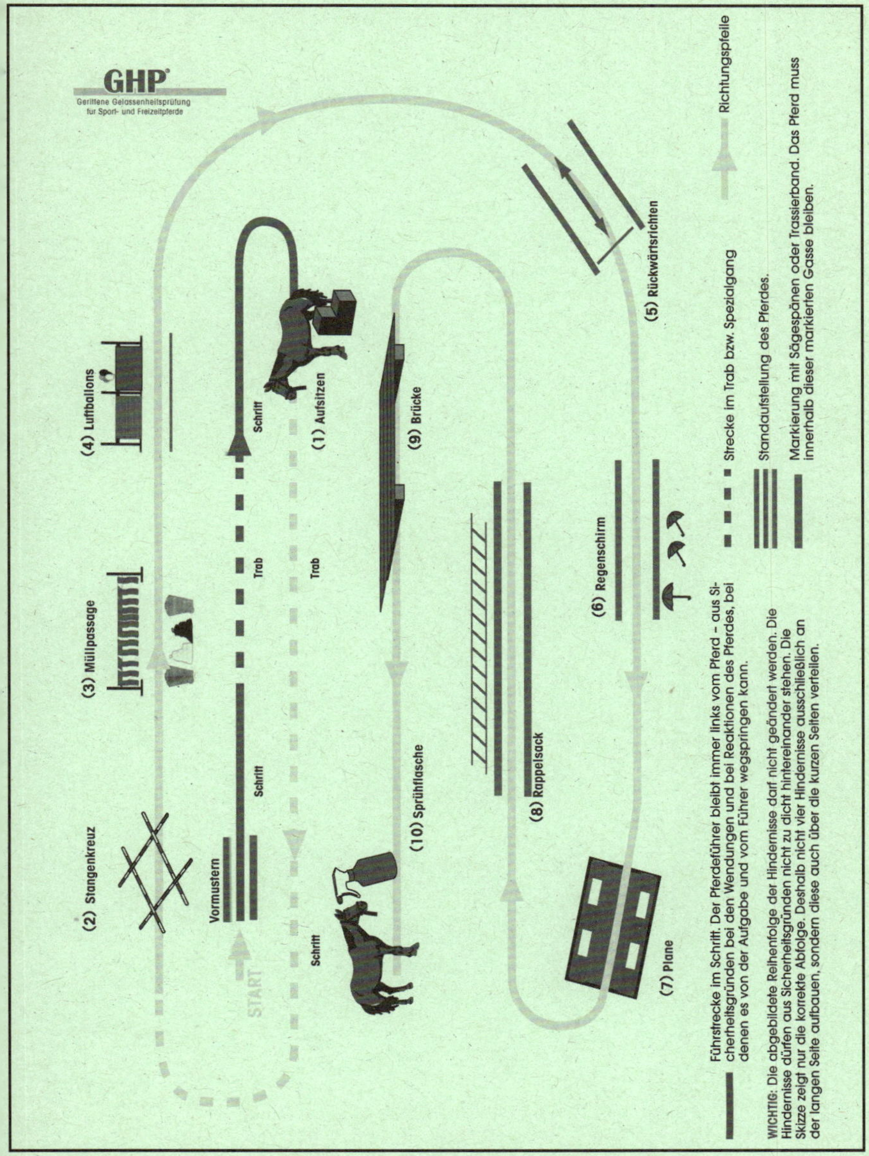

**Entnommen aus der Broschüre „Gelassenheitsprüfung für Sport- und Freizeitpferde". Ein Gemeinschaftsprojekt von „CAVALLO – Das Magazin für aktives Reiten" und der Deutschen Reiterlichen Vereinigung e.V. (FN), Oktober 2006.*

Vormustern auf der Dreiecksbahn

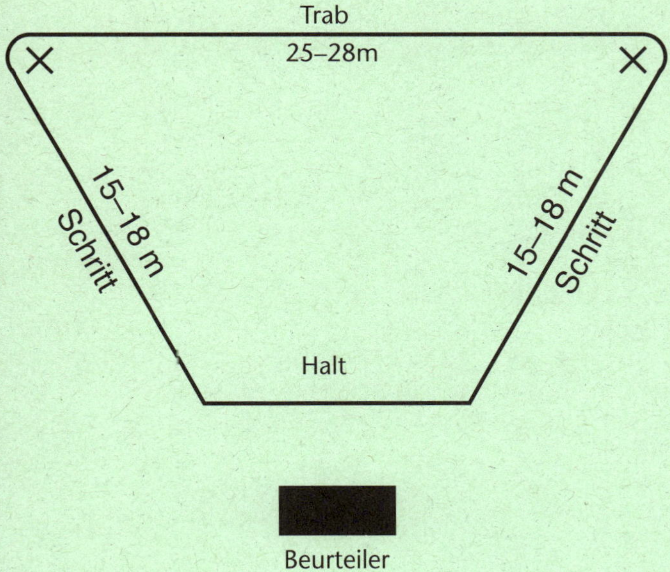

Beurteilung
Bewertet wird die geschickte und korrekte Vorstellung des Pferdes (sicheres Aufstellen, fleißiger und gerader Schritt, taktsicherer Trab sowie korrektes Wenden).

M 3 Caprilli-Test

Aufgaben und Skizzen

Anmerkungen

- Der Prüfungsplatz muss mind. 20 x 40 m groß und mit entsprechenden Buchstaben versehen sein.
- Die Trabstangen in den Aufgaben von Stufe 1 und 2 haben einen Abstand von 1,20 m zueinander, dies wird nicht in jeder Skizze extra vermerkt.
- Höhe der Sprünge (es wird nur mit Steilsprüngen gearbeitet):
  ➔ Stufe 2: bis zu 60 cm, Stufe 3: ca. 60–70 cm
- Um den Reitern das Anreiten von Sprüngen z.B. aus der Ecke heraus zu erleichtern, können z.B. Pylonen oder Bäumchen als „Wegweiser" verwendet werden.
- Kombinationen und Distanzen werden für Ponys und Pferde „einheitlich" aufgebaut, sodass kein Umbau erforderlich ist.
- Aufgrund des Platzproblems müssen Kompromisse bei der Ausführung der Hufschlagfiguren in Kauf genommen werden.

Caprilli Test: Aufgabe 1a

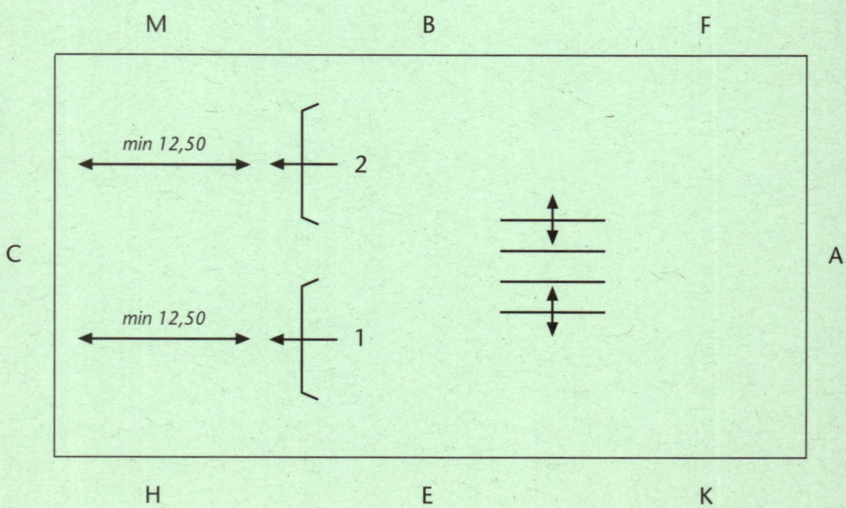

Wettbewerbsordnung (WBO)

Caprilli Test: Aufgabe 1a

	Auf der linken Hand antraben, leichttraben, ganze Bahn.
Nach E	Links um, und im leichten Sitz über die Stangen traben, danach wieder leichttraben.
Bei Erreichen des Hufschlags	Rechts um.
Nach A	Auf die Viertellinie abwenden und über Kreuz 1 springen, danach im Rechtsgalopp und im leichten Sitz weiterreiten.
C–X–C	Auf dem Zirkel geritten (1mal herum).
C	Durchparieren zum Trab, leichttraben. Ganze Bahn.
Nach B	Rechts um und im leichten Sitz über die Stangen traben, danach wieder leichttraben.
Bei Erreichen des Hufschlags	Links um und durchparieren zum Schritt.
A	Antraben und aussitzen.
Nach A	Auf die Viertellinie abwenden und über Kreuz 2 springen, danach im Linksgalopp weiterreiten, leichter Sitz.
C–X–C	Auf dem Zirkel geritten (1mal herum).
Dabei zur geschlossenen Seite	Durchparieren zum Trab, aussitzen.
C	Ganze Bahn.
An der nächsten langen Seite	Durchparieren zum Schritt und am langen Zügel zu den Richtern reiten.

M 3

Caprilli Test: Aufgabe 2a

	Auf der rechten Hand antraben, leichttraben, ganze Bahn.
H	Rechts um, und im leichten Sitz über die Stangen traben, danach leichttraben.
Bei Erreichen des Hufschlags	Rechts um.
Nach K	Durch die ganze Bahn wechseln, über Kreuz 1 springen, danach im Linksgalopp weiterreiten, leichter Sitz.
C–X–C	Auf dem Zirkel geritten (1mal herum).
C	Durchparieren zum Trab, aussitzen, ganze Bahn.
E	Volte (10 m).
Bei Erreichen des Hufschlags	Links angaloppieren, einsitzen.
F	Durch die Bahn wechseln, über Steilsprung 2 springen, danach im Rechtsgalopp weiterreiten, leichter Sitz.
B	Durchparieren zum Trab und aussitzen.
K	Durchparieren zum Schritt.
E	Rechts um.
B	Rechts um und antraben, leichttraben.
A–X–A	Auf dem Zirkel geritten (1mal herum).
Dabei zur geschlossenen Seite	Rechts angaloppieren, leichter Sitz.
A	Ganze Bahn.
Nach A	Auf die Viertellinie abwenden und über Steilsprung 3 und 4 reiten, danach im Rechtsgalopp weiterreiten, leichter Sitz.
C–X–C	Auf dem Zirkel geritten.
Dabei zur geschlossenen Seite	Durchparieren zum Trab, leichttraben.
C–X–C	Eine weitere Runde auf dem Zirkel geritten, dabei Zügel-aus-der-Hand-kauen lassen.
C	Zügel wieder aufnehmen, aussitzen, ganze Bahn.
An der nächsten langen Seite	Durchparieren zum Schritt und am langen Zügel zu den Richtern reiten.

Wettbewerbsordnung (WBO)

Caprilli Test: Aufgabe 2a

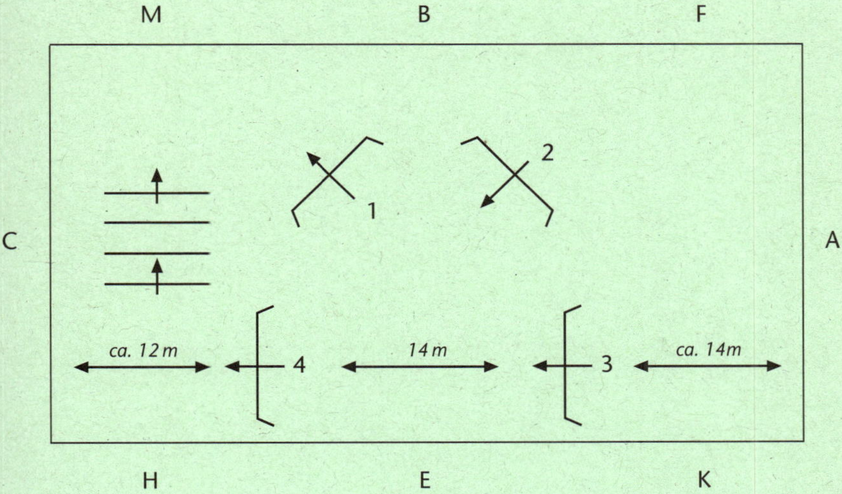

Caprilli Test: Aufgabe 3a

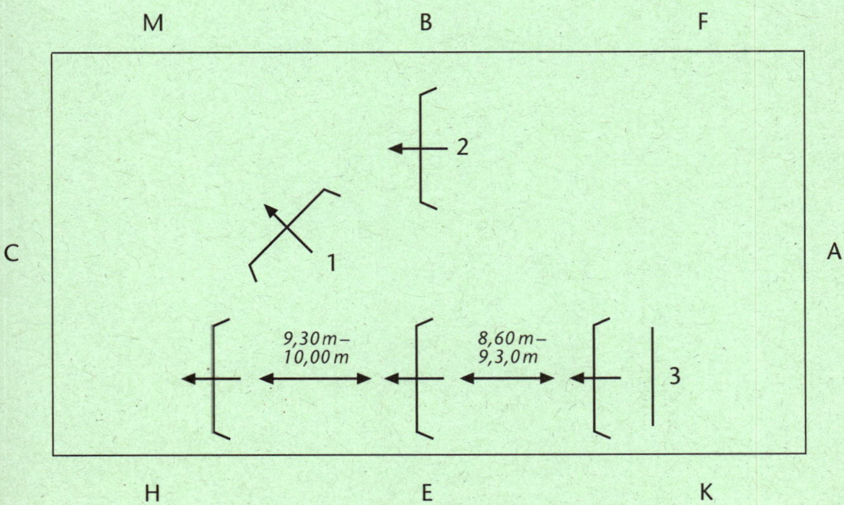

M 3

Caprilli Test: Aufgabe 3a

	Auf der rechten Hand antraben, leichttraben, ganze Bahn.
A–X–A	Auf dem Zirkel geritten (1mal herum).
Dabei zur geschlossenen Seite	Rechts angaloppieren, leichter Sitz.
A	Ganze Bahn.
Nach E	Durch die halbe Bahn wechseln und über Steilsprung 1 reiten, danach im Linksgalopp weiterreiten, leichter Sitz.
Nach A	Auf die Viertellinie abwenden und über Steilsprung 2 springen, danach im Linksgalopp weiterreiten, leichter Sitz.
C–X–C	Auf dem Zirkel geritten (1mal herum).
Dabei zur geschlossenen Seite	Durchparieren zum Trab, einsitzen.
C	Ganze Bahn.
E–X	Halbe Volte links (10 m).
X–B	Halbe Volte rechts (10 m).
Zwischen K und E	Durchparieren zum Halten und das Pferd 3–5 Tritte rückwärts treten lassen. Danach im Schritt anreiten.
Nach E	Rechts um, und antraben. Aussitzen.
Bei Erreichen des Hufschlags	Rechts um.
Nach A	Auf die Viertellinie abwenden und durch die Reihe (3) springen. Danach im Rechtsgalopp weiterreiten, leichter Sitz.
C–X–C	Auf dem Zirkel geritten (1mal herum).
C	Durchparieren zum Trab, leichttraben.
C–X–C	Eine weitere Runde auf dem Zirkel geritten, dabei Zügel-aus-der-Hand-kauen-lassen.
C	Zügel wieder aufnehmen, aussitzen und ganze Bahn.
An der nächsten langen Seite	Durchparieren zum Schritt und am langen Zügel zu den Richtern reiten.

Wettbewerbsordnung (WBO)

M 4

Leitfaden Mannschaftsdressur

Beurteilung
In der A-Note werden die Ausführung und in der B-Note die künstlerische Gestaltung bewertet.

Der Schwierigkeitsgrad muss im Einklang mit dem Leistungsvermögen und dem Ausbildungsgrad von Pferd und Reiter stehen.

Der Rahmen der Vorstellungen ist durch die Anforderungen in den einzelnen Klassen genau bezeichnet; ein Überziehen wirkt sich wertnotenmindernd aus.

Für die Bewertung der Ausführung gelten dieselben Grundsätze wie für das Richten in Dressurprüfungen nach Aufgaben. Das gilt ebenso für einen Teil der B-Note.

Bei der künstlerischen Gestaltung wird neben einer interessanten Choreografie mit leistungsangepasstem Schwierigkeitsgrad besonders der harmonische Gesamteindruck mit dem Schwerpunkt auf eine in jeder Phase den Bewegungen des Pferdes angepasste Musik beurteilt. Besonders wertvoll ist es, wenn diese interpretiert wird.

Dressur-Kür – Mannschafts- und Quadrillenreiten

Vorbemerkung
Diese Prüfungsformen stellen eine bedeutende Alternative zum Mannschaftsreiten nach festgelegten Aufgaben dar. Die zur Dressur-Kür – Einzel gemachten Aussagen gelten analog auch für Mannschafts-Dressur-Kür-WB/LP und Quadrillenreiten.

Ausführliche Informationen zur Ausführung, Gestaltung und Bewertung von Küren sind in dem FN-Turniersport-Merkblatt „Dressurküren" enthalten (www.pferd-aktuell.de).

Anforderungen
Die Anforderungen entsprechen der jeweiligen Klasse und orientieren sich an den Bemerkungen zum Mannschaftsreiten und zur Dressur-Kür – Einzel.

M 4

Die Abstände von beispielsweise zwei Pferdelängen
müssen jedoch nicht eingehalten werden, eine gleichmäßige Verteilung über das gesamte Viereck ist erwünscht. Eine Mannschaft kann aus bis zu 6 Reitern (genaue Festlegung in der Ausschreibung) und dem Mannschaftsführer bestehen. Eine Dressurquadrille besteht in der Regel aus 8 oder mehr, jedoch immer aus einer durch vier teilbaren Anzahl von Reitern (8, 12, 16 etc.).

Beurteilung
Auch die Beurteilung orientiert sich an den Bemerkungen zum Mannschaftsreiten und zur Dressur-Kür – Einzel. Beim Dressur-Kür-Mannschaftsreiten werden ebenfalls zwei gleich gewichtete Noten vergeben, die A- und die B-Note. Die A-Note für die Ausführung und die B-Note für die künstlerische Gestaltung.

Die verschiedenen Prüfungsarten unterscheiden sich also in der Anzahl der Reiter. Die Bewertung erfolgt in den Klassen E bis L anhand von Leitfäden

M 5

Leitfaden Mannschaftsdressur-Kür, Paar-/Dreierklasse, Quadrillenreiten der Klassen E, A und L

Viereck 20 x 40 m oder 20 x 60 m
Dauer: 4 –5 Minuten (Klasse E und A), 5–6 Minuten (Klasse L);
Dressurquadrille 6–10 Minuten (siehe Ausschreibung)

Dieser Leitfaden soll für das gemeinsame und getrennte Richtverfahren verwendet werden (kein Richten nach Einzelnoten).

A-Note **Ausführung** (ankreuzen)			
Grundgangarten gezeigt:	S O	T O	G O
Zusätzlich in Kl. A:			
• Mitteltrab, Mittelgalopp		O	O
• Trabvolte links/rechts (10 m)		O	O
Zusätzlich in Kl. L:			
• Versammelter Trab, versammelter Galopp		O	O
• Trabvolte links/rechts (8 m)		O	O
• Galoppvolte links/rechts (8 m)		O	O
• Mindestens ein einfacher Galoppwechsel auf beiden Händen		O	O
• Außengalopp links und rechts		O	O
Kommentar im Fließtext zu: Sitz und Hilfengebung aller Reiter, Gerittensein der Pferde (Takt, Losgelassenheit, Anlehnung, Durchlässigkeit, Gehorsam), Qualität der Grundgangarten und Ausführung der Pflichtlektionen			

Ausführung **A-Note** ______

Abzüge von jeweils 0,5 Punkten von der Note
• für Auslassen von Lektionen und/oder Gangarten ______
Abzüge von jeweils 0,2 Punkten von der Note
• für Überziehen einer Pflichtlektion ______

Total für Ausführung **A-Note (incl. Abzüge)** ______

Wettbewerbsordnung (WBO)

M 5

B-Note (künstlerische Gestaltung)	Bemerkungen
Gehorsam, Losgelassenheit und Durchlässigkeit der Pferde	
Sitz und Einwirkung der Reiter, Harmonie von Reiter und Pferd	
Herausgebrachtsein und Zusammenpassen der Pferde und Reiter	
Choreografie (inhaltlicher Ideenreichtum, Einteilung des Vierecks, Linienführung)	
Übereinstimmung der Bewegungsabläufe mit der Musik	
Gesamteindruck (musikalische Darbietung, dressurmäßige Leistung)	

Künstlerische Gestaltung **B-Note** [ ]

Abzüge von 0,5 Punkten von der Note
- für Auslassen von Lektionen und/oder Gangarten ______
- für Zeigen einer Lektion einer höheren Klasse ______
- für Überziehen einer Pflichtlektion ______

Abzüge von 0,2 Punkten von der Note
- für Über- oder Unterschreiten des jeweiligen Zeitlimits ______

Total für künstlerische Gestaltung **B-Note (incl. Abzüge)** [ ]

Resultat

Total für Ausführung **A-Note** ___,___

Total für künstlerische Gestaltung **+B-Note** ___,___

= ___,___

: 2 x 10 **= Endresultat:** [%]

Wettbewerbsordnung (WBO)

M 6

Leitfaden zum Richten eines Springquadrillen-Wettbewerbes

Leitfaden zum Richten eines Springquadrillen-Wettbewerbes   Viereck 20 x 40 m – Dauer: max. 5 Minuten (siehe Ausschreibung)

Veranstaltungsort: Datum: Prfg.-Nr.: Richter: Position: Programm-Nr.: Pferde: Reiter:

A-Note (Ausführung)	Bemerkungen
Rhythmus und angepasstes Grundtempo der Pferde	
Korrektheit der gewählten Figuren	
Verhalten am Sprung	
Losgelassenheit und Anlehnung der Pferde	
Sitz (Entlastungs- bzw. Springsitz)	
Total für Ausführung	**A-Note**

B-Note (künstlerische Gestaltung)	Bemerkungen
Gehorsam, Losgelassenheit und Durchlässigkeit der Pferde/Ponys	
Sitz und Einwirkung der Reiter, Harmonie der Reiter und Pferde/Ponys	
Herausgebrachtsein und Zusammenpassen der Pferde/Ponys und Reiter	
Choreografie (Inhaltlicher Ideenreichtum, Einteilung des Vierecks, Linienführung)	
Übereinstimmung der Bewegungsabläufe mit der Musik	
Gesamteindruck	

Note für künstlerische Gestaltung x 2

Abzüge von jeweils 0,2 Punkten von der Note der künstlerischen Gestaltung
– für Über- oder Unterschreiten des jeweiligen Zeitlimits.

Total für künstlerische Gestaltung **B-Note**

Resultat

Total für Ausführung **A-Note**
Total für künstlerische Gestaltung + **B-Note**
=
: 3 x 10 = **Endresultat:** %

Im Falle von Punktgleichheit im Endresultat gewinnt die Quadrille mit dem höheren Resultat für die künstlerische Gestaltung.

Unterschrift des Richters

M 7

Fahrquadrillen

Wettbewerbsregeln

Die Quadrille umfasst normalerweise vier Gespanne. Man kann getrennt als Zweispänner-, als Einspänner- oder gemischte Quadrille ausschreiben (die Vierspännerquadrille ist natürlich möglich, doch werden kaum jeweils genug Teilnehmer vorhanden sein, um mehrere derartige Quadrillen als Wettbewerb durchzuführen). Eine Quadrille kann von einem oder mehreren Pferdesportvereinen, Pferdebetrieben oder durch eine Fahrgemeinschaft gebildet werden.

Die Höchstzeit sollte in jedem Falle vorgeschrieben werden (z.B. 10 Minuten). Jede Quadrille sollte Gebrauchstrab und eine Schrittreprise von mindestens 40 m enthalten. Alles andere sollte den Teilnehmern überlassen bleiben. Mögliche Figuren sind: ganze und halbe Bahn, Zirkel, Volte, Kehrtvolte, Schlangenlinien sowie eine Anzahl spezieller Quadrillenfiguren. Neben dem Beifahrer können auch Passagiere zugelassen werden. Der WB wird damit familienfreundlich.

Die Vorführung soll harmonisch sein. Es werden die Grundgangarten, die Ausbildung der Pferde und die Fahrfertigkeiten der Fahrer bewertet sowie das Herausbringen der Gespanne; das Zueinanderpassen (auch Kontraste können reizvoll sein) ist mit zu bewerten.

- **Ausrüstung der Teilnehmer:** Turnierkleidung gem. LPO

- **Ausrüstung der Pferde:**
  - Anspannung beliebig, möglichst einheitlich für alle Gespanne einer Quadrille (auch möglich: zwei Gespanne mit englischer, zwei mit ungarischer Anspannung), gem. § 71 LPO
  - Bandagen erlaubt

- **Eingesetzte Wagen:** Vierrädrige Kutschwagen auch mit Luftbereifung, gem. § 71 D. LPO

M 7

Materialbedarf:

- Die erforder ichen Tonträger sind von den Teilnehmern mitzubringen. Das Wiedergabegerät sollte vom Veranstalter bereitgehalten werden.
- Abgrenzung und ggf. Markierung des Vierecks (evtl. mit Blumenkübeln).

Helfer: Kein besonderer Bedarf.

Tipps für die Durchführung:

- Fahrquadrillen sollten auf einem Viereck, Größe 40 x 80 m oder 40 x 100 m gefahren werden. Die Größe ist in der Ausschreibung anzugeben.
- Es muss mindestens ein Richter mit Fahrrichterqualifikation eingesetzt werden.
- Aus der vorhandenen Literatur für die Reitquadrille ist auch für die Fahrquadrille Nutzen zu ziehen.

Ausschreibungsbeispiel

Fahrquadrille – Einspänner

Zugelassene Pferde: 4-jährige und ältere Pferde/Ponys

Zugelassene Teilnehmer: Fahrer alle Altersklassen. Vier Gespanne bilden eine Quadrille.

Anforderungen: Freies Vorführen der Gespanne mit folgenden Mindestanforderungen:

- Gebrauchstrab
- Schritt mindestens 40 m zusammenhängend

Dauer: 10 Minuten. Größe des Vierecks: 40 x 80 m. Musikkassette muss mitgebracht werden.

Bewertung: Wertnoten gem. § 57 LPO zwischen 10 und 0, gemäß Leitfaden für Fahrquadrille

M 7

- **Ausrüstung/Teilnehmer:** Entsprechend der Anspannung (einheitlich) gem. § 69 LPO

- **Ausrüstung/Pferde:** Englische oder Landanspannung gem. § 71 LPO

- **Einsatz:** Startfolge: legt Veranstalter fest
  Verlangte Nennungen: 5 Quadrillen

Varianten

- Es ist auch eine gemischte Reit-/Fahrquadrille denkbar. Kutschen wurden früher häufig von Reitern eskortiert. Aus dieser historischen Vorlage lassen sich mit Fantasie und Stilgefühl Reit-/Fahrquadrillen gestalten.
- Es sind auch WB in Kostümen möglich, ggf. in der Ausschreibung angeben.

Hinweise für den Richter

- Bewertung nach Leitfaden für Fahrquadrillen-WB
- Die Protokollierung soll ausführlich unter besonderer Berücksichtigung des Gesamteindrucks erfolgen.

Eigene Anmerkungen

Leitfaden zum Richten eines Fahrquadrillen-Wettbewerbes

Leitfaden zum Richten eines Fahrquadrillen-Wettbewerbes Viereck 20 x 40 m – Dauer: max. 10 Minuten (siehe Ausschreibung)

Veranstaltungsort: Datum: Prfg.-Nr.: Richter: Position: Programm-Nr.: Pferde: Reiter:

A-Note (Ausführung)	Bemerkungen
Grundgangarten, Takt: Schritt (mind. 40 m zusammenhängend). Gebrauchstrab.	
Korrektheit der gewählten Figuren	
Ausbildung der Pferde (Losgelassenheit und Anlehnung, Stellung und Gehorsam)	
Haltung und Fahrfertigkeit der Fahrer	

Total für Ausführung **A-Note**

B-Note (künstlerische Gestaltung)	Bemerkungen
Gehorsam, Losgelassenheit und Durchlässigkeit der Pferde/Ponys	
Haltung, Hilfengebung, Gefühl und Einwirkung	
Herausgebrachtsein und Zusammenpassen der Pferde/Ponys, Fahren und Wagen	
Choreografie (Inhaltlicher Ideenreichtum, Einteilung des Vierecks, Linienführung)	
Übereinstimmung der Bewegungsabläufe mit der Musik	
Gesamteindruck (Musikalische Darbietung, dressurmäßige Leistung)	

Note für künstlerische Gestaltung x 2

Abzüge von jeweils 0,2 Punkten von der Note der künstlerischen Gestaltung
– für Auslassen einer Gangart,
– für Über- oder Unterschreiten des jeweiligen Zeitlimits.

Total für künstlerische Gestaltung **B-Note**

Resultat
Total für Ausführung **A-Note**
Total für künstlerische Gestaltung + **B-Note**
=
: 3 x 10 = **Endresultat:** %

Im Falle von Punktgleichheit im Endresultat gewinnt die Quadrille mit dem höheren Resultat für die künstlerische Gestaltung.

Unterschrift des Richters

M 8

Traditionswettbewerbe zur Pflege und Darstellung der traditionellen Fahrkultur

Teilnehmerkreis:
Fahrsportliebhaber mit speziellem Interesse an gepflegten Typgespannen, historischen Kutschen und Geschirren, Landgestüte gemäß Anspannungen: Ein-, Zwei- und Vierspänner, Tandems

Ort der Veranstaltungen/Turniere:
Allgemeine Anforderungen
Attraktiv, repräsentativ, publikumsanziehend, z.B. Schlossparks wie etwa in Wiesbaden, Wolfsburg, Riesenbeck, Anlagen der Landgestüte, Kurorte mit entsprechenden Kuranlagen, geeignete Firmenresidenzen usw.

Spezielle Anforderungen:
Platz mit entsprechender Größe und entsprechendem Ambiente
Geländestrecke: gutes Geläuf, gut einsehbar, reizvoll
Infrastruktur für Pferde – und Kutschenunterbringung und Pflege

Durchführung:
Traditionswettbewerb mit zwei Teilen:
Teil 1 Präsentation
Teil 2 Fahrerwettbewerb

Andere Wettbewerbe:
Traditionsgeländefahrerwettbewerb
Traditionshindernisfahrerwettbewerb

Perspektive:
Sehr publikumswirksam, sponsoreninteressant, wertvoll

Erläuterungen zur Präsentation

Beurteilungskriterien/Anforderungen

- **Teil 1 – Pferde/Ponys**
  Gesamtzustand, Pflegezustand, Futterzustand, Frisur, Hufbeschlag, Beachtung der rassetypischen Merkmale (z.B. Friesen, etc.), Passung bei Zwei- oder Vierspänner/Tandem: Größe, Farbe, Zeichnung, Typ

- **Teil 2 – Geschirre, Gebisse, Peitsche**
  Sicherheitsaspekte gemäß LPO § 71
  Pferdegerechte und funktionsgerechte Verpassung des Geschirrs
  Zur Anspannungsart und den Pferdetypen stilgerechte Passung
  Korrekte Verschnallung des Geschirrs und der Gebisse
  Beurteilung des Zustandes und der Pflege/Sauberkeit

- **Teil 3 – Kutschen**
  Sicherheitsaspekte gemäß LPO § 71
  Korrekte Passung zum Anspannungsstil, Pferdetyp, Pferdegröße
  Zustand, Sauberkeit
  Historische Gesichtspunkte

- **Teil 4 – Anzug Fahrer/Beifahrer/Passagiere**
  Outfit passend zum Anspannungsstil, zur Anspannungsart
  Beachtung historischer Aspekte
  Korrektheit und Sauberkeit

- **Teil 5 – Gesamteindruck**
  Einheitlichkeit und Zusammenpassen des Gesamtbildes
  Optik: Größenproportionen z.B. Pferde/Kutsche
  Stil: korrekt, dezent/exaltiert
  Ausstrahlung des Gesamtbildes

M 8

Erläuterung Funktionsprüfungen/Wettbewerbe

Anforderungen

- Überprüfung und Bewertung des fahrerischen Könnens:
- Peitschen- und Leinenhilfen gemäß dem Achenbach'schen Fahrsystem
- Sitz und Haltung auf dem Kutschbock
- Beherrschung des Gespanns im Verkehr/Gelände
- Beherrschung des Gespanns beim Fahren eines Parcours
- Einteilung von Tempo und Zeit.

- Überprüfung und Bewertung des Gesamteindrucks, einschließlich des Eindrucks des Gespannes in der Bewegung, dabei ist besonders zu überprüfen und bewerten:

- Takt und Taktsicherheit, deren Beibehaltung der jeweiligen Gangart durch das ganze Gespann

- Losgelassenheit und Anlehnung im gesamten Gespann

- Korrekte Ausführung von Wendungen durch das gesamte Gespann

- Sicherheit und Ruhe im Gespann, korrektes an den Hilfen Stehen des gesamten Gespanns, auf dem Platz, im Verkehr und Gelände

Die Anforderungen der Funktionsprüfungen müssen den historischen Anspannungen angepasst sein.

Regeln – Merkblatt zu § 700 LPO

- **Zugelassene Fahrer:** alle Fahrer, Mindestalter 18 Jahre, Mindestalter des Beifahrers 14 Jahre. Zahl der Beifahrer gemäß § 71/je nach Anspannungsart zugelassene Anspannungen: Ein-, Zwei- und Vierspänner, Pferde/Ponys

- **Pferde und Ponys:** alle Pferde/Ponys, Mindestalter 4 Jahre mit gültigem Impfnachweis

1. Traditionswettbewerb:

Der Traditionswettbewerb besteht aus Präsentation und Fahrerwettbewerb. Diese Prüfungen sind ein Wettbewerb und nur zusammen zugelassen und zusammen zu werten.

Teil 1 – Präsentation/Gespannkontrolle
Durchführung, Anforderungen und Bewertung
gemäß § 701 bis § 703: Gespannkontrollen
Pferdeschonung und die Sicherheit der Anspannung gemäß LPO § 71 haben Vorrang.

Sonderbestimmungen:
Wagen: Alte, historische Kutschen für den Personentransport oder deren Nachbauten sind zu bevorzugen, andere Wagen nicht zugelassen.

Geschirre: An diese historischen Wagentypen angepasste Geschirrarten sind zu bevorzugen.

Fahrer, Beifahrer und Passagiere: an diese historischen Wagen/Geschirre angepasste Bekleidung ist zu bevorzugen.

Pferde: Zu diesem historischen Gesamtbild passende Pferdetypen sind zu bevorzugen.

Andere Ausrüstungsgegenstände, wie Gebisse, Peitsche sollen ebenso an diese historischen Vorgaben angepasst sein.

Wertung
Gemeinsames oder getrenntes Richtverfahren gemäß § 703 LPO, Wertnoten zwischen 10 und 0, Dezimalstellen sind zulässig.

M 8

Teil 2 – Fahrerwettbewerb

Anforderungen

Einzel- oder Abteilungsfahren (Pferde/Ponys) nach Weisung der Richter bzw. Fahren der Aufgaben FW 1 oder FW 2, ggf. durch Hindernisse ergänzt, gemäß Aufgabenheft zur LPO.

Bewertung

Beurteilt werden Sitz und Haltung des Fahrers auf dem Kutschbock, Leinen- und Peitschenführung des Fahrers gemäß den Grundzügen des Achenbach'schen Fahrsystems, der Gesamteindruck, einschließlich der harmonischen Funktion des Gespanns in den Anforderungen.
Ausrüstung Pferde gemäß Teil IV, L2
Ausrüstung Teilnehmer gemäß Teil IV, L1

Bewertung

- Richtverfahren:gemeinsames Richten mit einer Stilnote zwischen 10 und 0
- Abzüge: Fehlende oder fehlerhafte Ausrüstung wird mit einem Abzug von 1 Punkt von der Wertnote bestraft.

Fahren ohne Peitsche ergibt einen Abzug von 3 Punkte von der Wertnote
Nichtfahren gemäß Achenbach 0,5 Punkte Abzug von der Wertnote.

Ausschlüsse

Leinenführung, Bremsengebrauch und Peitschenführung durch einen Mitfahrer führen zum Ausschluss. Verstöße gegen die §§ 6, 52, 65 und 66 LPO werden mit Ausschluss bestraft.

Wertung des Traditionswettbewerbs

- Teil 1: Gesamtsumme der Präsentation max. 50 Punkte x 2 ergibt 100, geteilt durch 10 ergibt die Wertnote für die Präsentation.
- Teil 2: Fahrerwettbewerb mit einer Wertnote zwischen 10 und 0

Gesamtwertung des Traditionswettbewerbs

- Wertnote aus der Präsentation x Faktor 2*
- Wertnote aus dem Fahrerwettbewerb x Faktor 1
- Addition der Wertnotensummen

** Faktor für die Wertigkeit der Präsentation*

M 8

Platzierung
Der Teilnehmer mit der höchsten Wertnotengesamtsumme ist der Sieger des Traditionswettbewerbs.

Weitere Traditionsprüfungen

1. Traditionsgelände-Fahrerwettbewerb
2. Traditionshindernis-Fahrerwettbewerb
3. Kombinationswettbewerbe

Diese sind nur zulässig im Zusammenhang mit dem Traditionswettbewerb. Es muss dieselbe Kutsche und dasselbe Geschirr benutzt werden wie in dem Traditionswettbewerb. Gebisse dürfen gewechselt werden. Zugelassen sind nur die Teilnehmer des Traditionswettbewerbs. Fahrerwechsel in Kombinierten Wettbewerben und Doppelstart mit dem Gespann sind nicht erlaubt.

1. Traditionsgelände-Fahrerwettbewerb

Grundgedanke
Überprüfung und Bewertung des fahrerischen Könnens bei besonderen Anforderungen im Verkehr und Gelände und des Gesamteindrucks einschließlich Gefahrensein des Gespanns in Bezug auf diese Anforderungen. Leinen- und Peitschenhilfengebung nach dem Achenbach'schen System.

Anforderungen und Bewertung
- Geläuf und Anforderungen müssen den historischen Kutschen angepasst, geeignet und sicher sein.
- Streckenlänge ca. 12–15 km
- Bis zu sechs besondere Anforderungen/Hindernisse.
- Art der besonderen Anforderungen/Hindernisse muss den historischen Kutschen angepasst sein:
- Gehorsamsprüfung Halten, Tor auf und zu etc.; Testen der Scheufreiheit, versetzte Durchfahrten etc.
- Mindestbreite der Durchfahrten 3,50 m

M 8

- Gangart: frei
- Geschwindigkeit: 10 km/h
- EZ für die Gesamtstrecke **einschließlich Hindernisse**
- BZ = erlaubte Zeit minus 3 Minuten

Wertung

Stilwertung mit erlaubter Zeit und Abzügen mit einer Wertnote zwischen 10 und 0 gemäß § 57 für die Bewältigung der Strecke und die Bewältigung der Hindernisse

Abzüge

Zeitfehler für die Gesamtstrecke:

- unter der Bestzeit: 0,2 Punkte Abzug/angefangene Sekunde
- über der EZ: 0,1 Punkte Abzug/angefangene Sekunde

Hindernisfehler:

- Auslassen eines Hindernisses: 5 Punkte Abzug
- Unkorrekte Erfüllung der Anforderung eines Hindernisses: 2,5 Punkte Abzug
- Unkorrekte Erfüllung der Anforderung meint: Hindernisbewältigung mit nicht kompletter Besatzung auf der Kutsche, Führen durch das Hindernis, nur teilweise Erfüllung der Anforderungen (zu schließendes Tor bleibt auf etc.)
- Absteigen von Beifahrern ist im Hindernis für anforderungsbedingte Notwendigkeiten (Tore öffnen etc.) erlaubt.

andere Abzüge

- Fahren ohne Peitsche im Hindernis und auf der Strecke ergibt 3 Punkte Abzug.
- Nichtfahren gemäß Achenbach im Hindernis und auf der Strecke ergibt 0,5 Punkt Abzug.

Ausschlüsse

- Benutzen einer anderen Kutsche oder eines anderen Geschirrs als in dem Traditionswettbewerb. Gebisse dürfen gewechselt werden.
- Fremde Hilfe: Leinenführung, Bremsengebrauch und Peitschenführung durch einen Beifahrer
- Verstöße gegen die § 6, 52, 65 und 66 LPO
- Absteigen von Fahrer/Beifahrer auf der Strecke für Reparaturzwecke an der Anspannung wird über die Zeit bestraft. Die Reparatur muss bei haltendem Gespann erfolgen.

Platzierung
Der Teilnehmer mit der höchsten Gesamtwertnote (Stilwertnote für die Bewältigung der Strecke und der Hindernisse/Abzüge) ist der Sieger dieses Wettbewerbs.

2. Traditionshindernis-Fahrerwettbewerb

Grundgedanke
Überprüfung und Bewertung des fahrerischen Könnens in einem vorgeschriebenen Parcours: Sitz und Haltung auf dem Bock, Peitschen- und Leinenführung gemäß dem Achenbach'schen Fahrsystem, Tempo und Weg im Parcours
Überprüfung und Bewertung des Gesamteindrucks einschließlich dem Gefahrensein des Gespanns in den Anforderungen eines Parcours

Anforderungen
Einzelfahren von Ein- oder Zweispännern (Pferde/Ponys) eines Hindernisparcours mit bis zu acht Hindernissen (Kegelpaare, Breite: 2,0 m), keine Mehrfachhindernisse bzw. Einzelfahren der Standardparcours HF1, HF2 oder HF3. Tempo 190 m/Min.
Die Parcourskonzeption muss den historischen Anspannungen angepasst sein.

Bewertung
Beurteilt werden Haltung, und Einwirkung des Fahrers, Weg und Tempo sowie der Gesamteindruck mit Wertnoten zwischen 10 und 0 gemäß § 57 LPO. Stilwertung mit erlaubter Zeit.

Abzüge
Hindernisfehler:
0,5 Punkte Abzug/Fehler
nicht korrektes Fahren eines Hindernisses (zwischen den Ausflaggungen)
0,5 Punkte Abzug, Neuaufbau des Hindernisses entfällt
Fahren eines Hindernisses in der falschen Richtung, in der falschen Reihenfolge oder Auslassen eines Hindernisses führen zum Ausschluss.
Zeitfehler:
pro Sekunde über EZ: 0,1 Punkte Abzug

M 8

andere Abzüge:
- Fehlende oder fehlerhafte Ausrüstung gemäß § 71 LPO wird mit 1 Punkt Abzug bestraft
- Fahren ohne Peitsche 3 Punkte Abzug
- Nichtfahren gemäß Achenbach 0,5 Punkte Abzug von der Wertnote

Platzierung
Der Teilnehmer mit der höchsten Gesamtwertnote (Stilwertnote/Abzüge) ist der Sieger dieses Wettbewerbs.

3. Kombinationsprüfungen

Durchführung
Die Kombination des Traditionswettbewerbs mit einem Geländefahrerwettbewerb und/oder Hindernisfahrerwettbewerb ist möglich.

Der Geländefahrerwettbewerb und der Hindernisfahrerwettbewerb sind nur im Zusammenhang mit dem Traditionswettbewerb zugelassen.
Die Benutzung der gleichen Kutsche und des gleichen Geschirrs ist für alle Wettbewerbe Pflicht. Gebisse können gewechselt werden. Verstöße führen zum Ausschluss von der betreffenden Prüfung und der kombinierten Wertung. Teilnehmer, die in einem Teilwettbewerb ausgeschieden sind, sind in der Kombinationswertung nicht zugelassen.

Wertung
- Endwertnote aus dem Traditionswettbewerb x Faktor 1
- Endwertnote aus dem Geländefahrerwettbewerb x Faktor 0,5* ist die Wertnotensumme dieser Prüfung für die kombinierte Wertung.
- Endwertnote aus dem Hindernisfahrerwettbewerb x Faktor 0,5* ist die Wertnotensumme dieser Prüfung für die kombinierte Wertung.
- Addition der Wertnotensumme aus den jeweiligen Wettbewerben

* *Erklärung: Für den Erhalt der Hauptgewichtung des Traditionswettbewerbs im Rahmen einer kombinierten Wertung*

Platzierung
Der Teilnehmer mit der höchsten Wertnotensumme aus den jeweiligen Wettbewerben ist der Sieger des Kombinierten Wettbewerbs. Bei Punktgleichheit entscheidet das bessere Ergebnis aus dem Traditionswettbewerb. Getrennte Platzierungen für die Teilwettbewerbe sind möglich.

M 8

Achenbachleine*

Außenleine
4,50 m von der Einschnallstrippe bis Ende Handstück

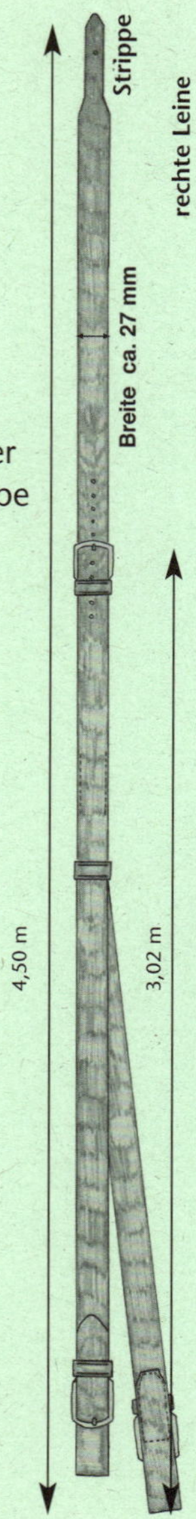

Innenleine
3,02 m von der Einschnallstrippe bis zur Kreuzschnalle

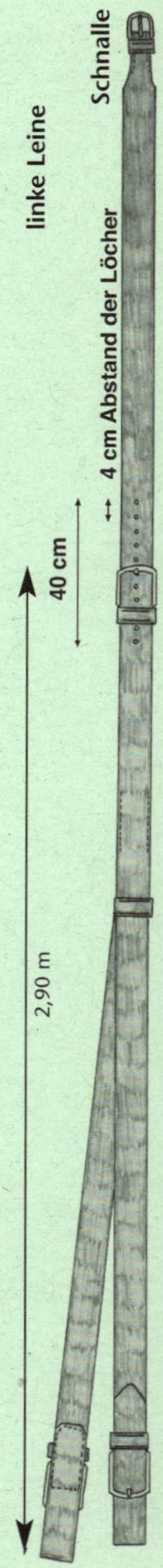

Außenleine
von der Einschnallstrippe bis zum 6. Loch: 2,90 m

** Zeichnung und Text: Horst König in Zusammenarbeit mit Fahrmeister Dieter Groß, Marbach.*

Grundschnallung 10

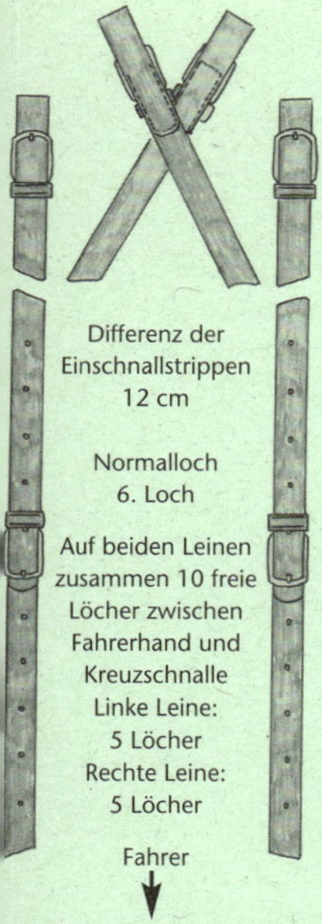

Grundschnallung 8

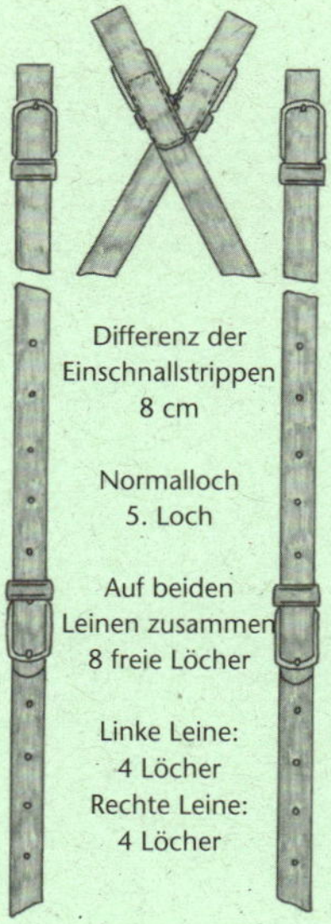

Grundschnallung 12

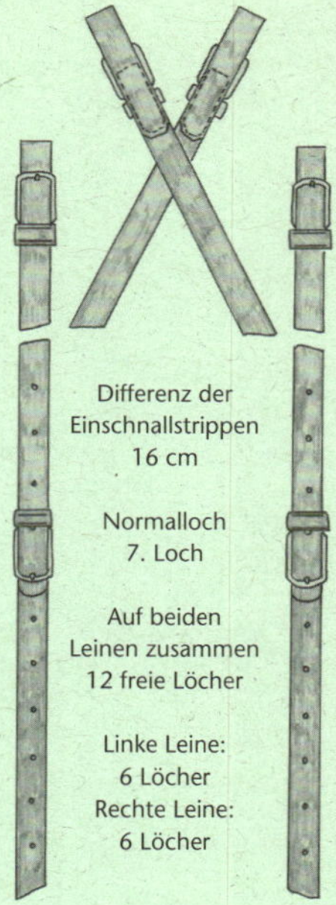

Die Ausgleichsschnallung: Der Gebäudeausgleich, Der Temperamentsausgleich, Der Arbeitsausgleich

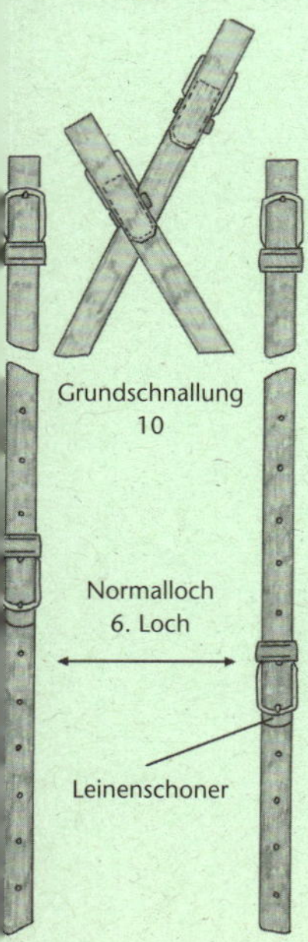

Vorhandene Grundschnallung: 10
Auf beiden Leinen zusammen 10 freie Löcher zwischen Fahrerhand und Kreuzschnalle mit Gebäude-, Arbeits- oder Temperamentsausgleich

Z.B. Gebäudeausgleich: In der Abbildung links, wäre das rechte Pferd wesentlich größer (länger und breiter) als das linke. Deswegen wurde die linke Innenleine nach vorne geschnallt und die rechte Innenleine zurück. Somit müssten beide Pferde geradeaus schauen. Sollte diese Ausgleichsschnallung nicht ausreichen, müsste man die linke Innenleine nochmals um 1 Loch vorschnallen und die rechte 1 Loch zurück.
Wichtig: Es muss immer die Grundschnallung vorhanden bleiben, von der wir ausgegangen sind. In unserem Beispiel Grundschnallung 10.
Merke: Zum Beispiel: Will ich das rechte Pferd zurücknehmen, schnalle ich auf der linken Leine zurück und auf der rechten das gleiche Stück nach vorne.

A

A = Auszüge aus dem Aufgabenheft LPO

Thema	Fundstellen Bezeichnung	
§ 405 Anforderungen für das Reiten in Dressurprüfungen	A	1
Hufschlagfiguren Kl. E Skizzen Aufgabenheft	A	2
Dressuraufgaben Kl. E, E1–E3, Dressurreiterprüfung RE 1	A	3
Skizzen Standard-parcours 1–4 für Pferde und Ponys	A	4
Dressur-Aufgaben für Vielseitigkeitsprüfungen der Kl. E, VE1 bis VE2/2	A	5
Fahrer-WB-Aufgaben FW1, FW2	A	6
Bewertungsbogen für A-Gruppen gem. Aufgabenheft Voltigieren 2008	A	7
4 Parcoursvorschläge Springreiter-WB	A	8

A 1

1. Anforderungen an das Reiten in Dressurprüfungen (§ 405 LPO)

Nach § 405 der LPO werden die Anforderungen an das Reiten in Dressurprüfungen durch das Aufgabenheft der FN und durch die Richtlinien für Reiten und Fahren, Band 1 und 2, bestimmt.
Die gleichen Grundsätze gelten für Basis- und Aufbauprüfungen, für die Teilprüfung Dressur in Vielseitigkeitsprüfungen sowie entsprechende Wettbewerbe der WBO.

1.1 Anforderungen an den Reiter

Der Reiter sitzt ausbalanciert und losgelassen, in aufrechter Haltung im tiefsten Punkt des Sattels. Er geht weich und geschmeidig in die Bewegungen des Pferdes ein. Ziel ist die harmonische Übereinstimmung von Reiter und Pferd. Beim Leichttraben nimmt der Reiter im Moment des Auffußens des inneren Hinterbeines im Sattel Platz und steht entsprechend auf, wenn die äußere Schulter des Pferdes vorschwingt. Das Umsitzen erfolgt an einer kommandierten Stelle oder beim Handwechsel.
Nur aus einem korrekten **Sitz** heraus können richtige **Hilfen** gegeben werden. Der Reiter wirkt mit **Gefühl**, überlegt und eindeutig, jedoch möglichst unauffällig ein. Die **Einwirkung** des Reiters erfolgt durch Gewichts-, Schenkel- und Zügelhilfen. Eine sinnvoll dosierte Anwendung von Gerte und Sporen ist erlaubt, sofern die Ausschreibung ihre Benutzung nicht untersagt. Stimmhilfen sind nicht zulässig.
Die verschiedenen Arten der **Zügelführung** werden in den Richtlinien für Reiten und Fahren, Band 1 und 2, beschrieben. Grundsätzlich sind die Zügel mit beiden Händen zu führen. In bestimmten Aufgaben kann das Reiten mit Zügelführung in einer Hand gestattet sein.
Während der Prüfung ist das Zügelmaß der Lektionenfolge ständig anzupassen.

Zu Beginn und am Schluss einer jeden Aufgabe/Kür erfolgt der Gruß auf der Mittellinie und bei Abteilungs- bzw. Mannschaftsaufgaben auch auf den Parallellinien.

Grundgangarten und Tempi

A 1

Schritt

Kriterien für alle Schritttempi sind das Schreiten im klaren, geregelten Viertakt, der Fleiß und der vom Gangmaß abhängige Raumgriff.

a) Mittelschritt
   Die Hinterhufe fußen über die Spur der Vorderhufe hinaus. Das Pferd schreitet mit stetiger und weicher Anlehnung, wobei der Reiter die natürliche Nickbewegung des Pferdes zulässt.

Trab

Kriterien für alle Trabtempi sind der klare Zweitakt und eine gute Schwung entfaltung mit einem erkennbaren Moment der freien Schwebe.

a) Arbeitstrab
   Die Hinterhufe fußen mindestens in die Spur der Vorderhufe. Das Pferd bewegt sich taktmäßig und schwungvoll. Das „Tritteverlängern" ist als Vorstufe des Mitteltrabes zu verstehen.

b) Mitteltrab
   Im Mitteltrab gewinnt das Pferd durch größeren Raumgriff mehr Boden, ohne in der Trittfolge eiliger zu werden. Der kräftige Schub der Hinterbeine veranlasst das Pferd zum leichten Abfedern und zum vermehrten Vortritt. Die Hinterhufe treten über die Spur der Vorderhufe. Eine Erweiterung des Rahmens wird deutlich erkennbar.

Galopp

Kriterien für alle Galopptempi sind der klare Dreitakt mit einem Moment der freien Schwebe. Das Pferd springt in Bergauftendenz mit den Hinterbeinen möglichst weit in Richtung unter den Körperschwerpunkt. Im Galopp darf das Pferd auch auf gerader Linie geringfügig gestellt sein.

a) Arbeitsgalopp
   Der Arbeitsgalopp ist geregelt, fleißig und schwungvoll.
   Das **„Galoppsprüngeverlängern"** ist eine Vorstufe zum Mittelgalopp.

Übergänge

Die Übergänge **von einer Gangart in eine andere** oder **von einem Tempo in ein anderes** erfolgen klar erkennbar, durchlässig und ohne Störung des Bewegungsflusses.

Mit dem **Übergang in ein höheres Gangmaß** erfolgt eine Rahmenerweiterung, die den vermehrten Raumgewinn der Schritte, Tritte und Sprünge ermöglicht. Die **Rückführung** in ein niedrigeres Gangmaß ist geschmeidig und durchlässig.

Beim **einfachen Galoppwechsel** ist der Übergang zum Schritt unmittelbar, geschmeidig und durchlässig. Nach drei bis fünf klaren Schritten wird entschlossen wieder angaloppiert. Wird der einfache Galoppwechsel an einem vorgeschriebenen Bahnpunkt verlangt, sind die jeweiligen Übergänge vor bzw. nach diesem Punkt.

Beim **Übergang zum Halten** wird die Vorwärtsbewegung des Pferdes geschmeidig aufgefangen. Die Hinterbeine fußen gleichmäßig in Richtung unter den Körperschwerpunkt bei erhöhter Lastaufnahme, bis das Pferd zum Halten kommt. Im Halten steht das Pferd gerade gerichtet, unbeweglich, ausbalanciert und geschlossen auf allen vier Beinen.
Der Übergang zum Halten ist so auszuführen, dass sich der Schenkel des Reiters über oder an dem jeweiligen Bahnpunkt befindet.

Lektionen

„Zügel-aus-der-Hand-kauen-Lassen"
Das Zügelmaß wird bis zum langen Zügel allmählich verlängert. Die sichere Verbindung zum Pferdemaul bleibt erhalten. Das Pferd behält Gangart, Takt und Tempo bei. Der Hals des Pferdes dehnt sich vorwärts-abwärts, bis sich das Maul mindestens auf Höhe der Buggelenke befindet, aber höchstens so weit, wie es das Gleichgewicht des Pferdes zulässt. Die Stirn-Nasenlinie bleibt vor der Senkrechten. Das Genick ist aufgrund der Dehnungshaltung nicht mehr der höchste Punkt.

Überstreichen
Der Reiter geht für zwei bis drei Pferdelängen mit den Zügelfäusten entlang des Mähnenkammes etwa zwei Handbreit vor. Die Selbsthaltung des Pferdes bleibt erhalten, wobei die Stirn-Nasenlinie etwas deutlicher vor die Senkrechte kommen darf. Das Tempo bleibt unverändert.

Reiten auf gebogenen Linien
Verlangt werden die gleichmäßige Stellung und Biegung entsprechend der Wendung. Bei jedem Richtungs- oder Handwechsel wird das Pferd

geschmeidig in die neue Bewegungsrichtung gestellt und gebogen. Das Pferd ist jederzeit mit der Vorhand auf die Hinterhand ausgerichtet. Bei Verstärkungen werden die Ecken abgerundet.

Vorhandwendung
Die Vorhandwendung wird aus dem Halten ausgeführt. Vor Beginn der Wendung wird das Pferd zur Seite des seitwärts treibenden Schenkels gestellt. Die Hinterhand des Pferdes beschreibt einen Halbkreis um die Vorhand. Der innere Hinterfuß tritt vor und über den äußeren. Der Wendepunkt liegt dicht am inneren Vorderfuß. Nach Vollendung der Wendung um 180° wird das Pferd wieder geradeaus gestellt.
In einer Reitbahn, in der sich der Hufschlag direkt an der Bande befindet, wird diese Lektion auf dem zweiten Hufschlag ausgeführt.

Viereck verkleinern und vergrößern
Viereck verkleinern und vergrößern wird als eine Vorwärts-seitwärts-Bewegung entlang einer gedachten diagonalen Linie geritten. Das Pferd wird vom Wechselpunkt aus vorwärts-seitwärts 5 m in die Bahn geführt, in Höhe des HB-Punktes eine Pferdelänge geradeaus gestellt und vorwärts-seitwärts zum Wechselpunkt zurückgeführt. Das Pferd ist jeweils zur Seite des vorwärts-seitwärts treibenden Schenkels gestellt, aber nicht gebogen. Das innere Hinterbein tritt in Richtung des Körperschwerpunktes vor. Das Pferd bewegt sich dabei annähernd parallel zur langen Seite.

Rückwärtsrichten/Schaukel
Das Pferd tritt bei deutlichem Abfußen in diagonaler Fußfolge (Zweitakt) zurück. Es bleibt dabei in sich gerade gerichtet. Das Rückwärtsrichten erfolgt durchlässig und mit gleichbleibender Länge der Tritte.
Wird nach dem Rückwärtsrichten das Halten verlangt, so ist der letzte Tritt ein halber Tritt, der als ganzer gezählt wird, damit das Pferd wieder geschlossen steht. Eine Pferdelänge rückwärts richten entspricht drei bis vier Tritten.
In einer Dressur der Klasse A ist das Rückwärtsrichten eher noch eine Abfrage des Gehorsams, sodass ein abschließendes korrektes geschlossenes Halten nicht erforderlich ist.
Wird nach dem Rückwärtsrichten ein sofortiges Anreiten verlangt, darf das Pferd nicht zum Halten kommen.

Hufschlagfiguren

a) Zirkel

Der Zirkel ist ein Kreisbogen von 20 m Durchmesser. Bei einem **Wechsel durch den Zirkel** oder einem **Wechsel aus dem Zirkel** wird das Pferd beim Richtungswechsel kurzfristig in Form eines flachen „S" geradeaus gerichtet, bevor es anschließend in die neue Bewegungsrichtung gestellt und gebogen wird.

b) Volte

Die Volte wird als ein Kreis mit einem vorgeschriebenen Durchmesser (10 m, 8 m, 6 m) geritten. Der vom Pferd beschriebene Kreisbogen weist nur eine Hufschlaglinie auf.

c) Kehrtvolte

Die Kehrtvolte entspricht in ihrem ersten Teil einer halben Volte. Danach wird das Pferd auf gerader Linie zum Hufschlag zurückgeführt.

d) Aus der Ecke kehrt

Die Lektion „Aus der Ecke kehrt" (in der Regel aus der 2. Ecke der langen Seite) ist in ihrem ersten Teil wie eine Volte zu reiten. Sie muss den Hufschlag an der kurzen Seite berühren. Vom Punkt des Bogens, der am weitesten vom Hufschlag entfernt ist, führt der Reiter das Pferd in schräger Richtung auf gerader Linie zum Hufschlag zurück und befindet sich dann auf der anderen Hand.

e) Schlangenlinie durch die Bahn, an der langen Seite und entlang der Mittellinie

Die Schlangenlinie durch die ganze Bahn beginnt und endet jeweils Mitte der kurzen Seite bei A oder C. Das Durchreiten der Mittellinie erfolgt stets senkrecht zu dieser. Die Schlangenlinie ist je nach der Anzahl der geforderten Bögen gleichmäßig einzuteilen.
Der Fußwechsel beim Leichttraben, jeder Gangartwechsel und sowohl einfache als auch fliegende Galoppwechsel sind beim Durchreiten der Mittellinie auszuführen.
Die Schlangenlinie an der langen Seite wird geritten. Bei der einfachen Schlangenlinie ist die weiteste Entfernung vom Hufschlag (Mitte der langen Seite) 5 m, bei der doppelten Schlangenlinie 2,50 m. Die Schlangenlinie entlang der Mittellinie wird geritten, bei drei Bögen 5 m von der Mittellinie entfernt, jeweils bis zur Viertellinie.

Wettbewerbsordnung (WBO)

Vierecke und Hufschlagfiguren für Reitpferde

A 2

Dressurviereck „Reitpferde" 20 x 40 m

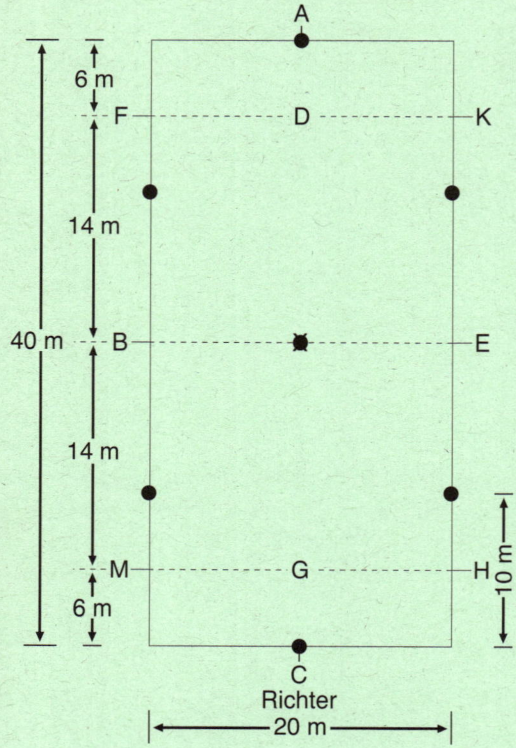

A 2

Hufschlagfiguren „Reitpferde" 20 x 40 m

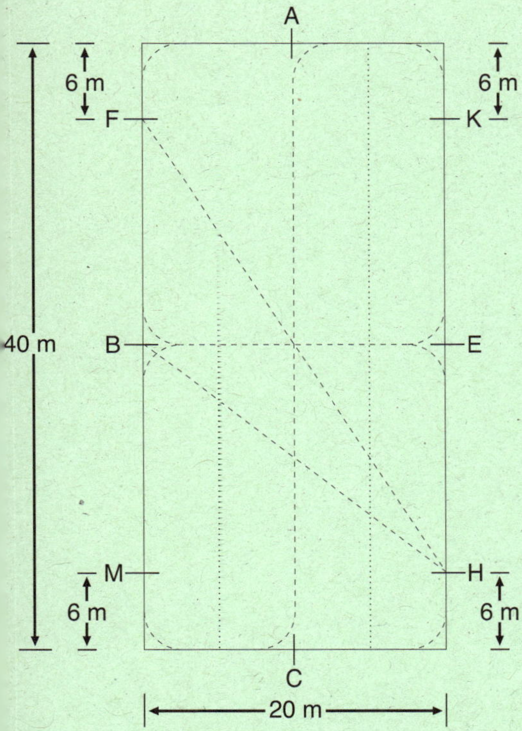

Hufschlagfiguren:

H–B	Wechsellinie durch die halbe Bahn
H–F bzw. F–H	Wechsellinie durch die ganze Bahn
A–C bzw. C–A	Wechsellinie durch die Länge der Bahn
B–E bzw. E–B	Halbe Bahn

. . . . Viertellinie

A 2

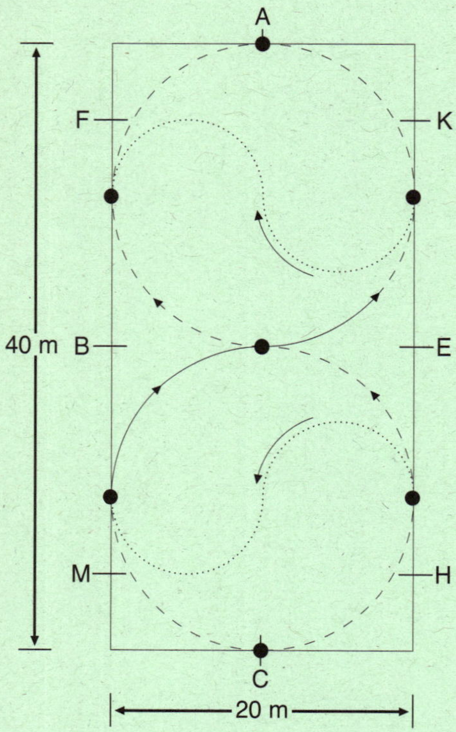

Hufschlagfiguren:

● Zirkelpunkte

. . . . Durch den Zirkel wechseln

-------------------- Aus dem Zirkel wechseln

A 2

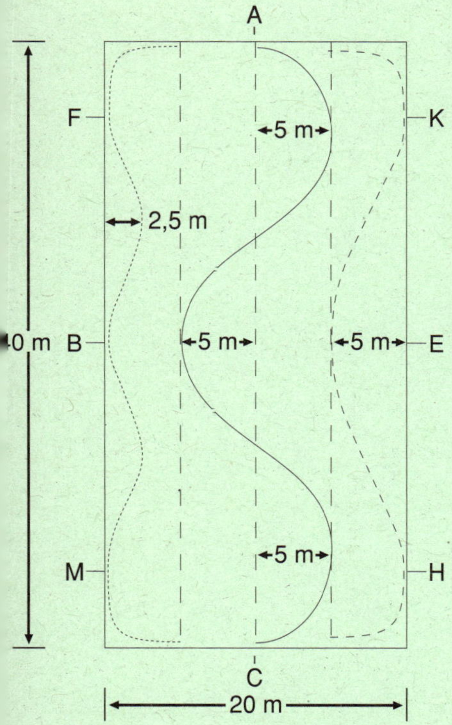

Hufschlagfiguren:

------------------ Einfache Schlangenlinie an der langen Seite
. . . . Doppelte Schlangenlinie an der langen Seite
———————— Schlangenlinie entlang der Mittellinie, drei Bögen

A 2

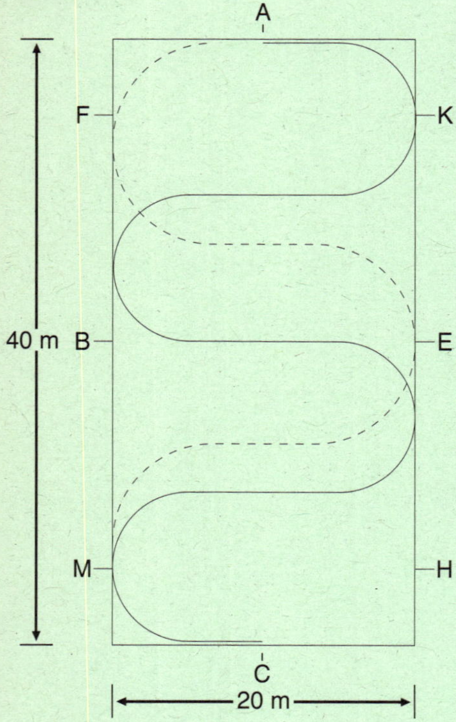

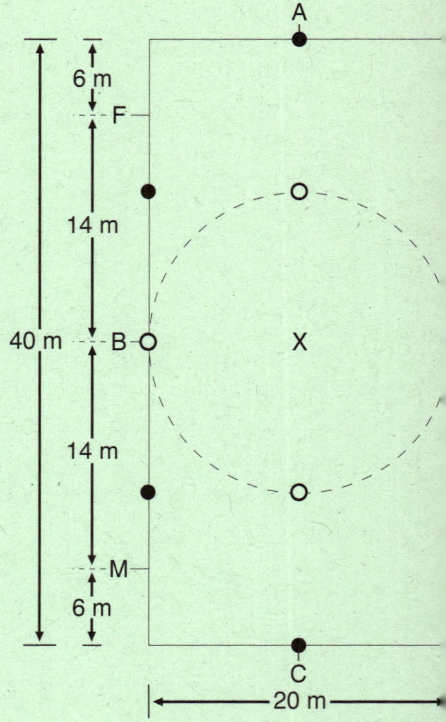

Hufschlagfiguren:

———— Schlangenlinie durch die Bahn, 4 Bögen

------------ Schlangenlinie durch die Bahn, 3 Bögen

Hufschlagfigur:

--------- Mittelzirkel

O Zirkelpunkte bei Mitte

● Zirkelpunkte

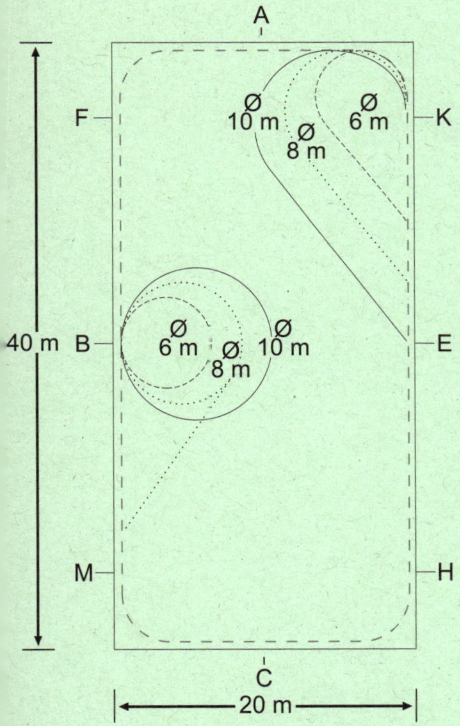

Hufschlagfiguren:

————————	Volte und aus der Ecke kehrt mit einem Durchmesser von 10 m
. . . .	Volte, Kehrtvolte und aus der Ecke kehrt mit einem Durchmesser von 8 m
- - - - - - - - - -	Volte und aus der Ecke kehrt mit einem Durchmesser von 6 m

A 2

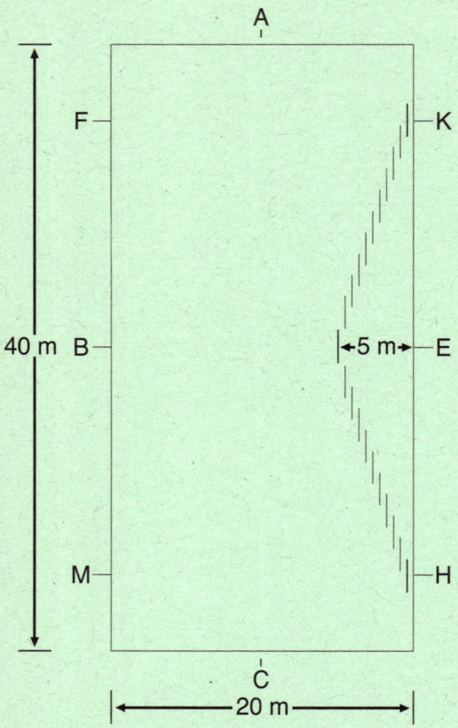

Hufschlagfigur:

―――――――― Viereck verkleinern und vergrößern
Abstand zur Mitte der langen Seite = 5 m

Aufgabe E 1

A 3

(Abteilungsreiten für 2 bis 4 Reiter)

Viereck 20 x 40 m – Dauer: etwa 3 1/2 Minuten

	Auf der rechten Hand im Mittelschritt Abteilung bilden.
(A)	(Von der kurzen Seite auf die Richter zu) Anfang rechts dreht, links marschiert auf – Marsch. (Wenn der Anfangsreiter die Verbindungslinie der beiden Punkte E–B erreicht) Anfang – Halt. Grüßen.
(M–F)	Abteilung zu einem Rechts-brecht-Ab im Arbeitstempo – Trab.
(A–X–C)	Auf dem Zirkel geritten und aus dem Zirkel wechseln.
(C–X)	(1/2-mal herum).
(X–C–X–C)	Abteilung im Arbeitstempo – Galopp – Marsch (1 1/2-mal herum)
(C)	Abteilung im Arbeitstempo – Trab, ganze Bahn.
(K–F)	(An der kurzen Seite) Abteilung Schritt, Mittelschritt.
(F–X–H)	Durch die ganze Bahn wechseln.
(H–M)	(An der kurzen Seite) Abteilung im Arbeitstempo – Trab (1/2-mal herum).
(A–X)	Auf dem Zirkel geritten (1/2-mal herum).
(X–A)	Abteilung im Arbeitstempo – Galopp – Marsch (1/2-mal herum).
(A)	Ganze Bahn.
(H–M)	(An der kurzen Seite) Abteilung im Arbeitstempo – Trab.
(A)	(Von der kurzen Seite auf die Richter zu) Anfang rechts dreht, links marschiert auf – Marsch. (Wenn der Anfangsreiter die Verbindungslinie der beiden Punkte E–B erreicht) Anfang – Halt. Grüßen. Im Mittelschritt am langen Zügel die Bahn verlassen.

Aufgabe E 2

A 3

(Abteilungsreiten für 2 bis 4 Reiter)

Viereck 20 x 40 m – Dauer: etwa 4 Minuten

	Auf der rechten Hand im Mittelschritt Abteilung bilden. Abteilung im Arbeitstempo – Trab.
(A)	(Von der kurzen Seite auf die Richter zu) Anfang rechts dreht, links marschiert auf – Marsch. (Wenn der Anfangsreiter die Verbindungslinie der beiden Punkte E–B erreicht) Anfang – Halt. Grüßen.
(M–F)	Abteilung zu einem Rechts-brecht-Ab im Arbeitstempo – Trab.
(A–C)	Anfang Schlangenlinie durch die Bahn, 3 Bögen, rechts beenden.
(M–X–K)	Durch die ganze Bahn wechseln.
(K–F)	(An der kurzen Seite) Abteilung Schritt, Mittelschritt (1/2-mal herum).
(C–X)	Auf dem Zirkel geritten, Abteilung im Arbeitstempo – Trab (1/2-mal herum).
(X–C–X–C)	(Zur geschlossenen Zirkelseite) Abteilung im Arbeitstempo – Galopp – Marsch (1 1/2-mal herum).
(C)	Ganze Bahn.
(K–F)	(An der kurzen Seite) Abteilung im Arbeitstempo – Trab (1/2-mal herum).
(H–B)	Durch die halbe Bahn wechseln.
(A–X)	Auf dem Zirkel geritten (1/2-mal herum).
(X–A–X–A)	(Zur geschlossenen Zirkelseite) Abteilung im Arbeitstempo – Galopp – Marsch (1 1/2-mal herum).
(A)	Ganze Bahn.
(H–M)	(An der kurzen Seite) Abteilung im Arbeitstempo – Trab.
(A)	(Von der kurzen Seite auf die Richter zu) Anfang rechts dreht, links marschiert auf – Marsch. (Wenn der Anfangsreiter die Verbindungslinie der beiden Punkte E–B erreicht) Anfang – Halt. Grüßen. Im Mittelschritt am langen Zügel die Bahn verlassen.

Aufgabe E 3

(Abteilungsreiten für 2 bis 4 Reiter)

Viereck 20 x 40 m – Dauer: etwa 4 Minuten

(A)	Auf der rechten Hand im Mittelschritt Abteilung bilden. (Von der kurzen Seite auf die Richter zu) Anfang rechts dreht, links marschiert auf – Marsch. (Wenn der Anfangsreiter die Verbindungslinie der beiden Punkte E–B erreicht) Anfang – Halt. Grüßen.
(M–F)	Abteilung zu einem Rechts-brecht-Ab im Arbeitstempo – Trab.
(K–X–M)	Durch die ganze Bahn wechseln.
(M–H)	(An der kurzen Seite) Abteilung Schritt, Mittelschritt.
(K)	(Vor der kurzen Seite) Abteilung im Arbeitstempo – Trab.
(F–M)	Anfang einfache Schlangenlinie an der langen Seite.
(C–X)	Auf dem Zirkel geritten (1/2-mal herum).
(X–C–X–C)	(Zur geschlossenen Zirkelseite) Abteilung im Arbeitstempo – Galopp – Marsch (1 1/2-mal herum).
(C)	Ganze Bahn.
(K–F)	(An der kurzen Seite) Abteilung im Arbeitstempo – Trab.
(F–X–H)	Durch die ganze Bahn wechseln.
(C–X)	Auf dem Zirkel geritten (1/2-mal herum).
(X–C–X–C)	(Zur geschlossenen Zirkelseite) Abteilung im Arbeitstempo – Galopp – Marsch (1 1/2-mal herum).
(C)	Ganze Bahn.
(F–K)	(An der kurzen Seite) Abteilung im Arbeitstempo – Trab.
(K–H)	(An der langen Seite) Abteilung – Halt. Abteilung im Arbeitstempo – Trab.
(A)	(Von der kurzen Seite auf die Richter zu) Anfang rechts dreht, links marschiert auf – Marsch. (Wenn der Anfangsreiter die Verbindungslinie der beiden Punkte E–B erreicht) Anfang – Halt. Grüßen. Im Mittelschritt am langen Zügel die Bahn verlassen.

Dressurreiterprüfung Kl. E

A 3

Aufgabe RE 1
(Einzeln oder zu zweit hintereinander)

Viereck 20 x 40 m – Dauer: etwa 3 Minuten

(A-X)	Einreiten im Arbeitstrab.
(X)	Halten. Grüßen.
	Im Arbeitstempo antraben.
(C)	Rechte Hand.
(B)	Halbe Volte rechts (10 m).
(X)	Im Mittelpunkt eine Pferdelänge geradeaus.
	Danach halbe Volte links (10 m).
(A)	Mittelschritt
(F-E)	Im Mittelschritt durch die halbe Bahn wechseln.
(E)	Bei Erreichen des Hufschlags im Arbeitstempo antraben.
(C)	Im Arbeitstempo rechts angaloppieren.
(B-E-B)	Auf dem Mittelzirkel geritten (1-mal herum).
(B)	Ganze Bahn.
(F)	Vor der kurzen Seiten Arbeitstrab.
(K-X-M)	Durch die ganze Bahn wechseln.
(C)	Im Arbeitstempo links angaloppieren.
(C-X-C)	Auf dem Zirkel geritten (1-mal herum).
(C)	Arbeitstrab und ganze Bahn.
(E-B-E)	Auf dem Mittelzirkel geritten (1-mal herum), dabei leichttraben und Zügel aus der Hand kauen lassen.
(Vor E)	Aussitzen, Zügel wieder aufnehmen.
(E)	Ganze Bahn
(A)	Auf die Mittellinie abwenden.
(X)	Halten. Grüßen.
	Im Mittelschritt am langen Zügel die Bahn verlassen.

Standardparcours für Pferde und Ponys

Parcours 1
Stilspringprüfung mit Standardanforderungen

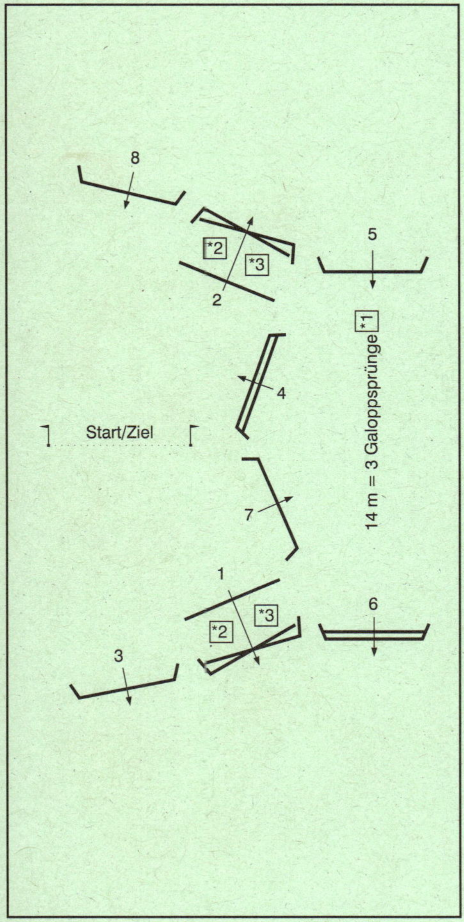

20 x 40 m **Halle**
(Mindestmaß)

Dauer: ca. 70 Sekunden
(ohne Ein- und Ausreiten)

Empfohlen für: **Turnier- und Sonderprüfungen**

Standardanforderungen
Beginnen im Trab (leichttraben, Anreitephase zu 1, leichter Sitz). Nach Hindernis 1 wieder Trab, leichttraben, Anreitephase zu 2, leichter Sitz, nach Hindernis 2 Parcours im Galopp fortsetzen. Hindernis 1 und 2 aus dem Trab mit Vorlegestange, die Hindernisse sind mit einem Kreuz gebaut, max. 80 cm hoch, siehe Skizze *2.

Maße für reine Pony-WB/-LP
- 1: Für G-Ponys ca. 13,50 m
- 2: Für G-Ponys Kreuz max. 60 cm hoch
- 3: Für G-Ponys 2,00 m

Hindernis 1 + 2

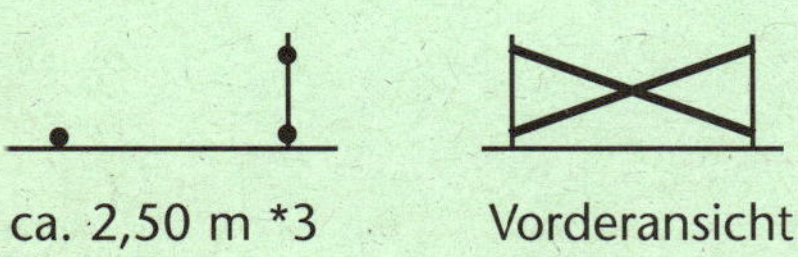

A 4

Parcours 2
Stilspringprüfung mit Standardanforderungen

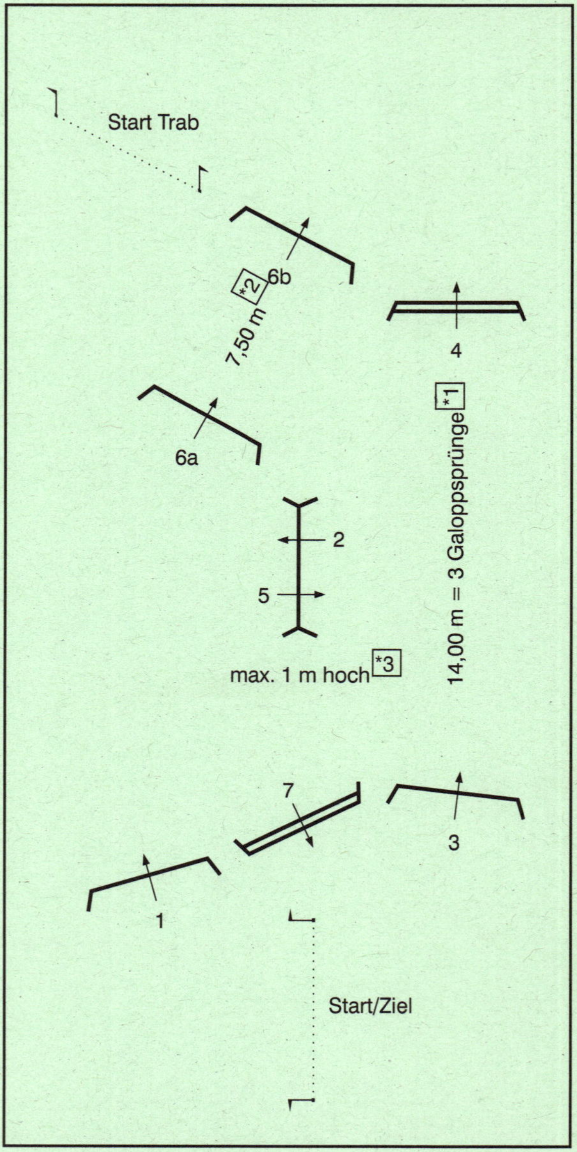

A 4

20 x 40 m **Halle** (Mindestmaß)

Dauer: ca. 60 Sekunden (ohne Ein- und Ausreiten)

Empfohlen für:
Turnier- und Sonderprüfungen

Standardanforderungen
Nach Hindernis 4 an vorgegebener Stelle Übergang zum Trab, über Hindernis 5, danach im Rechtsgalopp weiterreiten und Parcours fortsetzen. Für Hindernis 2 und 5 können an dieser Stelle auch zwei in die jeweilige Springrichtung nebeneinander stehende Einzelhindernisse verwendet werden.

Maße für reine Pony-WB/-LP
- 1: Für G-Ponys ca. 13,50 m
- 2: Für G-Ponys ca. 7,20 m
- 3: Für G-Ponys max. 0,80 m hoch

A 4

Parcours 3
Stilspringprüfung mit Standardanforderungen

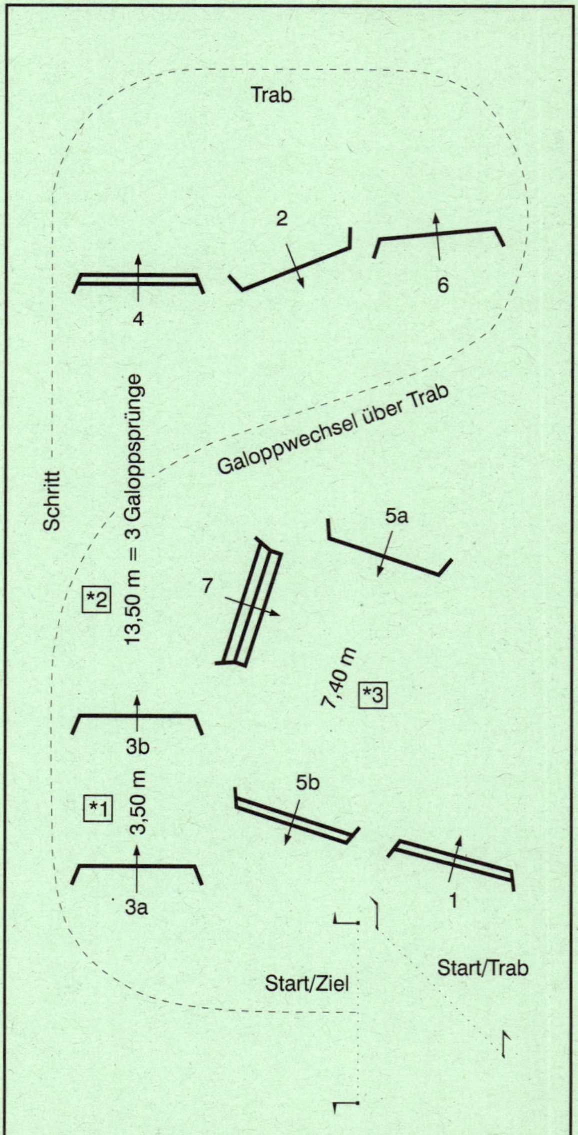

A 4

20 x 40 m **Halle** (Mindestmaß)

Dauer: ca. 100 Sekunden (ohne Ein- und Ausreiten)

Empfohlen für:
Turnier- und Sonderprüfungen

Standardanforderungen
Nach Hindernis 2 an vorgegebener Stelle Übergang zum Trab, über 3a und 3b („In-and-Out"), danach weiter im Galopp.

Nach Durchreiten der Ziellinie auf vorgegebenem Weg (gestrichelte Linie) im Rechtsgalopp mit Galoppwechsel über Trab bei Hindernis 7 durch die Bahn wechseln. An der kurzen Seite Übergang zum Trab (leichttraben), Mitte der langen Seite aussitzen, Übergang zum Schritt und „Zügel-aus-der-Hand-kauen-lassen".

Maße für reine Pony-WB/-LP
- 1: Für G-Ponys ca. 3,00 m
- 2: Für G-Ponys ca. 13,00 m
- 3: Für G-Ponys ca. 7,10 m

Parcours 4
Stilspringprüfung mit Standardanforderungen

A 4

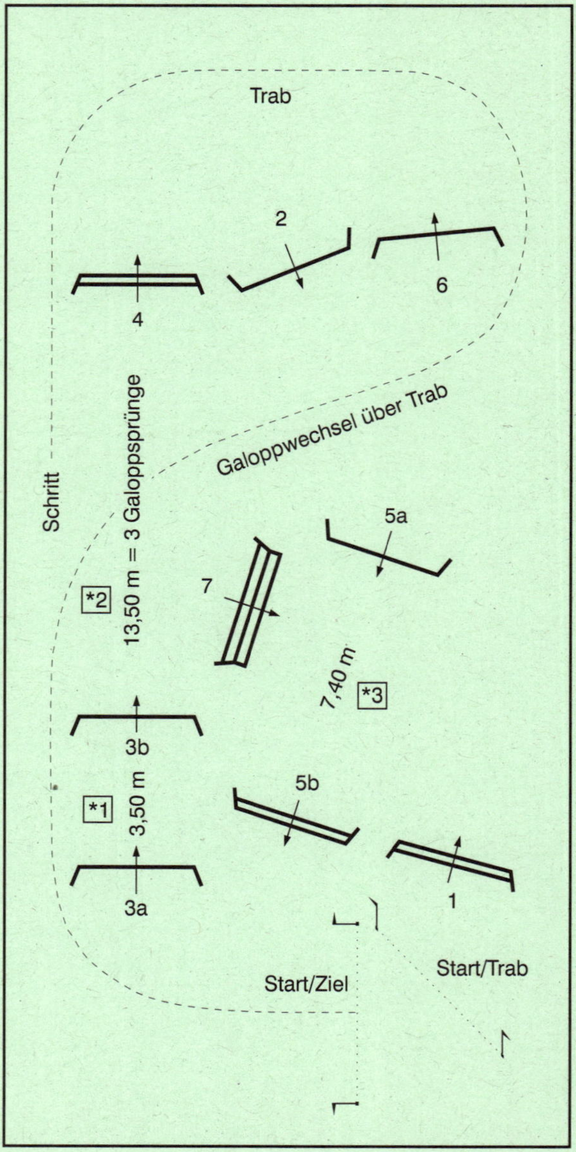

20 x 40 m **Halle** (Mindestmaß)

Dauer: ca. 75 Sekunden (ohne Ein- und Ausreiten)

Empfohlen für:
Turnier- und Sonderprüfungen

Standardanforderungen
Nach Hindernis 2 an vorgegebener Stelle Übergang zum Trab (leichttraben, Anreitephase zu 3a, aussitzen, leichter Sitz).

Nach Sprung 3b im Rechtsgalopp weiter über Hindernis 4 und danach Parcours fortsetzen.

Beim Durchreiten der Ziellinie Übergang zum Trab (leichttraben) und auf vorgegebenem Weg (gestrichelte Linie) durch die Bahn wechseln, aussitzen, Übergang zum Schritt und „Zügel-aus-der-Hand-kauen-lassen".

Maße für reine Pony-WB/-LP
- 1: Für G-Ponys ca. 2,90 m
- 2: Für G-Ponys ca. 17,10 m bzw. 13,50 m
- 3: Für G-Ponys ca. 7,10 m

Dressuraufgaben für Vielseitigkeitsprüfungen der Klasse E
Aufgaben VE 1 bis VE 2/2

A 5

Aufgabe VE 1

(Nur einzeln)

Viereck 20 x 40 m – Dauer: etwa 2 Minuten

(A–X)	Einreiten im Mittelschritt.
(X)	Halten. Grüßen. Im Mittelschritt anreiten.
(G)	Im Arbeitstempo antraben.
(C)	Rechte Hand.
(K–X–M)	Durch die ganze Bahn wechseln.
(C–X–C)	Mitte der kurzen Seite im Arbeitstempo links angaloppieren und auf dem Zirkel geritten (1-mal herum).
(C)	Mitte der kurzen Seite Arbeitstrab und
(C–X–A)	aus dem Zirkel wechseln.
(A)	Mitte der kurzen Seite im Arbeitstempo rechts angaloppieren, ganze Bahn (1/2-mal herum).
(C)	Mitte der kurzen Seite Arbeitstrab.
(M)	Nach der kurzen Seite Mittelschritt.
(B)	Mitte der langen Seite rechts um.
(X)	Im Mittelpunkt rechts um.
(G)	Vor den Richtern halten. Grüßen. Im Mittelschritt am langen Zügel die Bahn verlassen.

Es ist entweder in der Ausschreibung oder spätestens in der Zeiteinteilung festzulegen, ob die VE 2/1 oder VE 2/2 geritten wird.

Aufgabe VE 2/1

(Nur einzeln)

Viereck 20 x 40 m – Dauer: etwa 3 1/2 Minuten

(A–X)	Einreiten im Mittelschritt.
(X)	Halten. Grüßen. Im Mittelschritt anreiten.
(C)	Rechte Hand.
(B)	Mitte der langen Seite im Arbeitstempo antraben, leichttraben.
(K–X–M)	Durch die ganze Bahn wechseln.
(C)	Mitte der kurzen Seite aussitzen und auf dem Zirkel geritten.
(C–X–A)	Aus dem Zirkel wechseln.
(A–X)	(1/2-mal herum).
(X–A–X–A)	(Zur geschlossenen Zirkelseite) Im Arbeitstempo rechts angaloppieren (1 1/2-mal herum).
(A)	Mitte der kurzen Seite Arbeitstrab, ganze Bahn (1/2-mal herum).
(C)	Mitte der kurzen Seite Mittelschritt.
(M–X–K)	Durch die ganze Bahn wechseln.
(K)	Vor der kurzen Seite im Arbeitstempo antraben.
(A–X)	Auf dem Zirkel geritten (1/2-mal herum).
(X–A)	Im Mittelpunkt im Arbeitstempo links angaloppieren (1/2-mal herum).
(A)	Ganze Bahn (1/2-mal herum).
(C)	Mitte der kurzen Seite Arbeitstrab.
(E)	Links um.
(B)	Rechte Hand.
(A)	Auf die Mittellinie abwenden.
(X)	Im Mittelpunkt halten. Grüßen. Im Mittelschritt am langen Zügel die Bahn verlassen.

A 5

Aufgabe VE 2/2

(Zu zweit hintereinander)

Viereck 20 x 40 m – Dauer: etwa 3 1/2 Minuten

	Auf der rechten Hand im Mittelschritt Abteilung bilden. (Von der kurzen Seite auf die Richter zu) Anfang rechts dreht, links marschiert auf – Marsch. (Wenn der Anfangsreiter die Verbindungslinie der beiden Punkte E–B erreicht) Anfang – Halt. Grüßen. Abteilung zu einem Rechts-brecht-Ab – Marsch, Mittelschritt.
(M–F)	(An der langen Seite) Abteilung im Arbeitstempo – Trab, leichttraben.
(K–X–M)	Durch die ganze Bahn wechseln.
(C)	(Mitte der kurzen Seite) Aussitzen und auf dem Zirkel geritten.
(C–X–A)	Aus dem Zirkel wechseln.
(A–X)	(1/2-mal herum).
(X–A–X–A)	(Zur geschlossenen Zirkelseite) Abteilung im Arbeitstempo Galopp – Marsch (1 1/2-mal herum).
(A)	(Mitte der kurzen Seite) Abteilung im Arbeitstempo – Trab, ganze Bahn (1/2-mal herum).
(C)	(Mitte der kurzen Seite) Abteilung Schritt, Mittelschritt.
(M–X–K)	Durch die ganze Bahn wechseln.
(K–A)	(An der kurzen Seite) Abteilung im Arbeitstempo – Trab und
(A–X)	auf dem Zirkel geritten (1/2-mal herum).
(X–A)	(Zur geschlossenen Seite) Abteilung im Arbeitstempo Galopp – Marsch (1/2-mal herum).
(A)	Ganze Bahn (1/2-mal herum).
(C)	(Mitte der kurzen Seite) Abteilung im Arbeitstempo – Trab.
(E)	(Mitte der langen Seite) Anfang links um – Marsch.
(B)	(Bei Erreichen des Hufschlags) Anfang rechts um – Marsch.
(A)	(Von der kurzen Seite auf die Richter zu) Anfang rechts dreht, links marschiert auf – Marsch. (Wenn der Anfangsreiter die Verbindungslinie der beiden Punkte E–B erreicht) Anfang – Halt. Grüßen. Im Mittelschritt am langen Zügel die Bahn verlassen.

Fahrer-Wettbewerbe
Aufgaben FW 1 und FW 2

Aufgabe und Pacours FW 1

(Für Ein- und Zweispänner)

Viereck etwa 40 x 30–100 m – Dauer: etwa 7 Minuten

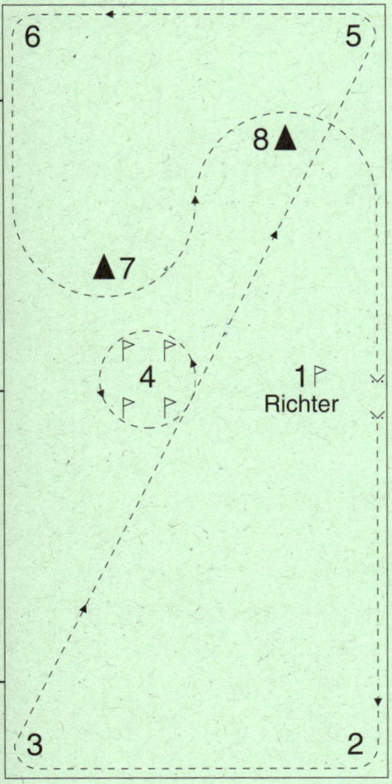

	Leinen aufnehmen. Aufsitzen.
R.H.	Auf Anweisung der Richter bei 1 auf der rechten Hand anfahren. Gebrauchstrab. Vor der ersten Ecke Schritt und nach 3 durch die ganze Bahn wechseln. Während des Wechselns in der Mitte der Bahn im Schritt eine Links-Volte um die Kegel 4 (15 m Durchmesser), dann Gebrauchstrab,
L.H.	bei den Ecken 5 und 6 Linkswendungen. Nach der Ecke 6 Leinen in eine Hand nehmen und um die Kegel 7 und 8 eine Schlangenlinie fahren, danach
R.H.	Leinenführung beliebig und aus dem Trab bei 1 mit der Vorderachse am Kegel halten. Absitzen. Leinen abhängen.

A 6

Aufgabe und Pacours FW 2

(Für Ein- und Zweispänner)

Viereck etwa 40 x 80–100 m – Dauer: etwa 5 Minuten

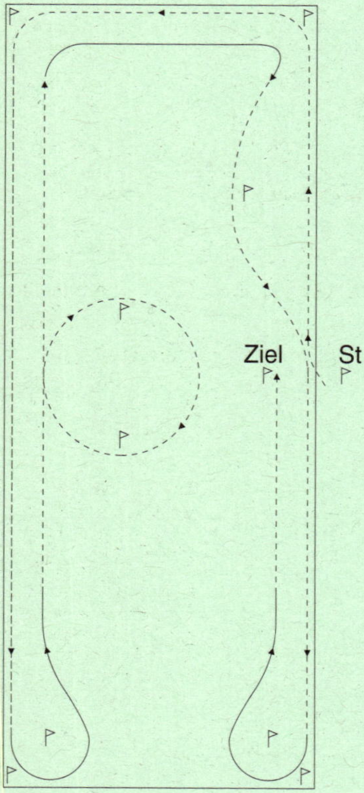

Leinen aufnehmen. Aufsitzen.

L.H. Auf Anweisung der Richter vom Start auf der linken Hand im Gebrauchstrab anfahren. Nach der kurzen Seite Tritte verlängern und vor der Ecke wieder zurückführen, dann zum Schritt durchparieren. Kehrtwendung.

R.H. Nach Erreichen des Hufschlags wieder antraben und eine Volte nach rechts (20–22 m Durchmesser) anlegen. Vor der nächsten Ecke zum Schritt durchparieren. Zwischen den beiden Rechtswendungen Schritt. Nach der zweiten Rechtswendung wieder antraben und sofort eine einfache Schlangenlinie nach rechts mit einer Hand anlegen. Vor der nächsten Ecke wieder zum Schritt durchparieren. Kehrtwendung.

L.H. Nach Erreichen des Hufschlags wieder antraben, mit der Vorderachse auf der Ziellinie halten.
Absitzen. Leinen abhängen.

A 7

Bewertungsbogen für A-Gruppen

Veranstalter: .... am: ....

Gruppe: ....

Longenführer/in: .... Pferd: ....

Gesamtzeit für Pflicht und Kür – 11:00 Minuten

Nr.	Name, Vorname	Jahrgang	Aufsprung	Freier Grundsitz	Bank-Fahne	Liegestütz	Quersitz	Knien	Wende innen	Summe
1										
2										
3										
4										
5										
6										
7										
8										
E9										
Summe										

Protokoll:

- ☐ 1. Aufsprung in den Innen- oder Außensitz
- ☐ 2. Aufsprung ins Knien mit Partnerhilfe von oben
- ☐ 3. Kürabgang aus der unteren Ebene über den Stütz
- ☐ 4. Kürabgang aus der mittleren Ebene (als Partnerübung)
- ☐ 5. Positionswechsel im Sitzen
- ☐ 6. Rollbewegung
- ☐ 7. Sitzen rw vor dem Gurt
- ☐ 8. Querlieger
- ☐ 9. Übung in der Schlaufe
- ☐ 10. Schulterstand mit Partnerhilfe
- ☐ 11. Bank rl auf der Kruppe mit Abspreizen eines Beines
- ☐ 12. Prinzensitz frei in beliebiger Richtung

Notensumme Pflicht		: 8 =	
Kür-Schwierigkeit (max. 5,0)		x 1,5 =	
Kür-Gestaltung (max. 5,0)		x 1,5 =	
Kür-Ausführung (max. 10,0)		x 3 =	
Gesamteindruck		x 1 =	
Pferdenote		x 1 =	
Notensumme Pflicht, Kür und Pferdenote		=	
Endnote		: 15 =	
Platzierung			

Richter A ☐ B ☐ C ☐ (bitte ankreuzen!)

....
(Unterschrift)

Kürzel
T = Taktfehler
G = fehlender Galoppsprung
K = fehlendes Knien
H = Hand
W = Wiederholen
B = Bodenberührung/Fallen
Z = Zusammenbrechen einer Übung
L = harte Landung auf dem Pferd

A 8

Parcoursvorschläge Springreiter-Wettbewerb

Parcours 1
Springreiter-Wettbewerb

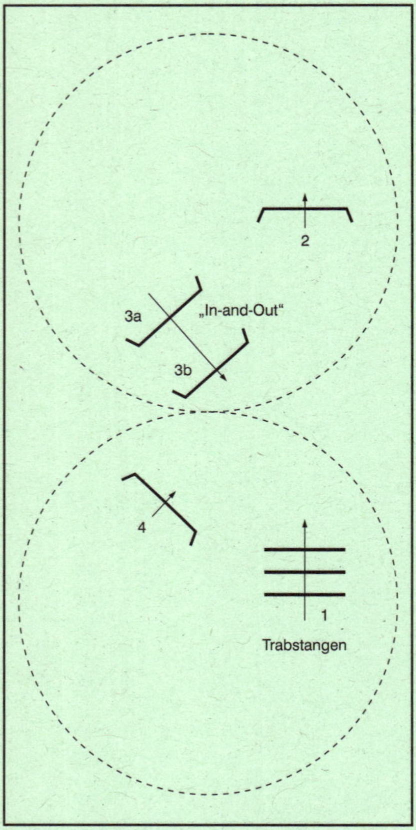

Beide Zirkellinien frei für Reiten im leichten Sitz, Trab und Galopp.

Einzelaufgabe:
Trab linke Hand über Stangen, weiter Sprung aus dem Trab, Diagonale Sprung 3 („In-and-Out") aus dem Trab (Einsprung als Kreuz gebaut), weiter im Galopp über 4, linke Hand beenden.

A 8

Parcours 2
Springreiter-Wettbewerb

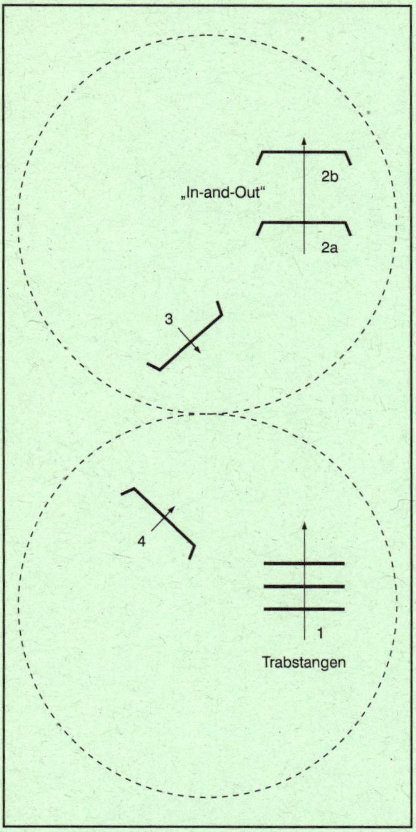

Beide Zirkellinien frei für Reiten im leichten Sitz.

Einzelaufgabe:
Trab linke Hand über Stangen, weiter „In-and-Out“ aus dem Trab, danach Galopp Sprung 3 und 4, links beenden.

A 8

Parcours 3
Springreiter-Wettbewerb

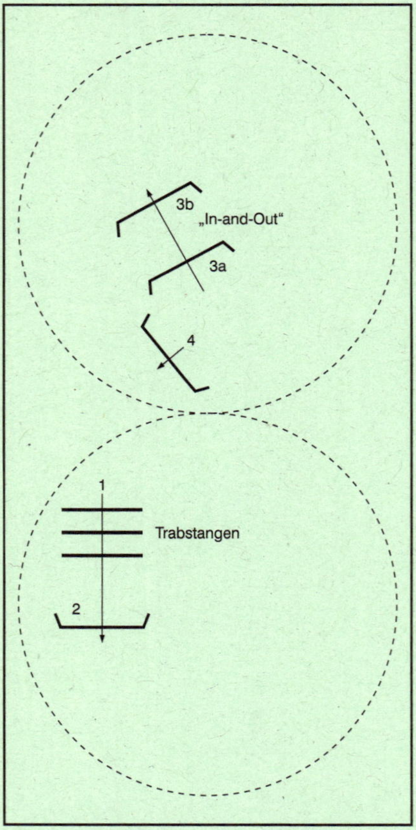

Beide Zirkellinien frei für Reiten im leichten Sitz.

Einzelaufgabe:
Trab über Stangen – Sprung über 2, weiter im Galopp zu 3 („In-and-Out“), weiter im Galopp über 4, links beenden.

Parcours 4
Springreiter-Wettbewerb

A 8

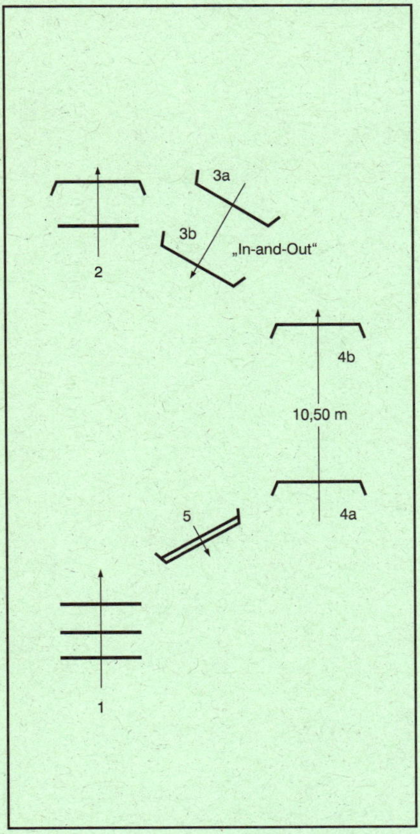

Aufgabe:
Trab über 1, Sprung über 2 (mit vorgelegter Stange), Trab weiter zu 3 („In-and-Out“), weiter im Galopp über 4a, 4b und 5 (kleiner Oxer), rechts beenden.

Alle Hindernisse können auch einzeln von jedem Reiter nacheinander gefordert werden.

L = Auszüge aus der LPO

L

für Thema	Fundstellen Bezeichnung	
LPO § 68–69 Ausrüstung Reiter, Fahrer	L	1
LPO §§ 70/71/72 Ausrüstung Pferd: Dr./Spr./VS/ Fahren/Voltigieren	L	2
LPO § 57 Richtverfahren LPO	L	3
LPO § 404 Bewertung Dressur/Abzüge	L	4
LPO §§ 500 ff. Springprfg. Kl. E	L	5
LPO §§ 600 ff. Vielseitigkeits-WB, Geländeritt, Stilgeländeritt, Gruppengeländeritt Kl. E	L	6
LPO §§ 54/56 Richter und Richtereinsatz	L	7
LPO § 501 • Erlaubte Aufbauarten auf dem Vorbereitungsplatz • Nicht erlaubte Aufbauarten	L	8

LPO §§ 68, 69 Ausrüstung Reiter, Fahrer (Auszug)

Abschnitt A IX: Ausrüstung von Teilnehmern und Pferden

§ 68 Ausrüstung der Reiter

Vorbemerkung
Die Ausrüstung der Reiter muss den Regeln der Reitlehre und den Grundsätzen der Unfallverhütung und des Tierschutzes entsprechen (vgl. auch § 6). Der Anzug richtet sich nach Art und Anlass der LP. Der Sicherheit dienende Ausrüstungsgegenstände sind grundsätzlich zugelassen.
Im Einzelnen gelten die folgenden Bestimmungen:

A. Dressur-, Dressurreiter-, Dressurpferde-LP, Gewöhnungs- und Reitpferde-LP

I. Anzug

Vorgeschrieben ist:

1. In LP der Kl. E:
   Beliebiger, zweckmäßiger Reitanzug mit Stiefelhose und Reitstiefeln bzw. Jodhpurhose und Stiefeletten oder gemäß Ziffer 2.
2. In LP der Kl. A bis S:
   Helle Stiefelhose, Jackett und dazu passendes Hemd mit Krawatte bzw. Bluse ggf. mit Plastron sowie Reitstiefel, zusätzlich in Kl. M und S Handschuhe. Zulässig sind auch Stiefeletten und gleichfarbige, eng anliegende Glattleder-Chaps (Gamaschen), sofern sie optisch einteiligen Reitstiefeln entsprechen.

In allen LP ist zugelassen: Vereins- oder Klubdress in Anlehnung an Ziffer 2, für Bundeswehr- und Polizeiangehörige Uniform.
Schutzweste (siehe C.II.1) erlaubt.

II. Kopfbedeckung

Vorgeschrieben ist:

1. In LP der Kl. E:
   Junioren gemäß § 17: Bruch- und splittersicherer Reithelm mit Drei- bzw. Vierpunktbefestigung. Empfohlen wird ein Schutzhelm gemäß Europäischer Norm „EN 1384".
   Junge Reiter, Reiter und Senioren dto. bzw. gemäß Ziffer 2.
2. In allen LP der Kl. E (außer Junioren): Zum Anzug passende/r Reitkappe oder Reithelm, Melone oder Zylinder.

L 1

III. Hilfsmittel in allen LP zu A

1. Eine Gerte: Max. 120 cm lang (inkl. Schlag) zugelassen.
2. Ein Paar Sporen: Zugelassen, sofern sie bei normaler Anwendung nicht geeignet sind, Stich- oder Schnittverletzungen zu verursachen, max. Dornlänge 4,5 cm (inkl. Rädchen). Der Sporn ist so zu verschnallen, dass der Dorn horizontal bzw. nach unten geneigt ausgerichtet ist.
   Diese Bestimmungen gelten auch für den Vorbereitungsplatz.

B. Spring-LP

I. Anzug

Vorgeschrieben ist:

1. In LP der Kl. E:
   Beliebiger, zweckmäßiger Reitanzug mit Stiefelhose und Stiefeln bzw. Jodhpurhose und Stiefeletten oder gemäß Ziffer 2.
2. In LP der Kl. E bis S:
   Helle Stiefelhose, Jackett, dazu passendes Hemd mit Krawatte bzw. Bluse ggf. mit Plastron sowie Reitstiefel. Zulässig sind auch Stiefeletten und gleichfarbige, eng anliegende Glattleder-Chaps (Gamaschen), sofern sie optisch einteiligen Reitstiefeln entsprechen.
   In allen LP ist zugelassen: Vereins- oder Klubdress in Anlehnung an Ziffer 2, für Bundeswehr- und Polizeiangehörige Uniform.
   Schutzweste (siehe C.II.1) erlaubt.

II. Kopfbedeckung

Vorgeschrieben ist (auch beim Springen auf dem Vorbereitungsplatz) in allen LP: Bruch- und splittersicherer Reithelm mit Drei- bzw. Vierpunktbefestigung. Empfohlen wird ein Schutzhelm gemäß Europäischer Norm „EN 1384".

III. Hilfsmittel in allen LP zu B

1. Eine Gerte: Max. 75 cm lang (inkl. Schlag) zugelassen.
2. Ein Paar Sporen: Zugelassen, sofern sie bei normaler Anwendung nicht geeignet sind, Stich- oder Schnittverletzungen zu verursachen, max. Dornlänge 4,5 cm (inkl. Rädchen). Der Sporn ist so zu verschnallen, dass der Dorn horizontal bzw. nach unten geneigt ausgerichtet ist.
   Diese Bestimmungen gelten auch für den Vorbereitungsplatz.

C. Vielseitigkeits- und Gelände-LP

I. Teilprüfung Dressur wie A.

Ausnahmen

2. Hilfsmittel

a) Eine Gerte ist in der Prüfung nicht erlaubt (auf dem Vorbereitungsplatz zugelassen (max. 1,20 m)).

b) Ein Paar Sporen, nur wie folgt zugelassen: Max. Dornlänge 3,5 cm (ggf. inkl. Rädchen – jedoch ohne Zacken), mit glatten Endflächen, die bei normaler Anwendung nicht geeignet sind, Stich- oder Schnittverletzungen zu verursachen. Der Sporn ist so zu verschnallen, dass der Dorn horizontal bzw. nach unten geneigt ausgerichtet ist.

Diese Bestimmungen gelten auch für den Vorbereitungsplatz.

II. Teilprüfung Gelände bzw. Gelände-LP aller Art

1. Anzug

Beliebig, Stiefelhose und Reitstiefel bzw. Stiefeletten und gleichfarbige, eng anliegende Glattleder-Chaps (Gamaschen), sofern sie optisch einteiligen Reitstiefeln entsprechen, Schutzweste vorgeschrieben, empfohlen wird eine Schutzweste gemäß Europäischer Norm „EN 13158", Level 3.

Zulässig sind auch Stiefeletten und gleichfarbige, eng anliegende Glattleder-Chaps (Gamaschen), sofern sie optisch durchgehenden Reitstiefeln entsprechen.

2. Kopfbedeckung (auch beim Springen auf dem Vorbereitungsplatz)

Bruch- und splittersicherer Reithelm mit Drei- bzw. Vierpunktbefestigung vorgeschrieben. Empfohlen wird ein Schutzhelm gemäß Europäischer Norm „EN 1384".

3. Hilfsmittel

a) Eine Gerte: Max. 75 cm lang (inkl. Schlag) zugelassen.

b) Ein Paar Sporen nur wie folgt zugelassen: Dornlänge max. 3,5 cm, mit glatten Endflächen, die bei normaler Anwendung nicht geeignet sind, Stich- oder Schnittverletzungen zu verursachen. Der Sporn ist so zu verschnallen, dass der Dorn horizontal bzw. nach unten geneigt ausgerichtet ist.

Diese Bestimmungen gelten auch für den Vorbereitungsplatz.

III. Teilprüfung Springen wie B.

L 1

§ 69: Ausrüstung der Fahrer und Beifahrer

Vorbemerkung
Die Ausrüstung der Fahrer und Beifahrer muss den Regeln der Fahrlehre und den Grundsätzen der Unfallverhütung und des Tierschutzes entsprechen.
Im Einzelnen gelten die folgenden Bestimmungen:
Anzug und Ausrüstung der Fahrer und Beifahrer richten sich nach der Art des Wagens und dem Stil der Anspannung. Einheit des Gesamtbildes und reiner Stil sind anzustreben.

A. Gespannkontrollen, Traditions-LP, Eignungs- und Gebrauchs-LP, Dressur- und Hindernisfahr-LP der Kl. E bis S
Vorgeschrieben ist je nach Anspannung:

I. Fahrer:
Gedecktes/r Jackett oder Anzug mit Melone oder Zylinder bzw. Jackettanzug mit weichem Hut oder mit Strohhut; Damen entsprechend, mit Kopfbedeckung; oder Reitanzug ohne Sporen bzw. Uniform. Handschuhe und Kniedecke, Bogen- oder Stockpeitsche, bei Vier- und Mehrspännern mit Schlag, mit dem die Vorderpferde erreicht werden können, sind vorgeschrieben.

II. Beifahrer:
Zum Stil passend, Handschuhe vorgeschrieben.

B. Bei allen Fahr-LP im Gelände
Fahrer und Beifahrer:
Zweckmäßige Kleidung mit Kopfbedeckung, im Gelände (Phase E) bruch- und splittersicherer Helm mit Drei- bzw. Vierpunktbefestigung vorgeschrieben; empfohlen wird ein Schutzhelm gemäß Europäischer Norm „EN 1384"; Schutzweste gemäß Europäischer Norm „EN 13158", Level 3 empfohlen; Peitsche mit Schlag vorgeschrieben.

L 2

LPO

§ 70 Ausrüstung der Reitpferde (Auszug)
§ 71 Fahrerpferde (Auszug)
§ 72 Ausrüstung der Voltigierpferde (Auszug)

§ 70: Ausrüstung der Reitpferde

Vorbemerkung

Die Ausrüstung der Pferde muss den Regeln der Reitlehre und den Grundsätzen der Unfallverhütung und des Tierschutzes entsprechen.
Im Einzelnen gelten die folgenden Bestimmungen:
Zulässige Ausrüstung in Reit-LP gemäß LPO:

A. **Sattel** (Pritschensattel, englische Sattelform) einschließlich Steigbügeln/Steigbügelriemen (frei von der Sturzfeder herabhängend) und ggf. Vorgurt vorgeschrieben. In Pony-LP der Kl. E bis L auch Schweifriemen zugelassen.

B. Zäumung, Gebisse und Reithalfter

Maßgeblich ist grundsätzlich die Art der Zäumung, des Gebisses bzw. des Reithalfters gemäß den nachfolgenden Abbildungen (vgl. Durchführungsbestimmungen zu § 70 sowie Richtlinien für Reiten und Fahren).

I. Alle Prüfungsarten, Zäumung auf Trense: siehe „Erlaubte Gebisse/Zäumungen" (Abb. 1 bis 6); mit Reithalfter: siehe „Erlaubte Reithalfter" (Abb. 1 bis 4) sowie Zubehör (Abb. 7).
II. Spring- und Gelände-LP Kl. E bis S, Zäumung auf Trense oder Pelham: siehe „Erlaubte Gebisse/Zäumungen" Abb. 1 bis 7 sowie 9 und 10; mit Reithalfter: siehe „Erlaubte Reithalfter" Abb. 1 bis 4.

L 2

C. Sonstige erlaubte Ausrüstung bzw. Zubehör

I. Vorderzeug: Zugelassen in allen LP.

II. Bandagen, Gamaschen, Streichkappen, Kronen-/(Fessel-)ringe und Springglocken: Zugelassen in allen LP über Hindernisse.

III. **Fell- oder sonstige schonende Unterlagen an den Ausrüstungsgegenständen:**
Zugelassen in allen LP. Bodenblenden o.Ä. aus Schaffell oder ähnlichem Material mit mehr als 3 cm Durchmesser an den Kopfstücken sind nicht zulässig.

IV. **Fliegenschutz an den Ohren:** Zugelassen in allen LP.

V. **Nicht gestattet sind mit Gewichten beschwerte Gamaschen, Springglocken etc.**

D. Erlaubte Hilfszügel

I. Gleitendes Ringmartingal (auch Rennmartingal/mit Lederdreieck) (siehe „Erlaubte Hilfszügel" Abb. 1): Zugelassen in allen LP über Hindernisse

II. Einfache oder doppelte (Dreiecks-, Lauffer-) beidseitige Ausbindezügel aus Leder, und/oder Gurtband (vgl. „Erlaubte Hilfszügel" Abb. 2a bis 3): Zugelassen in Dressurreiter-LP Kl. E.

F. Bestimmungen für den Vorbereitungsplatz

I. Dressur-/Dressurreiter- und Spring-LP Kl. E: Ausrüstung wie in der jeweiligen LP vorgeschrieben. Erlaubte Hilfszügel: Einfache oder doppelte (Dreiecks-, Lauffer-) beidseitige Ausbindezügel aus Leder und/oder Gurtband, jedoch nicht beim Überwinden von Hindernissen.

II. Gewöhnungs-, Reitpferde-LP, Eignungs-LP, Eignungs-LP mit Teilprüfung Gelände, Dressurpferde- und Dressur-LP ab Kl. A, Kombinierte LP gemäß Eignungs-LP: Ausrüstung wie in den jeweiligen LP vorgeschrieben. Zäumung gemäß § 70 B I Abb. 1 bis 6 (gebrochenes Trensengebiss) bzw. Abb. 7 (Gummischeiben) ist immer zugelassen.

IV. Geländepferde-, Jagdpferde-, Vielseitigkeits-LP und Geländeritte: Ausrüstung wie in den jeweiligen (Teil-)LP vorgeschrieben; keine sonstigen Hilfszügel erlaubt.

V. Longieren: Vgl. Vorbemerkung.

VI. Bandagen, Gamaschen, Streichkappen etc. sind generell zugelassen

Erlaubte Gebisse/Zäumungen und Ausrüstungsgegenstände
(Abbildungsbeispiele zu § 70 B)

Erlaubte Zäumungen/Gebisse

I. **Alle Prüfungsarten Zäumung auf Trense**
Mindestdicke der Gebisse, im Maulwinkel gemessen:
Ponys: 10 mm
Pferde: 14 mm

Abb. 1: Wassertrense (einfach gebrochen)

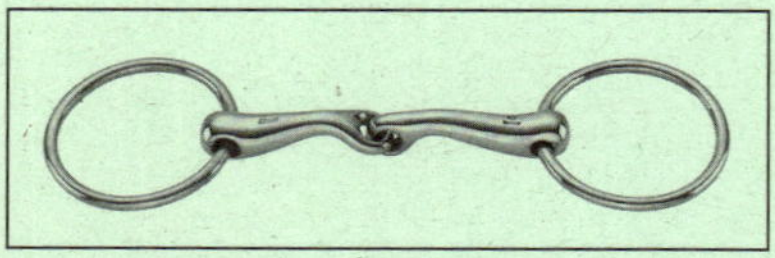

Abb. 2: Gebogene Wassertrense mit Zungenwölbung („Conrad-Trense") (einfach gebrochen)

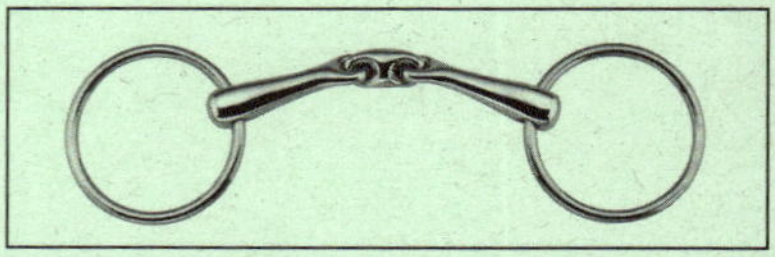

Abb. 3: Doppelt gebrochene Wassertrense

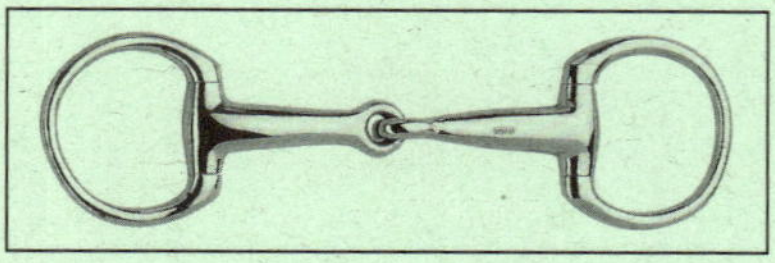

Abb. 4: Olivenkopftrense, auch mit durchlaufenden Trensenringen und in doppelt gebrochener Form (vgl. Abb. 3) oder gebogen mit Zungenwölbung (vgl. Abb. 2) zulässig.

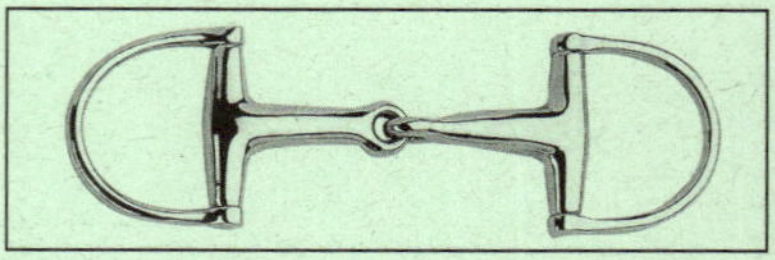

Abb. 5: Renn-(D-)Trense, auch in doppelt gebrochener Form (vgl. Abb. 3) oder gebogen mit Zungenwölbung (vgl. Abb. 2) zulässig.

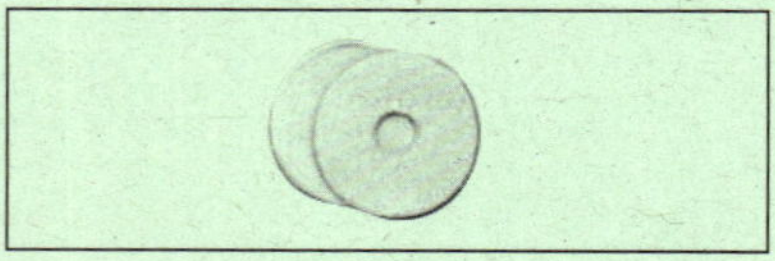

Abb. 7: Gummischeiben

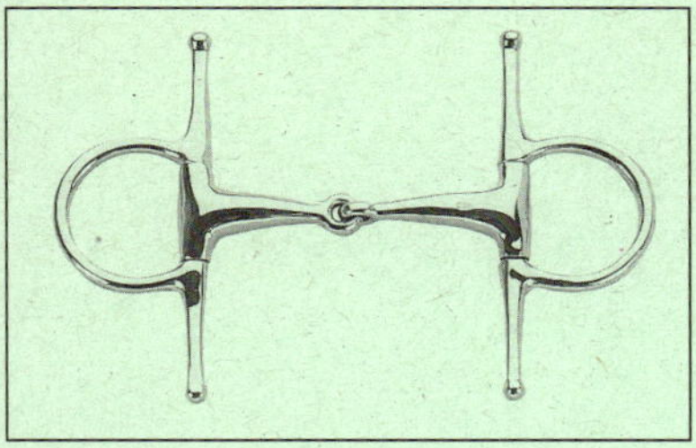

Abb. 6: Schenkeltrense (in Dressurpferde- und Dressur-LP nur ohne Stegbefestigung zulässig), auch in doppelt gebrochener Form (vgl. Abb. 3) oder gebogen mit Zungenwölbung (vgl. Abb. 2) zulässig.

II. Springpferde-, Geländepferde-, Jagdpferde-, Spring- und Gelände-LP Kl. E bis S (zusätzlich zu I.)

Mindestdicke der Gebisse im Maulwinkel gemessen:

Ponys:	10 mm	Länge der Pelhamanzüge:	max. 7 cm
Pferde:	14 mm	Zungenfreiheit:	0 bis 30 mm

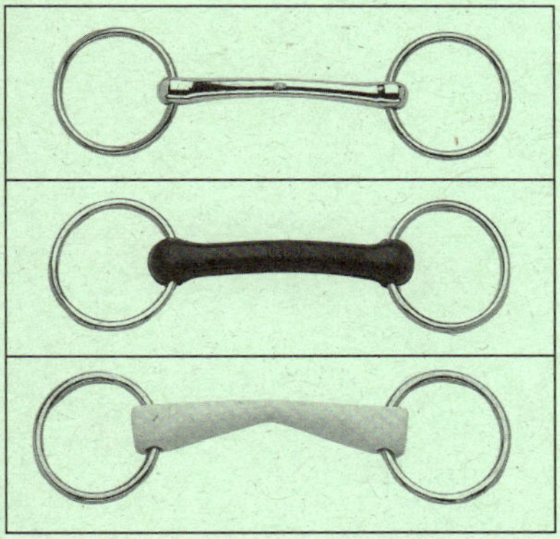

Abb. 9: Stangengebiss aus Metall, Gummi oder Kunststoff (ungebrochen, auch biegsam)

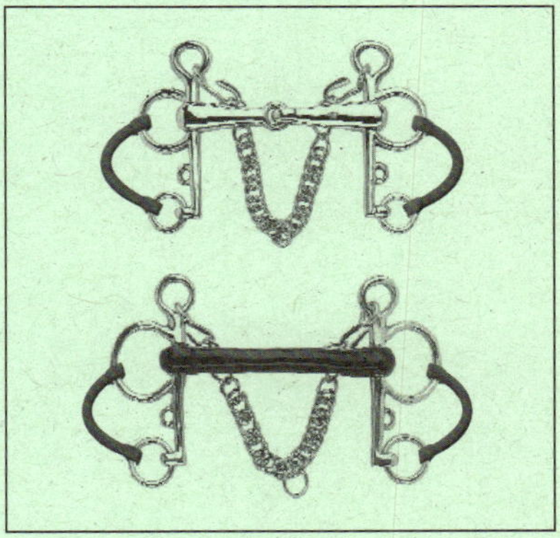

Abb. 10: Pelham (Metall, Kunststoff oder Gummi), einfach gebrochen oder in doppelt gebrochener Form (vgl. Abb. 3) oder gebogen mit Zungenwölbung (vgl. Abb. 2) oder ungebrochen (vgl. Abb. 9) zulässig. Nur mit Zügelverbindung (Steg), Kinnkette/-riemen und mit Reithalfter gemäß Abb. 2 bis 4 zulässig. Scherriemen zulässig. Zulässige Zügelbefestigung: Ein Paar Zügel in den Steg.

Abb. 11: Kinnkette/-riemen, ggf. mit Kinnkettenunterlage zulässig; bei Pelhamzäumung vorgeschrieben

L 2

Erlaubte Reithalfter

I. Alle Prüfungsarten Zäumung auf Trense (Material Leder)

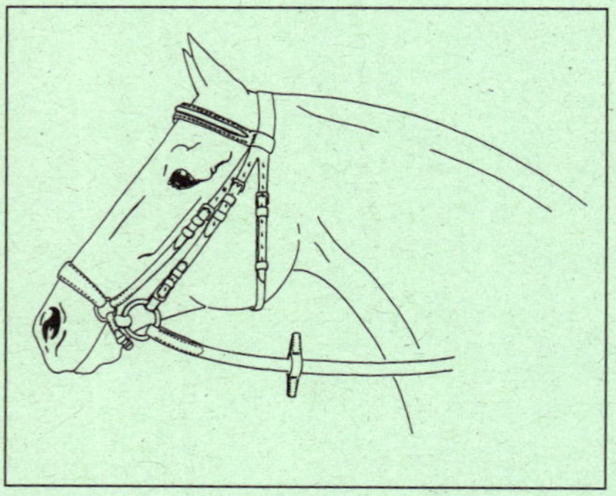

Abb. 1: Hannoversches Reithalfter

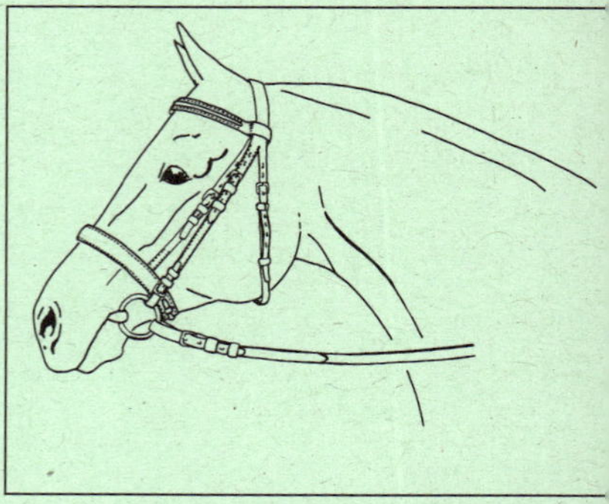

Abb. 1: Englisches Reithalfter

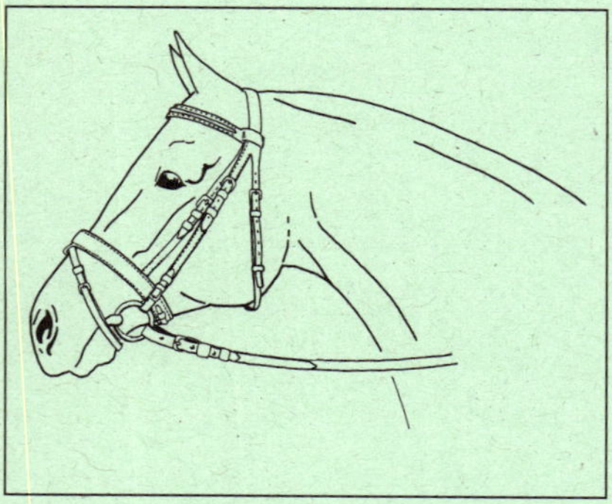

Abb. 1: Kombiniertes Reithalfter

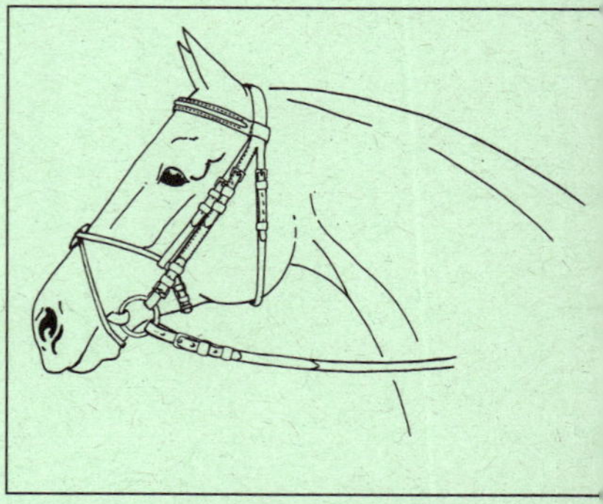

Abb. 1: Mexikanisches Reithalfter

L 2

I. Springpferde-, Geländepferde-, Jagdpferde- sowie Spring- und Gelände-LP Kl. E bis S (Material Leder)

Erlaubte Reithalfter gemäß Abb. 1 bis 4 zugelassen. Ausnahme: Pelhamzäumung, nur gemäß Abb. 2 bis 4; Kinnkette/-riemen erlaubt.

Erlaubte Hilfszügel (und Verschnallungen)
Zugelassen in Prüfungen gemäß § 70 D

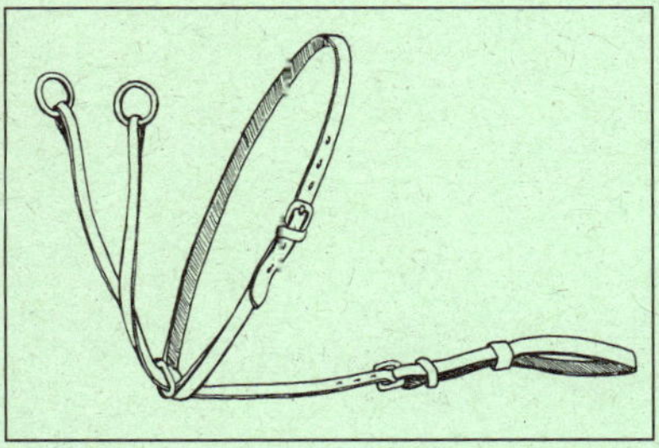

Abb. 1: Gleitendes Ringmartingal (auch Rennmartingal/mit Lederdreieck und in Kombination mit Vorderzeug zulässig)

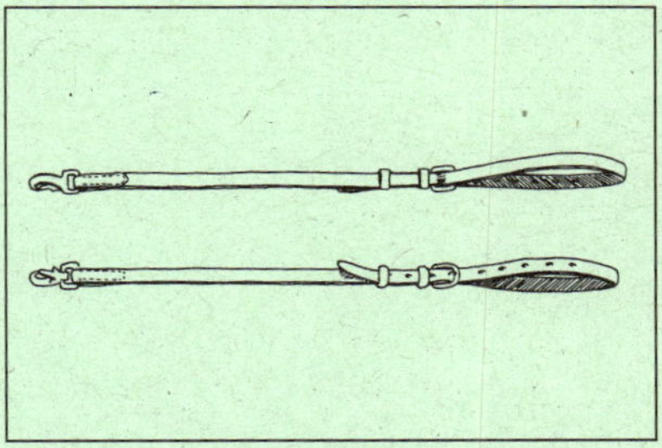

Abb. 2a: Beidseitige einfache Ausbindezügel

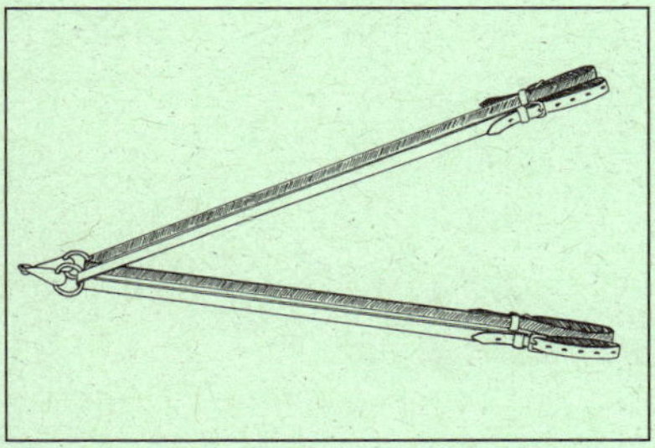

Abb. 2b: Doppelte Ausbindezügel (Lauffer-)zügel

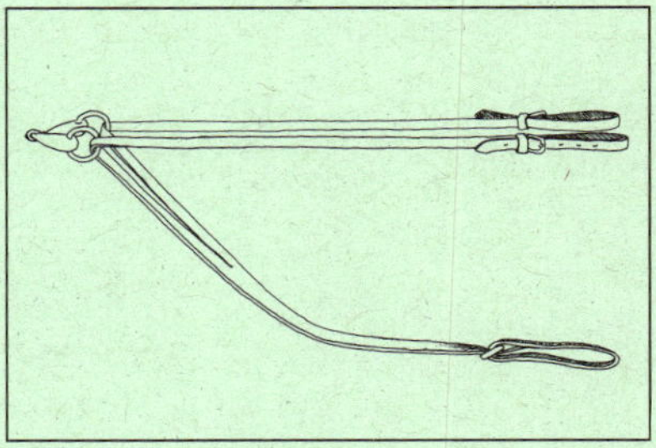

Abb. 3: Dreieckszügel

Ergänzend:
Durchführungsbestimmungen zu § 70

Kriterien für die Zulassung von Gebissen gemäß § 70

L 2

A. Alle Prüfungsarten Zäumung auf Trense

1. Material

- Materialien, die angemessenen Zugbelastungen standhalten und durch das Kauen der Pferde nicht in ihren Konturen zerstört werden können und die für Pferde nicht gesundheitsschädigend sind
- Grundsätzlich abgerundete Konturen und glatte Oberflächen, um Verletzungen an den Maulwinkeln, den Laden, dem Gaumen und der Zunge der Pferde zu vermeiden.

2. Gebisslänge

Gebisse dürfen die Maulwinkel nicht einklemmen und zwischen Maulwinkel und Gebissring nicht mehr als 0,5 cm herausragen, wenn das Gebiss gerade im Maul liegt.

3. Gebissstärke

- Zwischen 14 und 21 mm am Maulwinkel gemessen (Pferde) [1.]
- Nicht weniger als 8 mm an der dünnsten Stelle (Pferde) [2.]
- Zwischen 10 und 18 mm am Maulwinkel gemessen (Ponys) [1.]
- Nicht weniger als 8 mm an der dünnsten Stelle (Ponys) [2.]
- Die Stärke der Gelenke bzw. das Mittelstück bei doppelt gebrochenen Gebissen liegt zwischen 14 und 21 mm. [3.]

4. Form

Gebrochene Gebisse

- Einfach gebrochen
- Doppelt gebrochen
- Mit geraden Mundstücken
- Mit der Anatomie angepassten, gebogenen Mundstücken

Stangengebisse (nur für Spring- und Gelände-LP)

- Mit geradem Mundstück
- Mit der Anatomie angepasstem, gebogenem Mundstück (Zungenfreiheit: 0 bis 30 mm gemäß Kandaren-Abbildung)

5. Verbindungen bei gebrochenen Gebissen

- Gelenk in der Mitte des Gebisses
- Bei doppelt gebrochenen Gebissen: Mittelstück mittig
- In allen Bereichen abgerundete Kanten und Übergänge
- Einzelne Teile von Verbindungsgliedern nicht dünner als 5 mm im

Bereich der Auflagefläche [4.]
- Nicht arretierend (gilt nicht für Springpferde-, Geländepferde-, Jagdpferde-, Spring- und Gelände-LP Kl. E bis L sowie Freispring-LP)

6. **Mittelstück bei doppelt gebrochenen Gebissen**
   - Mittelstück vergleichbar mit Abb. 3, § 70 LPO
   - Runde Konturen in allen Dimensionen
   - Glatte Oberfläche
   - Stärke zwischen 14 und 21 mm bzw. 10 und 18 mm für Ponys
   - Länge: max. 4 cm [5.]

7. **Gebissringe und Verbindungen zu den Ringen**
   - Durchmesser zwischen 55 und 90 mm für Pferde
   - Durchmesser zwischen 45 und 70 mm für Ponys
   - Durchlaufend mit kreisrunden Ringen, rund und abgerundete Konturen
   - Olivenkopf
   - Olivenkopf mit durchlaufenden Trensenringen
   - Renn-D-Trense
   - Auch Schenkeltrense gemäß § 70, Abb. 6
   - Der Zügel muss frei durch die Ringe gleiten können.

Wie ein Gebiss gemessen wird

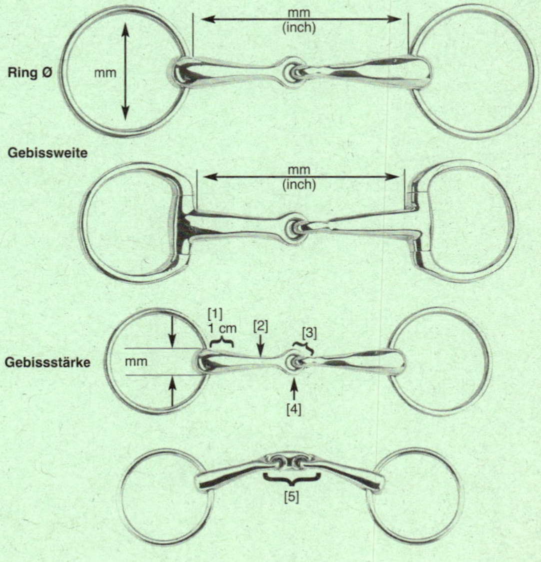

L 2

C. Kandare für die Dressur

1. Materialien: Metalle oder Kunststoffe, die für Pferde nicht gesundheitsschädigend sind.
2. Gebissstärke
   - Zwischen 14 und 21 mm am Maulwinkel gemessen (Pferde)
   - Nicht weniger als 8 mm an der dünnsten Stelle (Pferde)
   - Zwischen 10 und 18 mm am Maulwinkel gemessen (Ponys)
   - Nicht weniger als 8 mm an der dünnsten Stelle (Ponys)
   - Stange starr, mit abgerundeten Konturen mit Zungenfreiheit bis 30 mm gemäß Abb.
3. Anzüge
   Feststehend, nicht drehbar, Oberbaum max. 5 cm,
   Unterbaum max. 10 cm
   Verhältnis von Oberbaum zu Unterbaum: 1 : 1,5 bis 1 : 2
   Definition der einzelnen Teile gemäß Grafik
4. Unterlegtrense
   Grundsätzlich wie „zulässige Gebisse" s.o.
   Gebissstärke: mind. 10 mm, an der dünnen Stelle: 8 mm
5. Kinnkette, gemäß Abb.
   Eine Kinnkettenunterlage zur Schonung ist zulässig.

Länge der Seitenteile bei Kandaren oder Pelhams

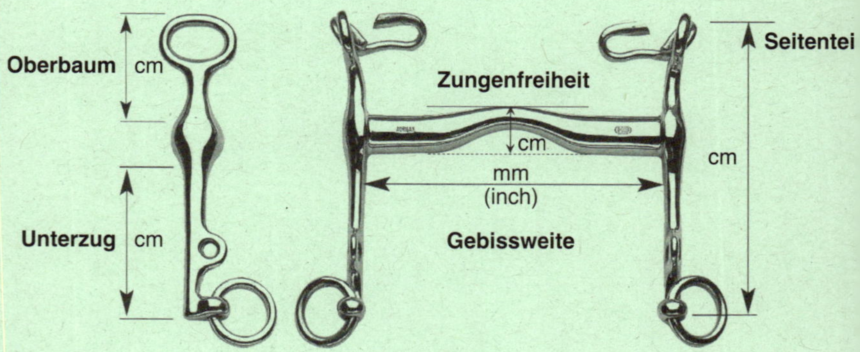

§ 71: Ausrüstung der Fahrpferde sowie der Gespanne

Vorbemerkung

Die Ausrüstung der Fahrpferde sowie der Gespanne muss den Regeln der Fahrlehre und den Grundsätzen der Unfallverhütung und des Tierschutzes entsprechen. Im Einzelnen gelten die folgenden Bestimmungen:

A. Anspannung und Geschirr

Die Anspannung muss gepflegt, zweckmäßig, passend und verkehrssicher sein. Einheit des Gesamtbildes und reiner Stil sind anzustreben.
Das Festbinden des Schweifes eines Pferdes an Teilen des Wagens oder Geschirres ist verboten. Nicht zugelassen sind jegliche Veränderungen am Geschirr, die eine Hebelwirkung auf Leinen oder Gebisse haben.
In Dressur-LP mit Gespannkontrolle muss in der Gespannkontrolle und in der Dressur-LP dasselbe Geschirr verwendet werden.
Bei Gelände- bzw. Gelände- und Streckenfahrten kann Geschirr (inkl. Leinen) jeden Stils verwendet werden.
Bei Hindernisfahr-LP muss nicht dasselbe Geschirr wie in der Dressur verwendet werden. Bei Hindernisfahr-LP können beliebige Leinen verwendet werden.
Grundsätzlich sind Hinterzeuge sowie Koppelriemen zwischen den Kummeten bzw. Brustblättern der Vorderpferde in allen Fahr-LP zugelassen.
Blendklappen sind bei allen LP vorgeschrieben.

B. Zäumung

I. Erlaubte Gebisse:
Maßgeblich ist grundsätzlich die Form des Gebisses gemäß den nachfolgenden Abbildungen (vgl. auch Richtlinien für Reiten und Fahren).
   1. Alle Prüfungsarten Kl. E bis M: Gemäß „Erlaubte Gebisse Fahren" Abb. 1 bis 8, „Erlaubte Gebisse Reiten", Abb. 1 bis 5, sowie „Erlaubtes Zubehör Fahren" gemäß Abb. 9 bis 12. Der Sperrriemen gemäß Abb. 11 „Fahren" ist bei gebrochenen Trensengebissen (Abb. 8 „Fahren" und Abb. 1 bis 5 „Reiten") generell zugelassen, nicht jedoch bei Kandarengebissen (gebrochen oder starr).

II. Erlaubtes Zubehör:
   1. Gummischeiben gemäß Abb. 12 „Fahren" sind in allen LP Fahren zugelassen.

2. Zungenstrecker gemäß Abb. 14 ist nur in Gelände-, Gelände- und Strecken- und Hindernisfahr-LP zugelassen.
3. Fliegenschutz an den Ohren ist in allen LP zugelassen; Fliegendecken sind bei Gelände-LP auf der Schrittstrecke (Phase B bzw. D) mit Genehmigung des FN-/LK-Beauftragten zugelassen.

C. Sonstige Ausrüstung

I. Bandagen, Gamaschen, Streichkappen und Springglocken sind bei Gelände-, Gelände- und Streckenfahrten, beim Hindernisfahr-LP sowie auf dem Vorbereitungsplatz zulässig.

II. Hufschuhe: Hufschuhe, die über den Kronenrand des Hufes reichen, sind nur zugelassen bei Gelände-, Gelände- und Streckenfahrten, bei Hindernisfahr-LP sowie auf dem Vorbereitungsplatz.

III. Fell- oder sonstige schonende Unterlagen an den Ausrüstungsgegenständen sind in allen LP zugelassen. Bodenblenden o.Ä. aus Schaffell oder ähnlichem Material mit mehr als 3 cm Durchmesser an den Kopfstücken sind nicht zulässig.

IV. Schweifhalter gemäß Abb. 13.

D. Wagen

I. Gebrauchs- und Eignungs-LP, Dressur- und Hindernisfahr-LP
Kl. E bis S

Es sind nur vierrädrige Wagen zulässig, ausgenommen für Einspänner Tandem und Random. Die Wagen müssen gemäß StVO mit Feststellbremse, Wagenlaternen (nur in Kl. A bis S), Rückstrahlern und Seitenreflektoren sowie Eisen- oder Vollgummireifen ausgerüstet sein.

Wagen mit Ballonbereifung und/oder Drahtspeichenrädern sind nur zulässig für LP der Kl. E und A sowie Eignungs- und Gebrauchs-LP für Ein- und Zweispänner.

Die Docken müssen am äußersten seitlichen Ende der Bracke angebracht sein und dürfen nicht verändert werden; die Stränge müssen korrekt an den jeweiligen Ortscheiten oder an den Docken befestigt sein. Bracke und Ortscheit dürfen nicht schmaler sein als die äußere Spurbreite.

Spurbreiten:

	Kl. E bis M (Maximum) (keine minimale Spurbreite vorgeschrieben)
Vier-/Mehrspänner Pferde	160 cm
Vier-/Mehrspänner Ponys	140 cm
Zweispänner Pferde	160 cm
Zweispänner Ponys	140 cm
Einspänner Pferde	160 cm
Einspänner Ponys	140 cm
Tandem Pferde	160 cm
Tandem Ponys	140 cm

In der Teilprüfung Hindernisfahren einer Kombinierten LP muss derselbe Wagen wie in der Teilprüfung Dressur-/Gebrauchs-LP verwendet werden.

II. Gelände- sowie Gelände- und Streckenfahr-LP Kl. E bis S
Es sind grundsätzlich nur vierrädrige Wagen mit Holz-/Stahl- o.ä. Speichenrädern mit glatter Lauffläche, geschützt durch flaches Eisenband und/oder Gummiauflage, zulässig. Wagen mit Ballonbereifung und/oder Drahtspeichenrädern sind nur zulässig in LP der Kl. E. Lenkverzögerung und Abweiser sind zulässig, jedoch keine Geschwindigkeits- und Streckenmesser. Kein Teil des Wagens darf breiter sein als die äußere Spurbreite (hintere Räder) mit Ausnahme der Radnaben und Ortscheite.
Die Vorderbracke bei Vierspännern muss mindestens 1 m breit und die Strangbefestigungen an den Vorderortscheiten mindestens 50 cm auseinander sein; Ponys entsprechend. In den Phasen A bis D müssen die Ortscheite für Pferde 60 cm, für Ponys 55 cm breit sein. In Phase E können diese, einseitig um maximal 5 cm, beidseitig bis maximal zur minimalen Spurbreite, reduziert werden. Die Stränge sind an den äußeren Ortscheitenden zu befestigen. Die Mindestdistanz des Pferdes muss zu den Abweisern 40 cm, zu den Docken 50 cm betragen; beim Einspänner 50 cm Abstand zwischen Pferd und Wagen, Ponys entsprechend.
Die Länge der Deichsel soll ca. 2,40 m betragen und bis zur Mitte der Pferdehälse reichen, Ponys entsprechend. Bei Jochanspannung kann die Deichsel kürzer sein; Mindestjochbreite bei Pferden 50 cm, bei Ponys 40 cm. Das Joch muss horizontal und vertikal beweglich sein.

Spurbreite und Gewichte:	Mindestspurbreite	Mindestgewicht
Vier-/Mehrspänner Pferde	125 cm	600 kg (Kl. E bis M 350 kg)
Vier-/Mehrspänner Ponys	125 cm	300 kg (Kl. E bis M 225 kg)
Zweispänner Pferde	125 cm	350 kg
Zweispänner Ponys	125 cm	225 kg
Einspänner Pferde	125 cm	150 kg
Einspänner Ponys	125 cm	90 kg
Tandem Pferde	125 cm	150 kg
Tandem Ponys	125 cm	90 kg

III. Das Festschnallen des Fahrers an den Wagen ist verboten.

E. Besetzung der Wagen

II. LP der Kl. E bis S, Zweispänner sowie Tandem und Random:
Fahrer und ein Beifahrer; zusätzlich ggf. Bockrichter bei der Gelände- bzw. Gelände- und Streckenfahrt. Bei einer gesonderten Gespannkontrolle bzw. der Platzierung/Siegerehrung sind weitere Passagiere erlaubt.

III. LP der Kl. E bis S, Einspänner:
Fahrer und ein Beifahrer (Ausnahme: Eignungs- und Gebrauchs-LP: Beifahrer zugelassen).

IV. Während einer LP darf die Wagenbesetzung (Ausnahme: Bockrichter) nicht gewechselt werden.

V. Der Bockrichter hat neben dem Fahrer zu sitzen.

VI. Beifahrer haben hinter dem Fahrer zu sitzen (Ausnahme: Einspänner-LP und einachsige Wagen sowie LP der Kl. E: Beifahrer hat je nach vorhandener Sitzgelegenheit neben oder hinter dem Fahrer zu sitzen).

F. Vorbereitungsplatz

Die Ausrüstungsbestimmungen A bis D sind in allen LP auch für den Vorbereitungsplatz bindend. Longieren/Reiten vgl. Vorbemerkung. Das Mitführen eines nicht ordnungsgemäß angespannten Pferdes vom Wagen aus ist auf dem gesamten Turniergelände verboten.

G. Jede andere, nicht ausdrücklich erwähnte Ausrüstung ist nicht zugelassen.

Erlaubte Fahrgebisse und Zubehör

1. Alle Prüfungsarten (bis Kl. M)

Für alle abgebildeten Fahrkandaren-Gebisse gilt:

Zungenfreiheit 0 bis 30 mm

Das Kürzen der Kandarenanzüge ist zulässig. Schaumbügel erlaubt.

Mindestdicke aller Gebisse, im Maulwinkel gemessen:

Pferde:	14 mm
Ponys:	10 mm

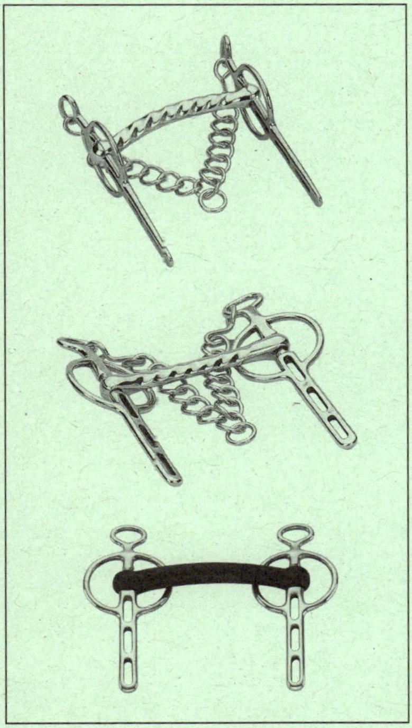

Abb. 1: Liverpool-Kandare mit festem, starrem Gebiss und Zungenfreiheit, auch um 90° nach vorn gekippt; mit festen oder beweglichen Seitenteilen und als Pumpgebiss zulässig.

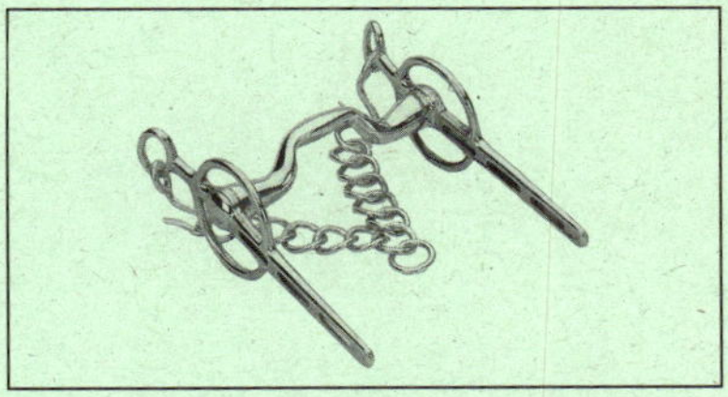

Abb. 2: Liverpool-Kandare mit KK-Conrad-Zungenfreiheit. (Achtung: Muss so angepasst sein, dass die Seitenteile leicht am Maulwinkel anliegen!)

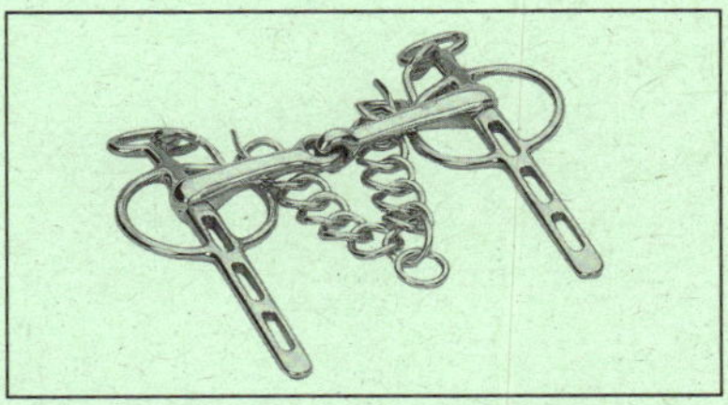

Abb. 3: Liverpool-Kandare einfach gebrochen. Auch in doppelt gebrochener Form (vgl. Abb. 3 Reiten) oder gebogen mit Zungenwölbung (vgl. Abb. 2 Reiten) zulässig.

L 2

Abb. 4: Liverpool-Kandare mit Schaumbügel

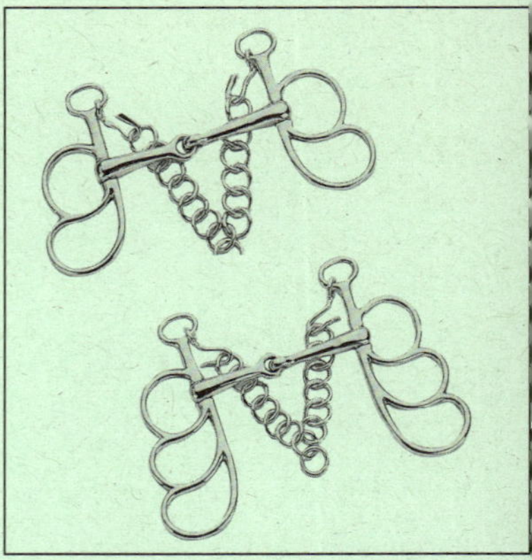

Abb. 5: Post-Kandare, Außenanzüge mit zwei oder drei Ringen; auch mit Mundstück gemäß Abbildungstext 1 2 oder 3 zulässig.

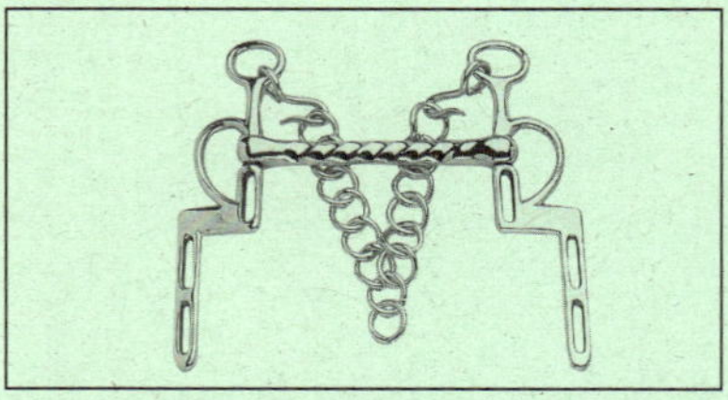

Abb. 6: Ellbogen-Kandare; auch mit Mundstück gemäß Abbildungstext 1, 2, 3 oder 4 zulässig.

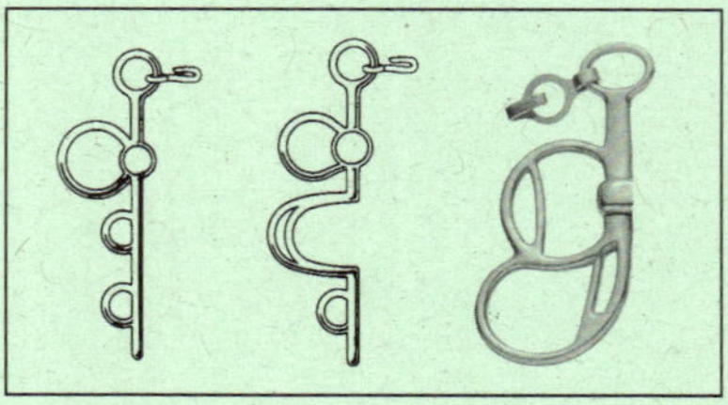

Abb. 7: Buxton- und Tillbury-Kandare; Post-Kandare mit Leinensteg; auch mit Mundstück gemäß Abbildungstext 1, 2, 3 oder 4 zulässig.

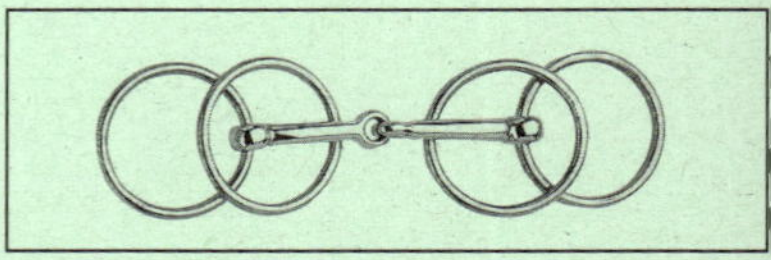

Abb. 8: Doppelringtrense (auch mit gezacktem Außenring – Esterhazy – Juckertrense – oder mit ungebrochenem Gummimundstück) oder Trense (gemäß Abb. 1 bis 5 Reiten) zulässig.

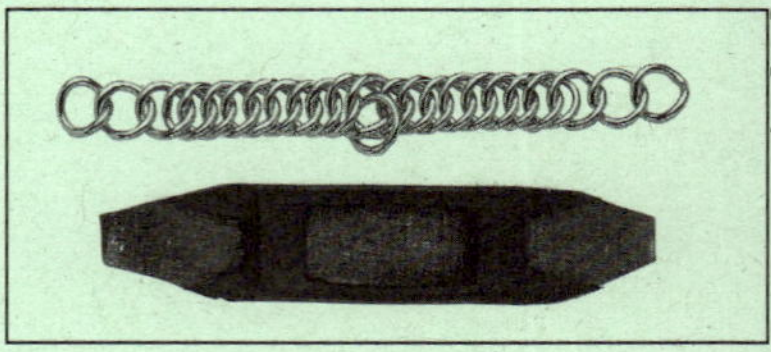

Abb. 9: Kinnkette, auch mit Kinnkettenunterlage zulässig.

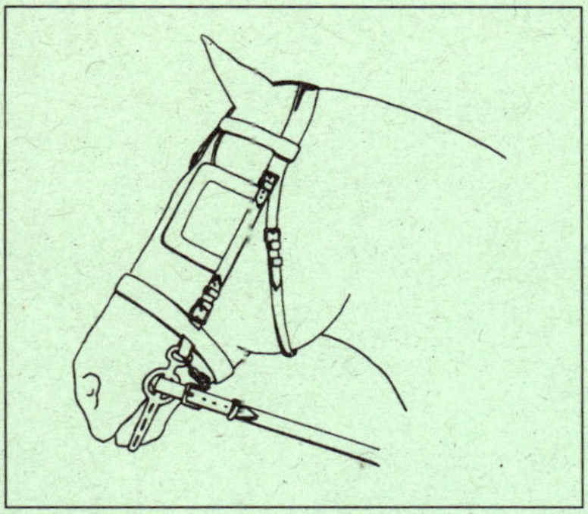

Abb. 10: Fahrkopfstück mit Blendklappen (auch mit englischem Reithalfter zulässig).

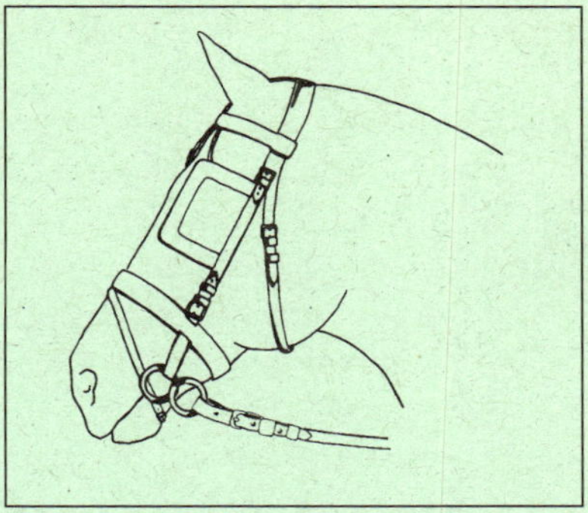

Abb. 11: Fahrkopfstück mit Sperrriemen

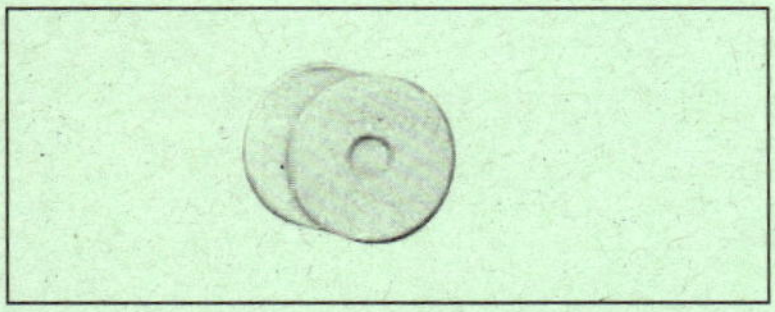

Abb. 12: Gummischeiben

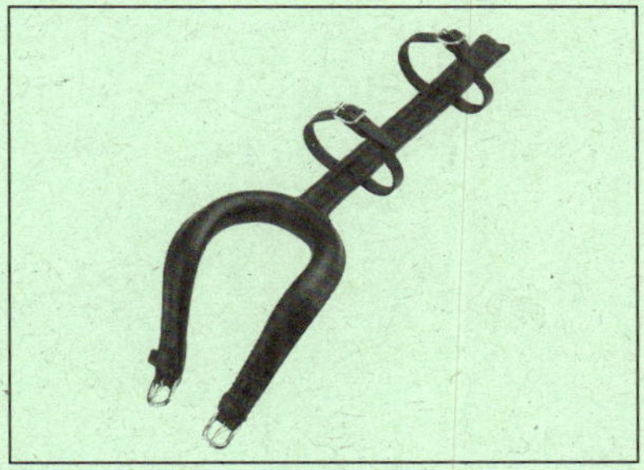

Abb. 13: Schweifhalter

II. Gelände-, Gelände- und Strecken- und Hindernisfahrprüfungen der Kl. A bis S (zusätzlich zu I.)

Abb. 14: Gummi-Zungenstrecker (aufsteckbar)

§ 72: Ausrüstung der Voltigierer und Voltigierpferde

Ausrüstung der Teilnehmer

1. Die Kleidung der Teilnehmer muss sportgerecht und zweckmäßig sein.
2. Für die Teilnahme an Gruppen-LP ist für jeden Voltigierer eine 10 bis 12 cm große Nummer vorgeschrieben, die deutlich sichtbar am rechten Arm oder am Rücken anzubringen ist.
3. Bei Gruppen-LP sollte die Kleidung des Longenführers auf die Gruppe abgestimmt sein.
4. Einzel-/Doppelvoltigierer müssen die vom Veranstalter ausgegebenen Startnummern am rechten Arm oder am rechten Bein sichtbar anbringen.

Ausrüstung der Pferde

1. Trensenzaum mit
   a) Gebiss gemäß Abb. 1 bis 5 (siehe § 70) der LPO jeweils Mindestdicke, am Maulwinkel gemessen, 14 mm
   b) Reithalfter gemäß Abb. 1 bis 4 (siehe § 70) und/oder Kappzaum
2. Voltigiergurt mit zwei Griffen, zwei Fußschlaufen, einer Halteschlaufe und einer Unterlage. Zusätzlich zur Gurtunterlage kann ein Gelkissen verwendet werden.
3. Pad:
   Erlaubte Maße, am Pferd gemessen:
   Gesamtlänge: max. 100 cm, davon max. 70 cm nach hinten, vom hinteren Gurtrand, und max. 25 cm nach vorne, vom vorderen Gurtrand gemessen
   Breite: max. 90 cm vom tiefsten Punkt gemessen
   Dicke: max. 3 cm einschließlich Bezug
   Bei getrennter Durchführung von Pflicht und Kür ist das Auswechseln von Gurt und Pad erlaubt.
4. Zwei Ausbindezügel mit oder ohne Gummiringe. In der Kl. A sind alternativ Laufferzügel mit seitlichem Dreieck erlaubt. Abstand der Befestigungspunkte am Gurt: max. 15 cm.
5. Longe (Befestigung nur am inneren Trensenring erlaubt bzw. am mittleren Ring des Kappzaums)
6. Longierpeitsche

7. Sonstige erlaubte Ausrüstung bzw. erlaubtes Zubehör:
   - Bandagen und/oder Gamaschen
   - Fell- oder sonstige schonende Unterlagen an Gurt und/oder Trense
   - Fliegenschutz an den Ohren
   - Hörschutz
   - Gummischeiben am Gebiss (vgl. § 70 Abb. 7)
   - Springglocken

   Alle nicht aufgeführten Hilfsmittel sind verboten.

Ausrüstung auf dem Vorbereitungsplatz

Die Ausrüstung der Pferde muss den allgemeinen Regeln der Reit- und Voltigierlehre und den Grundsätzen der Unfallverhütung und des Tierschutzes entsprechen.

Ausrüstung des Voltigierpferdes:

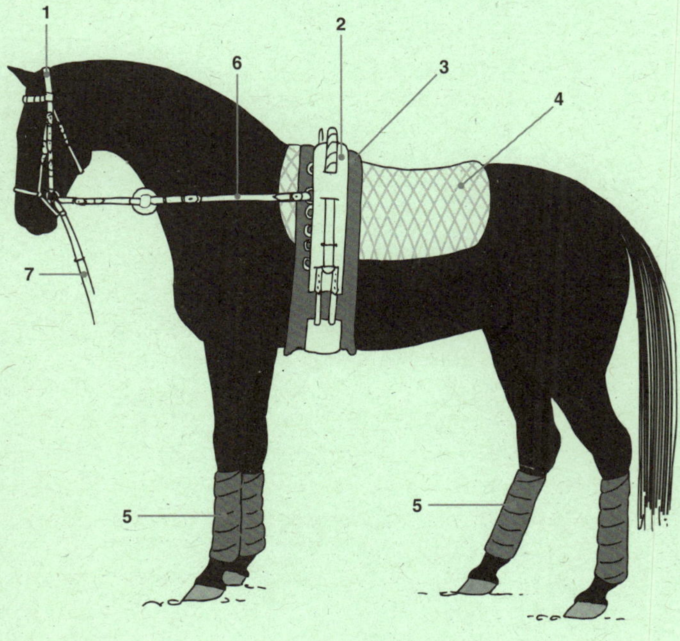

1 *Zaumzeug, Trense*
2 *Voltigiergurt*
3 *Gurtunterlage*
4 *Decke (Pad)*
5 *Bandagen (oder Gamaschen)*
6 *Ausbindezügel*
7 *Longe*

§ 57: Richtverfahren

Die Bewertung der LP erfolgt entsprechend den Vorschriften in Teil B nach folgenden Richtverfahren:

L 3

1. **Beobachtendes/beurteilendes Richtverfahren**
   1.1 Beim *beobachtenden Richtverfahren* sind vorwiegend Kriterien wie „Hindernisfehler", „Zeit" u.a. maßgebend.
   1.2 Beim *beurteilenden Richtverfahren* wird nach freiem Ermessen nach den in den Richtlinien für Reiten und Fahren festgelegten Grundsätzen entschieden. Hierbei finden die folgenden Wertnoten Anwendung:
   10 = ausgezeichnet
   9 = sehr gut
   8 = gut
   7 = ziemlich gut
   6 = befriedigend
   5 = genügend
   4 = mangelhaft
   3 = ziemlich schlecht
   2 = schlecht
   1 = sehr schlecht
   0 = nicht ausgeführt
   Dezimalstellen sind außer bei der Verwendung von Notenbogen ir Dressur-LP zulässig. Sind andere Wertnoten anzuwenden, ergibt sich dieses aus den Vorschriften in Teil B.

2. **Gemeinsames Richtverfahren**
   2.1 Beim gemeinsamen Richtverfahren drücken die Richter ihr gemein sames Urteil über die Gesamtleistung jedes Teilnehmers durch eine mündlich oder schriftlich zu begründende Wertnote von 10 bis 0 (vgl. 1.2) aus.

§ 404: Bewertung

1. Verlangt und bewertet werden alle Lektionen der in der Ausschreibung festgelegten Aufgabe gemäß Aufgabenheft Reiten.

3. Folgende Abzüge sind zu berücksichtigen:
   3.1 Prüfungen mit vorgegebener Aufgabe

	Gemeinsames Richtverfahren
a) vom Teilnehmer verschuldetes Verreiten	
das 1. Mal	0,2 Punkte
das 2. Mal	0,4 Punkte
das 3. Mal	Ausschluss
3.2 Kür-Prüfungen	
a) Auslassen einer Pflichtlektion	
A-Note	0,5 Punkte
B-Note	0,5 Punkte
b) Überziehen einer Pflichtlektion	
A-Note	0,2 Punkte
B-Note	0,5 Punkte
c) Zeigen einer Lektion einer höheren Klasse	
B-Note	0,5 Punkte
d) Über-/oder Unterschreiten des jeweiligen Zeitlimits	
B-Note	0,2 Punkte
3.3 Sturz von Teilnehmer und/oder Pferd	Ausschluss

4. Für die Platzierung in einer Kombinierten Dressur-LP ist je nach Ausschreibung die Summe der Wertnoten aus den Teilprüfungen oder die Wertnote für das Stechen bzw. die Kür maßgebend.

5. Bei Wertnoten- bzw. Prozentpunktegleichheit erfolgt gleiche Platzierung.

LPO § 500 bis 529 (Auszüge)

Abschnitt B V: Springprüfungen

L 5

§ 500
Ausschreibungen

1. Zulässig sind:
   1. Standard-Spring-LP
      Kl. E: 5-jährige und ältere Pferde und/oder Ponys
   2. Spezial-Spring-LP
      Kl. E: 5-jährige und ältere Pferde und/oder Ponys:
      2.1 Stil-Spring-LP (ggf. mit Standardanforderungen)
      Kl. E für 4-jährige und ältere Pferde, 4-jährige Pferde/Ponys in Kl. E sind erst ab 1. Mai des laufenden Jahres zugelassen.

§ 501
Beurteilung und Richtverfahren

Beurteilt wird die Leistung von Teilnehmer und Pferd zwischen Start- und Ziellinie, ausgedrückt in Strafpunkten, Punkten, Sekunden und/oder Wertnoten, je nach Ausschreibung und Richtverfahren.
Es werden folgende Richtverfahren unterschieden:

A. Richtverfahren A für Standard-Spring-LP mit Zeitwertung
   1. Die Platzierung wird durch Zusammenzählen der Strafpunkte gemäß § 503 ermittelt. Bei Strafpunktgleichheit werden die Teilnehmer nach der Zeit platziert, die sie für ihren Parcours gebraucht haben. Bei Gleichheit der Strafpunktzahl und der für den Parcours benötigten Zeit werden die Teilnehmer gleichplatziert.

B. Richtverfahren B für Standard-Spring-LP mit Stechen
   1. Nach Strafpunkten und Zeit mit einmaligem Stechen um den Sieg. Die Platzierung erfolgt gemäß Ziffer A.1. Bei Strafpunktgleichheit auf dem ersten Platz: Einmaliges Stechen nach Strafpunkten und Zeit. Im Stechen: Bei gleicher Strafpunktzahl entscheidet die bessere Zeit. Bei gleicher Strafpunktzahl und gleicher Zeit erfolgt gleiche Platzierung.

L 5

§ 503
Bewertung

	Richtverfahren A/B
• Erster Ungehorsam	4 Strafpunkte
• Hindernisfehler (3 Strafsekunden in Zwei-Phasen-Spring-LP oder Stechen mit Richtverfahren C)	4 Strafpunkte
• Zweiter Ungehorsam	8 Strafpunkte
• Sturz des Reiters und/oder Pferdes	Ausschluss
• Dritter Ungehorsam und andere in § 519 vorgesehene Fälle	Ausschluss
• Überschreiten der EZ je angefangene Sekunde	0,25 Strafpunkte; im Stechen/in einer Siegerrunde: 1 Strafpunkt
• Überschreiten der HZ	Ausschluss
• Umwerfen einer Flagge	–
• Überschreiten von 45 Sekunden nach Passieren der Startlinie oder dem Beginn der Zeitmessung bis zum Überwinden des ersten Hindernisses	Ausschluss

§ 504
Anforderungen

1. Mindestzahl und Abmessung der Hindernisse
   a) **Parcours in der Halle** E
   Hindernisse – Mindestzahl 6
   b) **Parcours im Freien**
   Hindernisse – Mindestzahl 7
   c) **Abmessungen in der Halle und im Freien in Meter**
   Höhe/Weite 0,85 m
   Abweichungen von bis zu +/-5 cm in der Höhe und -10 cm/+20 cm in der Weite sind zulässig; Triplebarre max. +50 cm Weite.

Je Parcours müssen 25 % der Sprünge, wenigstens ein Steilsprung und ein Oxer, die erforderlichen Maße (Höhe/Weite) der entsprechenden Klasse aufweisen.

d) Kombinationen – Höchstzahl

zweifache	1
Distanz von Sprung zu Sprung in Metern	
Kl. E:	7,00 bis 8,00 m oder 10,00 bis 11,00 m
in Pony-LP Kl. E:	7,00 bis 7,50 m oder 9,80 bis 10,30 m

Starten Pferde und Ponys in einer LP der Kl. E, können die Distanzen in Kombinationen für Ponys angepasst werden, und zwar minus 40 cm bei einer Kombination mit einem Galoppsprung und minus 60 cm bei einer Kombination mit zwei Galoppsprüngen.

3. Tempo und Zeit
   Folgendes Tempo ist zulässig:
   Richtverfahren A und B 1. bis 4.:
   Halle: 300 m/Min., 325 m/Min. oder 350 m/Min.
   im Freien: 350 m/Min., 375 m/Min. oder 400 m/Min.
   Sofern in der Ausschreibung nicht anders geregelt, beträgt das vorgeschriebene Tempo in der Halle 300 m/Min. und im Freien 350 m/Min. Aus dem Tempo und der Parcourslänge errechnet sich die EZ gemäß Tabelle Ziffer 5. Die HZ beträgt das Doppelte der EZ; EZ und HZ sind vor Prüfungsbeginn bekannt zu geben.
   Eine Änderung der EZ durch die Richter ist nur in Absprache mit dem Parcourschef bis zur Parcoursbeendigung des dritten Teilnehmers der LP ohne Ungehorsam zulässig. Ein Herabsetzen der EZ ist nur insoweit möglich, dass die bereits gestarteten Teilnehmer nicht mit zusätzlichen Strafpunkten belastet werden.
   Beim Richtverfahren C ist keine EZ vorgesehen. Die HZ beträgt:
   a) wenn die Länge des Parcours bis 600 m beträgt: 2 Minuten,
   b) wenn die Länge des Parcours mehr als 600 m beträgt: 3 Minuten.

§ 512
Hindernisfehler
A. Steil- und Hoch-Weit-Sprünge

1. Ein durch Pferd und/oder Teilnehmer verursachter Hindernisfehler liegt vor, solange der Teilnehmer sich zwischen Start- und Ziellinie befindet (Ausnahme: beim letzten Hindernis des betreffenden Parcours bzw. Umlaufs: solange sich der Teilnehmer auf dem Prüfungsplatz befindet), wenn:
   a) ein Hindernisteil oder das ganze Hindernis fällt oder ein Teil nicht mehr mit der Auflage Berührung hat, auch wenn der fallende Teil von irgendeinem anderen Teil des Hindernisses im Fallen aufgefangen wird,
   b) der die Auflage tragende Teil durch andere Teile des Hindernisses aufgefangen wird. Je Hindernis wird nur ein Hindernisfehler berechnet, auch wenn mehrere Hindernisteile fallen. Kombinationen siehe § 516.
2. Ist ein Hindernis oder ein Hindernisteil auf seiner Absprungseite oder an anderer Stelle aus genau senkrecht übereinandergebauten Teilen zusammengesetzt, so wird an dieser Stelle nur das Abwerfen des obersten Hindernisteiles als Fehler berechnet.
3. Bei überbauten Gräben werden Hindernisfehler nur gemäß Ziffer 1 gewertet. Hindernisfehler gemäß B. sind ausgeschlossen.

§ 513
Sturz

1. Ein Sturz des Teilnehmers liegt vor, wenn er sich ohne Sturz des Pferdes von diesem trennt und erneut aufsitzen oder aufspringen muss, um in den Sattel zu gelangen.

2. Ein Sturz des Pferdes liegt vor, wenn Schulter- und Hüftpartie gleichzeitig den Boden oder das Hindernis und den Boden berühren.

§ 514
Ungehorsam

1. Hierzu gehören:

A. Stehenbleiben

1. Ein Stehenbleiben liegt vor, wenn ein Pferd vor einem zu überwindenden Hindernis stehen bleibt, gleichgültig, ob dieses dabei durch Berühren, Verschieben oder Umwerfen verändert wird. Stehenbleiben

ohne Veränderung des Hindernisses ohne Rückwärtstreten oder Seitwärtstreten des Pferdes mit unmittelbar folgendem Springen aus dem Stand gilt nicht als Ungehorsam.

2. Bei Stehenbleiben mit Veränderung des Hindernisses und folgendem Überwinden oder Durchgleiten eines Hindernisses entscheiden die Richter unverzüglich, ob Ungehorsam oder Hindernisfehler anzurechnen ist. Bei Entscheidung auf Ungehorsam ist der Teilnehmer sofort anzuhalten.

B. Ausbrechen
Ein Ausbrechen liegt vor, wenn das Pferd sich vor dem zu überwindenden Hindernis der Einwirkung des Teilnehmers entzieht und/oder nicht springt.

C. Widersetzlichkeit
1. Eine Widersetzlichkeit liegt vor, wenn sich das Pferd an irgendeiner Stelle des Parcours durch Stehenbleiben, Rückwärtsbewegung, Kehrtwendung, Steigen usw. der Vorwärtsbewegung entzieht.
2. Bei grober und/oder längerer Widersetzlichkeit entscheiden die Richter, ob ein- oder mehrfacher Ungehorsam anzurechnen ist.

D. Volte
Eine Volte liegt vor, wenn das Pferd zwischen zwei aufeinanderfolgenden Hindernissen, Punkten oder Linien seinen Weg kreuzt, ohne dass eine besondere Erlaubnis vorliegt. Volten im Zusammenhang mit Stehenbleiben, Ausbrechen oder Widersetzlichkeit zum erneuten Anreiten eines Hindernisses gelten nicht als Ungehorsam.

E. Korrigiertes Verreiten
Ein korrigiertes Verreiten liegt vor, wenn der Teilnehmer
1. nach Verreiten gemäß § 515 den Parcours dort wieder aufnimmt, wo der Fehler begangen wurde, ohne vorher ein falsches Hindernis überwunden zu haben, oder
2. während seines Parcours deutlich vom Normalweg abweicht und infolgedessen nur durch Wenden oder Rückwärtsrichten das Hindernis, den Wendepunkt oder das Ziel ordnungsgemäß zwischen den Flaggen passieren kann.

3. Ein Teilnehmer, der ausscheidet (Ausnahme: nach Sturz von Teilnehmer und/oder Pferd) oder aufgibt, hat vor Verlassen des Prüfungsplatzes die Möglichkeit eines Korrektursprunges. Dieser kann nur über ein Hindernis desselben Parcours – niemals eine Kombination – vorgenommen werden. Anschließend hat der Teilnehmer den Prüfungsplatz schnellstmöglich zu verlassen.

§ 515
Verreiten
Als Verreiten gilt das Nichteinhalten des der Skizze entsprechenden Parcours:
a) durch Nichtbeachten der eingetragenen Richtungszeichen und Flaggen,
b) durch Nichteinhalten der vorgeschriebenen Reihenfolge der Hindernisse,
c) durch Springen eines nicht zum Parcours gehörenden Hindernisses oder Auslassen eines Hindernisses.

§ 518
Zeitmessung
1. Gemessen wird die Zeit, die der Teilnehmer benötigt, um den Parcours zurückzulegen. Sie beginnt in dem Augenblick, in dem der Teilnehmer zu Pferde nach dem Glockenzeichen die Startlinie passiert bzw. wenn die 45 Sekunden des „Countdown" abgelaufen sind, und endet in dem Augenblick, in dem er zu Pferde die Ziellinie passiert.

2. Für die Zeitmessung in LP der Kl. A bis S ist eine automatische Zeitmessanlage vorgeschrieben, in Spring-LP der Kl. E empfohlen. Darüber hinaus sind wenigstens zwei von Hand zu bedienende Stoppuhren zu verwenden. Die von Hand oder automatisch gemessene Zeit ist auf Zehntel- oder Hundertstelsekunden genau anzugeben.

3. Die Zeitmessung wird bei jedem durch die Richter veranlassten Anhalten des Teilnehmers unterbrochen. Sie wird erneut in Gang gesetzt, wenn der Teilnehmer sich an der Stelle befindet, an der er angehalten wurde. Wird ein Hindernis aufgrund eines Ungehorsams verrückt oder umgeworfen, ist die Glocke zu läuten und ist die Uhr anzuhalten. Sobald das Hindernis wieder aufgebaut ist, wird die Glocke erneut geläutet und der Teilnehmer kann den Parcours fortsetzen. Die Uhr wird wieder in Gang

gesetzt, wenn das Pferd zum Sprung ansetzt bzw. bei einer Kombination, wenn das Pferd vor dem ersten Element der Kombination zum Sprung ansetzt.

4. Bei Unterbrechung der Zeitmessung wegen Ungehorsams gemäß Ziffer 3 werden der für den Parcours benötigten Zeit Zuschläge hinzugerechnet.
   Sie betragen:
   a) bei Ungehorsam vor einem einfachen Hindernis oder dem ersten Sprung einer offenen Kombination oder einem Sprung einer geschlossenen Kombination 6 Sekunden,
   b) bei Ungehorsam vor dem zweiten Sprung einer offenen Kombination 8 Sekunden,
   c) bei Ungehorsam vor dem dritten oder weiteren Sprung einer offenen Kombination 10 Sekunden.

5. Während der Unterbrechung der Zeitmessung kann sich der Teilnehmer frei auf dem Prüfungsplatz bewegen. Allein die Vorschriften hinsichtlich evtl. Ausschluss behalten Gültigkeit.

Spezial-Spring-LP

§ 520
Stil-Spring-LP

1. Beurteilt werden Sitz und Einwirkung des Reiters, die harmonische Erfüllung der gestellten Aufgabe und der Gesamteindruck, ausgedrückt in einer Wertnote gemäß § 57.2.1 (vgl. auch Aufgabenheft Reiten).

2. Bewertet werden:

• Hindernisfehler	je 0,5 Strafpunkte
• Erster Ungehorsam	0,5 Strafpunkte
• Zweiter Ungehorsam	1,0 Strafpunkte
• Zweiter Ungehorsam am selben Hindernis	2,0 Strafpunkte
• Dritter Ungehorsam	Ausschluss
• Sturz des Teilnehmers und/oder Pferdes	Ausschluss
• Überschreiten der EZ je angefangener Sekunde	0,1 Strafpunkte
• Überschreiten der HZ	Ausschluss

(vgl. auch § 500 ff.)

3. Für die Bewertung sind folgende Richtverfahren möglich:
   a) Stil-Spring-LP (mit EZ):
   Von der Wertnote gemäß Ziffer 1 werden die Strafpunkte gemäß Ziffer 2 abgezogen.
   b) Stil-Spring-LP mit Stechen:
   Bewertung wie unter a), ausgenommen die zu platzierenden Teilnehmer; sie reiten ein Stechen über den gleichen oder einen verkürzten Parcours gemäß § 501.B.1.
   c) Stil-Spring-LP (ohne EZ) (nur in Kl. E zulässig):
   Bewertung wie unter a), jedoch ohne EZ
   d) Spring-LP mit Stilwertung:
   Richtverfahren B gemäß § 501.B.4 (ohne Stechen) mit folgender Abweichung: Alle Teilnehmer ohne Strafpunkte werden platziert. Alle Teilnehmer erhalten eine Wertnote gemäß § 520.1. Bei Strafpunktgleichheit für die an 1. bis 5. Stelle platzierten Teilnehmer ist die Wertnote maßgebend. Alle weiteren platzierten Teilnehmer werden nach Strafpunkten platziert.
   e) Spring-LP mit Stilwertung:
   Richtverfahren B gemäß § 501.B.4 (ohne Stechen) mit folgender Abweichung: Alle Teilnehmer erhalten eine Wertnote gemäß § 520.1. Bei Strafpunktgleichheit ist die Wertnote maßgebend.
   f) Stil-Spring-LP mit Standardanforderungen (ohne EZ):
   Wie a) oder b), jedoch kann je nach Ausschreibung der Springparcours vorgeschriebene Standardanforderungen gemäß Aufgabenheft Reiten enthalten.

§ 521
Stafetten-Spring-LP

Diese LP werden je nach Ausschreibung von Gruppen aus zwei oder drei Teilnehmern bestritten. Durchführung und Bewertung sind in einer der beiden folgenden Formen möglich:

A. mit Übergabe eines Stafettenstabes

1. Hier findet das Richtverfahren C (§ 501.C) Anwendung.
2. Ein- und Ausritt jeder Gruppe erfolgen gemeinsam.
3. Als Staffelstab dient die Gerte, die jeweils nach Überwinden des letzten Hindernisses dem nächstfolgenden Teilnehmer übergeben wird.
4. Lässt ein Teilnehmer während seines Parcours oder bei der Übergabe die Gerte fallen, muss er absitzen, die Gerte aufheben, aufsitzen und

L 5

kann erst danach weiterreiten bzw. die Gerte übergeben.

5. Die Bewertung der Gruppe erfolgt vom Durchreiten der Startlinie durch den ersten Teilnehmer bis zum Durchreiten der Ziellinie durch den letzten Teilnehmer der Gruppe.
6. Ausschluss eines Teilnehmers bzw. dreimaliger Ungehorsam innerhalb der Gruppe während der Bewertung gemäß Ziffer 5 bedeuten Ausschluss der Gruppe.

B. ohne Übergabe eines Stafettenstabes

1. Jede Stafette besteht aus zwei Reitern. Der Parcours – ca. zehn Hindernisse, keine Kombinationen – ist von jeder Stafette insgesamt zweimal zu durchreiten.

2. Es finden die Bestimmungen von A, Ziffer 1, 2, 5 und 6 entsprechende Anwendung.

3. Außerdem gilt:
   a) Ablösung innerhalb einer Stafette ist jederzeit möglich, jedoch muss das Pferd des abzulösenden Teilnehmers mit den Vorderhufen gelandet sein.
   b) Ablösung muss erfolgen
      - beim ersten Fehler, gleich welcher Art,
      - nachdem der erste Teilnehmer seinen Parcours fehlerlos beendet hat.

   In den Fällen zu b) wird der Teilnehmer abgeläutet. Der andere Teilnehmer der Stafette nimmt den Parcours an dem Hindernis auf, das der abgeläutete Teilnehmer anzureiten hatte.

§ 525
Zwei-Phasen-Spring-LP

Die erste Phase ist nach dem Richtverfahren A gemäß § 501.A.1 durchzuführen, die zweite Phase (mindestens vier Hindernisse) ist entweder

1. nach dem Richtverfahren A gemäß § 501.A.1 oder

2. nach dem Richtverfahren C gemäß § 501.C oder

3. gemäß § 520 (nur für Kl. E bis M*)

durchzuführen.

Nach fehlerfreiem Überwinden eines um ein Viertel verkürzten Normalparcours erfolgt unmittelbarer Übergang in die zweite Phase. Die Hindernisse der zweiten Phase müssen nicht Bestandteil der ersten Phase gewesen sein. Für die Zeitwertung der zweiten Phase ist die Zeit vom Durchreiten der Ziellinie der ersten Phase (gleichzeitig Startlinie der zweiten Phase) bis zum Passieren der Ziellinie der zweiten Phase maßgebend. Für die Platzierung ist zunächst das Ergebnis der zweiten Phase maßgeblich. Wurde diese nicht von einer ausreichenden Anzahl von Teilnehmern erreicht, ist das Ergebnis der ersten Phase heranzuziehen.

§ 529
Mannschafts-Spring-LP
Richtverfahren A bzw. B gemäß § 501.A.1 oder B.1 mit ein oder zwei Umläufen je nach Ausschreibung

1. Die LP wird je Mannschaft von drei oder vier verschiedenen Teilnehmern bestritten, von denen jeder ein Pferd reitet.

2. Die Reihenfolge der Mannschaften wird durch das Los bestimmt, die Reihenfolge der einzelnen Teilnehmer bestimmt der Mannschaftsführer.

3. Die Platzierung der Mannschaften errechnet sich aus der Gesamtsumme der Strafpunkte und der gebrauchten Zeit der drei besten Mannschaftsmitglieder.

Bei LP mit zwei Umläufen werden beide Umläufe getrennt bewertet.

Vielseitigkeits-WB, Geländeritt, Stilgeländeritt, Gruppengeländeritt Kl. E analog der entsprechenden LP Kl. E gem. LPO (Auszug LPO 2008)

L 6

§ 600
Ausschreibungen
Zulässig sind Vielseitigkeits-LP:
VE: 4-jährige und ältere Pferde und/oder M- und G-Ponys
Die einzelnen Teilprüfungen einer Vielseitigkeits-LP können zusätzlich als Einzel-LP gemäß Anforderungen/Klasse der betreffenden Disziplin für die Teilnehmer der Vielseitigkeits-LP ausgeschrieben werden.
Vielseitigkeits-LP sind im Regelfall als Eintagesprüfungen auszuschreiben. In begründeten Ausnahmefällen ist mit Zustimmung der LK die Durchführung an zwei Tagen möglich.

§ 601
Beurteilung
Beurteilt wird die Leistung von Pferd und Teilnehmer in den drei Teilprüfungen Dressur-, Gelände- und Springprüfung nach Strafpunkten.

§ 602
Reihenfolge
In Vielseitigkeits-LP und großen Vielseitigkeits-LP ist die Dressurprüfung als erste Teilprüfung durchzuführen. Die Reihenfolge der weiteren Teilprüfungen (Geländeprüfung und Springprüfung) ist beliebig.
Die Durchführung von Verfassungsprüfung(en) und/oder Pferde-/Fitnesskontrollen ist gemäß § 67 vorgeschrieben.

§ 610
Anforderungen
In Vielseitigkeits-LP Kl. E:
Dressurprüfung für Vielseitigkeits-LP gemäß Aufgabenheft Reiten

L 6

§ 611
Bewertung

1. *Errechnung der erreichten Prozentpunkte:*
   a) Für die Klasse E: gemeinsames Richten
   Richtverfahren A gemäß § 402 mit einer Wertnote gemäß § 57.2.1. Nach evtl. Abzügen wird die Note mit der Zahl 10 multipliziert und ergibt so die erreichten Prozentpunkte.
2. *Umrechnung in Strafpunkte:*
   Zur Errechnung der Strafpunkte werden nun die erreichten Prozentpunkte von 100 abgezogen, mit 1,5 multipliziert und auf eine Dezimalstelle gerundet.

2.2 Geländeprüfung

§ 620
Anforderungen

Geländestrecke	Streckenlänge in Metern	Tempo m/Min	Sprünge Anzahl	max. Höhe	max. Weite im oberen Teil/ an der Basis	max. Grabenweite	Tiefsprung (vgl. § 633)
Stilgeländeritt Kl. E	1000–1500	350–400	10–15	0,90 m	1,00/1,50 m	0,80 m	0,90 m
Geländeritt Kl. E	1000–2000	450	12–15	0,90 m	1,00/1,50 m	0,80 m	0,90 m

Eine Änderung der EZ durch die Richter ist nur bei Geländeritten und Stilgeländeritten in Absprache mit dem Parcourschef bis zur Parcoursbeendigung des dritten Teilnehmers der LP ohne Sturz bzw. Ungehorsam zulässig. Ein Herabsetzen der EZ ist nur insoweit möglich, dass die bereits gestarteten Teilnehmer nicht mit zusätzlichen Strafpunkten belastet werden.
Die Anforderungen für Geländeritte gelten auch für Geländeritte mit Stilwertung gemäß § 674.
Stilgeländeritte: Das Tempo ist je nach Streckenführung rechtzeitig vor Beginn der Prüfung in Absprache zwischen Richtern und Parcourschef festzulegen. Eine Wegstrecke (Phase A) ohne Zeitwertung ist in allen Klassen zulässig, wenn gemäß Ausschreibung vorgesehen. Die Streckenlänge sollte jedoch 4400 m (20 Minuten bei Tempo 220 m/Min.) nicht überschreiten.

L 6

2.3 Geländestrecke/Bewertung der Geländeprüfung

§ 630
Offizielle Besichtigung, technische Ausstattung

1. Rechtzeitig vor der Prüfung ist die Geländestrecke für die Teilnehmer offiziell zur Besichtigung freizugeben. Nach dieser offiziellen Besichtigung können die Teilnehmer die Geländestrecke jederzeit erneut besichtigen.
2. Den Teilnehmern ist es grundsätzlich untersagt, vor der LP auf irgendeinem Teil der Strecke zu reiten. Ausnahme: Vom Veranstalter vorgesehene Parcours- bzw. Geländebesichtigung zu Pferde im Schritt.
3. Zum Zeitpunkt der offiziellen Freigabe müssen sich Start- und Ziellinie, Hindernisse, Flaggen, Wendezeichen bzw. Tore, die von den Teilnehmern zu beachten sind, genau an ihrer Stelle befinden. Nachher sind Veränderungen nur in begründeten Ausnahmefällen mit der Zustimmung der Richter und des FN-/LK-Beauftragten zulässig. In diesem Fall sind alle Teilnehmer vor Beginn der LP von der Änderung zu unterrichten.
4. Die Ziellinie darf nicht weiter als 75 m und muss wenigstens 30 m vom letzten Hindernis entfernt sein.
5. Die Hindernisse sind in der Reihenfolge, in der sie zu überwinden sind, zu nummerieren.
6. Die fortlaufende Nummerierung der Hindernisse gilt nicht für die Sprünge einer Kombination. Für deren Kennzeichnung werden zusätzlich zu der Nummer Unterscheidungsbuchstaben an den Einzelsprüngen verwendet (z.B. 7a, b, c).
7. Die Hindernisse können zweiteilig mit einem leichteren und einem schwereren Teil angelegt werden. Jeder Hindernisteil soll ausreichend breit sein, der schwerere soll den Anforderungen gemäß Tabelle (§ 620) entsprechen, der leichtere soll hinsichtlich Höhe, Weite oder Breite angemessen erleichtert sein und zusätzlich den weiteren Weg erfordern. Beide Hindernisteile sind gesondert auszuflaggen, die Ausflaggung beider Alternativen ist mit einem schwarzen Balken zu versehen.

L 6

§ 631
Richtungszeichen, Flaggen, Tore

1. Zur Orientierung der Teilnehmer wird der Verlauf der Geländestrecke mit Richtungszeichen gekennzeichnet.
2. Die obligatorisch zu passierenden Stellen der Geländestrecke werden
   a) unter Verwendung von roten und weißen Flaggen angezeigt:
      - die Startlinie
      - die äußere Begrenzung der für die Bewertung maßgeblichen Teile der Hindernisse
      - die Pflichttore
      - die Ziellinie
3. Die Flaggen müssen so angebracht sein, dass der Teilnehmer die rote Flagge zur Rechten und die weiße Flagge zur Linken hat. Die roten und weißen Flaggen sollen das Hindernis überragen.
4. Bei Vielseitigkeits-LP ist grundsätzlich eine dreiseitig begrenzte, an mindestens zwei Seiten teilweise offene, ausreichend große Startbox vorgesehen.

§ 632
Geländeskizze

1. Eine Skizze der Geländestrecke mit genauer Wiedergabe der Einzelheiten soll zum Zeitpunkt der offiziellen Besichtigung am Sammelpunkt der Teilnehmer angeschlagen sein. Jedem Teilnehmer ist nach Möglichkeit eine Kopie zur Verfügung zu stellen.
2. Die Skizze muss enthalten:
   a) die Streckenführung, angezeigt durch eine gestrichelte Linie
   b) Start- und Ziellinie
   c) die Hindernisse, die zu nummerieren sind
   d) Pflichttore
   e) Streckenlänge
   f) BZ und HZ
   g) besondere Entscheidungen des FN-/LK-Beauftragten oder der Richter, die sich auf die Geländestrecke beziehen
3. Eine Änderung der angeschlagenen und den Teilnehmern übergebenen Geländeskizze ist nur mit Zustimmung des FN-/LK-Beauftragten und der Richter zulässig. Sie ist den Teilnehmern unverzüglich bekannt zu geben.

L 6

§ 633
Hindernisse/Sprünge

1. Die Hindernisse müssen fest, Achtung gebietend, fair und dem Gelände angepasst sein. Ein Graben ist ab Klasse A obligatorisch.
   Sichergestellt sein muss, dass Geländehindernisse, deren Konstruktion das Herausführen eines Pferdes nach Ungehorsam oder Sturz nicht ermöglichen, schnell abgebaut werden können.
2. Es gibt folgende Hindernisse:
   a) Steilsprünge wie Mauer, Rick, Zaun, Aufsprung usw.
   b) Hoch-Weit-Sprünge wie Oxer, Trakehner, überbauter Graben usw.
   c) Weitsprünge als Gräben
   d) Tiefsprünge wie Absprung, Wassereinsprung usw.
   Bei Tiefsprüngen beträgt der Höhenunterschied zwischen der Absprung- und Landestelle mindestens 0,50 m. Das Maß von der höchsten Stelle des Sprunges bis zur Landestelle beträgt je nach Klasse zwischen 1,20 und 2,00 m (vgl. Tabelle § 620). Ein Tiefsprung wird immer von der höchsten Stelle des Hindernisses bis zur üblicher Landestelle des Pferdes gemessen.
   Bei Wassereinsprüngen darf die Wassertiefe an der Einsprungstelle und während der folgenden 5 m höchstens 0,30 m betragen.
   e) Hecken
   Der feste Teil einer Hecke darf nie die Maximalmaße gemäß Tabelle, die Höhe nie 1,40 m überschreiten.
   f) Kombinationen, siehe § 634
3. Weitere Hinweise siehe auch FN-Merkblatt „Aufbau von Geländestrecken" (FN-Handbuch Turniersport, Teil A, Kapitel 8.2.1, siehe www.pferd-aktuell.de).

§ 634
Kombinationen

Eine Kombination besteht aus zwei, drei oder mehr von der Anlage her zusammengehörenden Sprüngen, die als solche gekennzeichnet sind (vgl. § 630.6).

§ 636
Besondere Schwierigkeiten an einem Hindernis/Anhalten von Teilnehmern

1. Der Veranstalter hat vor Beginn der Teilprüfung Gelände eine ausreichende Anzahl (entsprechend der max. Teilnehmerzahl auf der Strecke) von Hindernissen festzulegen, an denen im Bedarfsfall ein Teilnehmer angehalten werden kann (Stopp-Hindernisse).
2. Ist ein Hindernis/Sprung zum Teil nicht mehr passierbar geworden, kann es/er durch Umsetzen der Begrenzungsflaggen verschmälert werden. Die folgenden Teilnehmer sind in geeigneter Form darauf aufmerksam zu machen.
3. Ist ein Hindernis/Sprung vorübergehend vollkommen unpassierbar geworden, sind die folgenden Teilnehmer zunächst vor einem „Stopp-Hindernis" anzuhalten. Für jeden angehaltenen Teilnehmer ist für den Zeitraum des Anhaltens eine exakte Zeitmessung vorzunehmen. Die erneute Startfreigabe ist dem Teilnehmer mindestens 3 Minuten vorher bekannt zu geben. Die Zeit bis zum Passieren der o.g. Stelle durch den Teilnehmer im Galopp nach Wiederfreigabe des Hindernisses/Sprunges ist ihm auf die Sekunde genau zu vergüten. Die Freigabe für mehrere Teilnehmer erfolgt im Abstand von wenigstens 1 Minute.
4. Ist ein Hindernis vollkommen unpassierbar geworden und auch nicht wiederaufzubauen bzw. hat sich an einem Hindernis ein Vorfall ereignet, der eine Herausnahme dieses Hindernisses empfiehlt, ist es für die folgenden Teilnehmer aus der Wertung zu nehmen. Die Strecke ist möglichst nah an dem unpassierbaren Hindernis/Sprung vorbeizuführen. Mögliche Auswirkungen dieser Maßnahme auf die Platzierung sind von den Richtern mit dem Veranstalter und dem FN-/LK-Beauftragten abzustimmen. Erfolgt keine Teilung der LP aufgrund dieser Maßnahme, sind Strafpunkte, die Teilnehmer an dem herausgenommenen Hindernis zu verzeichnen hatten, zu streichen sowie ggf. eine entsprechende Zeitvergütung zu gewähren.
5. Jeder Teilnehmer, der an einem Hindernis in Schwierigkeiten gerät, muss das Hindernis unverzüglich freigeben, sobald der nächste Teilnehmer naht.

L 6

§ 640
Bewertung der Geländeprüfung
Bewertet wird die Leistung von Teilnehmer und Pferd zwischen Start- und Ziellinie nach Strafpunkten und Zeit.

§ 641
Zeitwertung
Aus dem vorgeschriebenen Tempo und der Streckenlänge ergibt sich die BZ. Für das Errechnen der BZ gilt folgende Formel:

$$\frac{\text{Streckenlänge in Metern x 60}}{\text{Tempo in Metern/Min.}} = \text{Zeit in Sekunden}$$

Zeitwertung in der Geländestrecke:
Überschreiten der BZ ergibt je angefangene Sekunde 0,4 Strafpunkte bis zum Erreichen der HZ (HZ = doppelte BZ).
Überschreiten der HZ führt zum Ausschluss. Unterschreiten der BZ bleibt unberücksichtigt.

§ 642
Zeitmessung, Zeitplan, Start
1. Gemessen wird die Zeit, die der Teilnehmer von Start bis Ziel benötigt. Sie beginnt bei Einhaltung des Zeitplans in dem Augenblick, der im Zeitplan ausgewiesen ist; in allen anderen Fällen dann, wenn der Starter den Start frei gibt. Sie endet in dem Augenblick, in dem der Teilnehmer zu Pferde die Ziellinie passiert. § 646.1.a) bleibt unberührt. Für Frühstarts gilt Ziffer 3.
2. Ein Plan mit der Startzeit oder Startfolge jedes Teilnehmers ist vor der LP bekannt zu geben, jeder Teilnehmer soll eine Kopie erhalten. Jeder Teilnehmer, der nicht zu der auf dem Zeitplan angegebenen Zeit startbereit ist, kann ausgeschlossen werden.
   Der Start zu Phase D erfolgt aus dem Stand bzw. der Startbox.
3. Für jeden Teilnehmer, der vor dem Zeichen des Starters startet, wird die Zeit genommen, wenn er die Startlinie passiert. In Fällen vorsätzlichen Frühstarts kann die Richtergruppe auf Ausschluss des Teilnehmers entscheiden.

§ 643
Hindernisfehler bei Geländeprüfungen

Ein Hindernis gilt als überwunden, wenn der Teilnehmer es zu Pferde zwischen den Begrenzungsflaggen passiert hat. Hindernisfehler werden nur bestraft, wenn sie sich im Zusammenhang mit dem versuchten oder tatsächlichen Überwinden eines nummerierten Hindernisses ereignen. Hindernisfehler sind:

1. Sturz gemäß § 513
   a) Ein Sturz des Teilnehmers liegt vor, wenn er sich ohne Sturz des Pferdes von diesem trennt und erneut aufsitzen oder aufspringen muss, um in den Sattel zu gelangen.
   b) Ein Sturz des Pferdes liegt vor, wenn Schulter- und Hüftpartie gleichzeitig den Boden oder das Hindernis und den Boden berühren. Ein Sturz des Pferdes, bei dem auch der Teilnehmer zu Fall kommt, wird als ein Sturz des Pferdes aufgezeichnet.
   c) Bei Sturz des Teilnehmers und gleichzeitigem Ungehorsam werden die Strafpunkte addiert.

   Ein Sturz zwischen den Elementen einer Kombination wird in jedem Fall bestraft.
2. Ungehorsam
   a) Verweigern: Es gilt als Verweigern, wenn das Pferd nach dem Anreiten vor dem zu überwindenden Hindernis/Sprung stehen bleibt. Auch das Springen aus dem Stand (bei Hindernissen/Sprüngen über 30 cm Höhe) sowie andauerndes Halten und/oder Zurücktreten sind als Verweigern anzusehen.
   b) Ausbrechen: Es gilt als Ausbrechen, wenn das Pferd nach dem Anreiten nicht springt, nach der einen oder anderen Seite ausbricht und erneut vor das/den Hindernis/Sprung geritten werden muss. Es gilt nicht als Ausbrechen, wenn der Teilnehmer seine ursprüngliche Absicht, ein/einen Hindernis/Sprung an einer bestimmten Stelle anzureiten, bewusst ändert, und zwar auch dann, wenn die Absichtsänderung des Reiters erst nach Überwinden des vorhergehenden Hindernisses/Sprunges erfolgt ist. (Ausnahme: In-Out-Kombinationen, hier gilt: Hat ein Paar das vordere Element einer Kombination von max. 5 m Abstand (In-Out) überwunden, so gilt das folgende Element als automatisch angeritten, auch wenn sich der Teilnehmer danach für einen anderen, längeren Weg entscheidet.)

c) Volte: Als Volte wird bestraft, wenn das Pferd in Zusammenhang mit dem Anreiten eines Hindernisses seinen Weg kreuzt. Das Kreuzen einer Spur zwischen den Sprüngen einer Kombination wird in jedem Fall bestraft.
Volten nach einem Verweigern, Ausbrechen oder Sturz gelten bis zum erneuten Anreiten nicht als Ungehorsam.

Handelt es sich um einzeln nummerierte Hindernisse, darf der Teilnehmer vor dem Sprung eine Volte reiten bzw. um den Sprung herumreiten, sofern er das Hindernis noch nicht angeritten hat.

3. Beispiele siehe Durchführungsbestimmungen zu §§ 643 und 644.

§ 644
Fehler an Kombinationen

1. Ein Teilnehmer darf nach dem Sturz, Verweigern oder Ausbrechen Elemente einer Kombination erneut überwinden, die er bereits überwunden hat. Er wird jedoch für jeden weiteren Fehler bestraft, selbst wenn er zuvor bereits fehlerfrei blieb. Bei erneutem Anreiten können bereits überwundene Elemente einer Kombination auch entgegen der ausgeflaggten Springrichtung überwunden werden.
2. Beispiele siehe Durchführungsbestimmungen zu §§ 643 und 644.

§ 645
Hindernisfehler und Bewertung

Es sind folgende Strafpunkte zu vergeben:

• Erster/Zweiter/Dritter Ungehorsam im Verlauf der Geländestrecke	20 Strafpunkte
• Zweiter Ungehorsam am selben Sprung/Hindernis	40 Strafpunkte
• Dritter Ungehorsam am selben Sprung/Hindernis	Ausschluss
• Vierter Ungehorsam im Verlauf der Geländestrecke	Ausschluss
• Sturz des Reiters (vgl. §§ 513.1 und 643)	65 Strafpunkte
• Sturz des Pferdes (vgl. §§ 513.2 und 643)	Ausschluss
• Zweiter Sturz des Reiters im Verlauf der Geländestrecke	Ausschluss
• Auslassen eines Hindernisses/Sprunges, Pflichttores	Ausschluss
• Springen eines bereits überwundenen Hindernisses (Ausnahme § 644)	Ausschluss
• Springen eines Hindernisses/Sprunges in falscher Reihenfolge oder von der falschen Seite (Ausnahme § 644)	Ausschluss

L 6

§ 646
Ausschlüsse und „Fremde Hilfe"

1. In allen nachfolgenden Fällen erfolgt Ausschluss:
   a) Bei nachhaltig verspätetem Start sowie nach Entscheidung der Richtergruppe bei deutlich vorsätzlichem Frühstart. Ein Start ist nachhaltig verspätet, wenn er bei Einhaltung des Zeitplans mehr als 90 Sekunden nach der festgesetzten Zeit erfolgte oder nachfolgende Starter behindert würden.
   b) Wenn ein Teilnehmer vor der LP die Geländestrecke ganz oder teilweise bereitet. Ausnahme: siehe § 630.2.
   c) Bei Besichtigung der Geländestrecke vor der offiziellen Freigabe.
   d) Wenn Start- und/oder Ziellinie und/oder Pflichttore/obligatorisch zu passierende Stellen in der Geländestrecke nicht zu Pferde passiert werden.
   e) Unkorrigiertes Durchreiten obligatorisch zu passierender Stellen der Geländestrecke von der falschen Seite.
   f) Bei Reiten ohne vorgeschriebene Kopfbedeckung bzw. Schutzweste oder Verwendung nicht erlaubter Ausrüstung.
   g) Wenn nach Anhalten des Teilnehmers durch den Veranstalter der Ritt nicht dort wieder aufgenommen wird, wo er unterbrochen wurde.
   h) Bei unsportlichem Verhalten bei der Vorbereitung oder im Verlauf der Prüfung (vgl. §§ 52 und 66.6) sowie auf dem gesamten dem Turnierablauf dienenden Gelände sowie in dessen Umgebung oder bei übermäßigem Vorwärtstreiben oder übertriebener Anwendung von Gerte und/oder Sporen. Einem Ausschluss aus diesem Grunde kann eine Rüge gemäß § 55.6 vorausgehen.
   i) Bei Erschöpfung des Pferdes oder bei offensichtlicher Beeinträchtigung der Leistungsfähigkeit von Teilnehmer und/oder Pferd, insbesondere nach einem schweren Sturz.
   j) Bei verbotener „Fremder Hilfe" (siehe Ziffer 2).
   k) Bei Nichtbeachtung entsprechender Vorschriften, Gebote und Verbote der LPO.

   Bei Ausschluss (auch gemäß § 645) darf der Teilnehmer die LP nicht fortsetzen.
2. Verbotene „Fremde Hilfe":
   Als verbotene „Fremde Hilfe" wird jede Einmischung eines Dritten mit der Absicht, die Aufgabe des Teilnehmers während des Rittes zu erleichtern, angesehen. Unerheblich ist, ob der Dritte dazu aufgefordert wurde oder nicht.

Es ist insbesondere verboten:

- absichtlich einen anderen Teilnehmer abzuwarten und gemeinsam den Ritt fortzusetzen;
- das Folgen, Vorwegfahren oder die Begleitung eines Teilnehmers auf irgendeinem Teil der Strecke mit dem Ziel, seine Aufgabe zu erleichtern, in Zweifelsfällen entscheiden die Richter endgültig;
- der Gebrauch jeglicher Art von elektronischen Kommunikationsmitteln während einer LP.

3. Erlaubte „Fremde Hilfe“:
   - jede Hilfeleistung bei Unfällen,
   - Wiedereinfangen eines Pferdes, Unterstützung des Teilnehmers beim Ordnen von Sattelzeug oder beim Wiederaufsitzen nach einem Sturz,
   - Anreichen von Gerte, Kopfbedeckung, Brille etc.,
   - Unterstützung des Teilnehmers und Versorgung des Pferdes an jedem vom Veranstalter bekannt gegebenen Ort.

2.4 Springprüfung

§ 650
Anforderungen

Klasse	Streckenlänge in Metern	Tempo m/Min.	Sprünge			
			Anzahl	Höhe/ Weite	max. Weite an der Basis	Weite Triplebarre
VE	gemäß § 504.2	350	8–10	0,85 m	1,00/1,50 m	–
VE/A	gemäß § 504.2	350	9–11	1,05 m	1,00/1,50 m	1,40 m

Unter bestimmten Umständen darf mit Genehmigung der Richter die Parcourslänge um bis zu 10 % überschritten werden. Abweichungen bis zu +/- 5 cm in der Hindernishöhe und bis zu -10/+20 cm in der Weite sind zulässig. Je Parcours müssen mindestens 25 % der Sprünge, wenigstens ein Steilsprung und ein Oxer, die erforderlichen Maße (Höhe/Weite) der entsprechenden Klasse aufweisen. Zwei bis drei zweifache Kombinationen oder eine zwei- und eine dreifache Kombination müssen ab Kl. L im Parcours enthalten sein. Geschlossene Kombinationen und offene Wassergräben (gemäß § 507.1.d)1) sind nicht zulässig. Alternativhindernisse sind erlaubt.

L 6

§ 651
Bewertung
Gemäß § 503, Richtverfahren A mit folgenden Änderungen:

• Hindernisfehler	4 Strafpunkte
• Erster Ungehorsam	4 Strafpunkte
• Zweiter Ungehorsam	8 Strafpunkte
• Dritter Ungehorsam	Ausschluss
• Erster Sturz des Reiters	8 Strafpunkte
• Sturz des Pferdes	Ausschluss
• Zweiter Sturz des Reiters	Ausschluss
• Überschreiten der EZ	1 Strafpunkt pro angefangene Sekunde

2.5 Platzierung

§ 660
Platzierung
Die Platzierung ergibt sich aus der Addition der Strafpunkte. Sieger ist der Teilnehmer mit der geringsten Strafpunktsumme.
Bei Punktgleichheit entscheidet

- zunächst die bessere Leistung in der Geländeprüfung (Hindernis- und Zeitfehler);
- besteht auch hier Punktgleichheit, die der BZ nächste Zeit in der Geländestrecke;
- besteht auch hier Punktgleichheit, die bessere Leistung im Springen (Hindernis- und Zeitfehler);
- besteht auch hier Punktgleichheit, die bessere (schnellere) Zeit im Springen;
- besteht auch hier Punktgleichheit, die bessere Prozentpunktzahl aus der Dressur;
- besteht auch hier Punktgleichheit, werden die Teilnehmer auf dem gleichen Platz rangiert.

L 6

B. Geländeritte und Stilgeländeritte

§ 670
Ausschreibungen
Zulässig sind:
- Geländeritte, Stilgeländeritte (mit oder ohne BZ) und Geländeritte mit Stilwertung Kl. E für 4-jährige und ältere Pferde und/oder Ponys,

§ 671
Anforderungen
Gemäß § 620

§ 672
Bewertung von Geländeritten
Gemäß §§ 640 bis 646

§ 673
Beurteilung von Stilgeländeritten
Beurteilt werden leichter Sitz und Einwirkung des Reiters, insbesondere das rhythmische, flüssige Überwinden einer Geländestrecke sowie der Gesamteindruck. Die Richter drücken ihr gemeinsames Urteil über die Gesamtleistung jedes Teilnehmers durch eine mündlich oder schriftlich zu begründende Wertnote gemäß § 57.2.1 abzüglich der Strafpunkte gemäß § 373 aus. Die Wertnoten werden nach jedem Ritt bekannt gegeben.
In Kl. E je nach Ausschreibung mit oder ohne BZ.

§ 674
Beurteilung von Geländeritten mit Stilwertung
(vgl. auch Aufgabenheft Reiten)
Auf mindestens einer Teilstrecke der Geländestrecke (jeweils mindestens drei Hindernisse/ca. 500 m) wird eine Wertnote gemäß § 57.2.1 vergeben. Bei Strafpunktgleichheit gemäß §§ 640 ff. entscheidet die bessere Wertnote über die Platzierung.

§ 675
Geländestrecke
Die §§ 630 ff. gelten sinngemäß.

L 6

C. Gruppengeländeritte

§ 680
Ausschreibungen

Zulässig sind:

- Gruppengeländeritte Kl. E für 4-jährige und ältere Pferde und/oder Ponys.

§ 681
Beurteilung

Beurteilt wird die Leistung der Gruppe zwischen Start und Ziel nach Strafpunkten und Zeit.

§ 682
Anforderungen

Gruppenweises Überwinden einer Geländestrecke:

Kl. E: 1500 bis 2500 m Länge mit ca. zehn festen, ausreichend breiten Sprüngen nicht über 0,80 m hoch bzw. 1,50 m weit

Stärke der Gruppe je nach Ausschreibung: zwei bis vier Teilnehmer

Jedes Mitglied der Gruppe muss alle Hindernisse/Sprünge in der angegebenen Reihenfolge überwinden. Mehrfaches Überwinden eines Hindernisses/Sprunges sowie Positions- bzw. Pferdewechsel innerhalb der Gruppe sind zulässig.

Für den Start- und den Zieldurchgang stehen der Gruppe jeweils 10 Sekunden zur Verfügung.

§ 683
Bewertung

Bewertung gemäß §§ 640 bis 646. Die Zeit wird gemessen vom Start des ersten bis zum Zieldurchgang des letzten Teilnehmers der Gruppe. Überschreiten der für Start- bzw. Zieldurchgang zur Verfügung stehenden Zeit führt zum Ausschluss.

§ 684
Geländestrecke

Die §§ 630 ff. gelten sinngemäß.

L 6

§ 686
Anforderungen

Klasse	Anforderungen in Anlehnung an	Streckenlänge in Metern	Hindernishöhe max.	Hindernisweite im oberen Teil/an der Basis	Anzahl d. Hindernisse max.	Grabenweite max.	Tiefsprüng (vgl. § 633)
VE	Stilgeländeritt Kl. E	800–1500	0,80 m	0,80 m/ 1,20 m	10	–	0,80 m
VE	Stilgeländeritt Kl. E	1000–1500	0,90 m	1,00 m/ 1,50 m	15	0,80 m	1,20 m

§ 687
Bewertung

Beurteilt werden Sitz und Einwirkung des Teilnehmers, das Gerittensein, Galoppiervermögen und Springmanier des Pferdes und der Gesamteindruck mit Punkten von 0 bis 100.

Abzüge gemäß §§ 373 multipliziert mit 10, d.h.:

- Erster Ungehorsam — 5 Strafpunkte
- Zweiter Ungehorsam — 10 Strafpunkte
- Zweiter Ungehorsam am selben Hindernis — 20 Strafpunkte
- Dritter Ungehorsam — Ausschluss
- Erster Sturz des Reiters — 20 Strafpunkte
- Zweiter Sturz des Reiters — Ausschluss
- Sturz des Pferdes — Ausschluss

Sonstige Ausschlüsse gemäß § 646

Durchführungsbestimmungen zu §§ 643 und 644

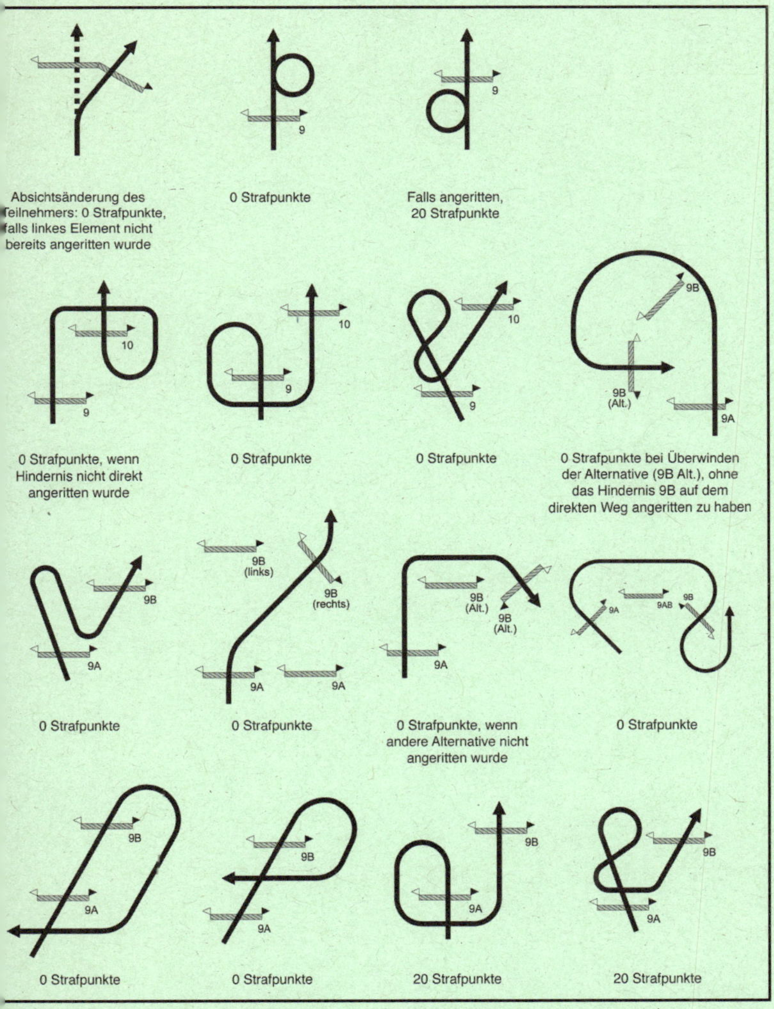

Absichtsänderung des Teilnehmers: 0 Strafpunkte, falls linkes Element nicht bereits angeritten wurde

0 Strafpunkte

Falls angeritten, 20 Strafpunkte

0 Strafpunkte, wenn Hindernis nicht direkt angeritten wurde

0 Strafpunkte

0 Strafpunkte

0 Strafpunkte bei Überwinden der Alternative (9B Alt.), ohne das Hindernis 9B auf dem direkten Weg angeritten zu haben

0 Strafpunkte

0 Strafpunkte

0 Strafpunkte, wenn andere Alternative nicht angeritten wurde

0 Strafpunkte

0 Strafpunkte

0 Strafpunkte

20 Strafpunkte

20 Strafpunkte

Parcourschef und Richtergruppe können im Einzelfall festlegen, dass der längere Weg eines Teilnehmers zu einem Alternativ-Element einer Kombination ohne Strafpunkte gekreuzt werden darf. Diese Entscheidung ist rechtzeitig allen Teilnehmern in geeigneter Weise bekannt zu geben. Eine derartige Festlegung bezieht sich nicht auf die Bewertungskriterien bei Wahl des direkten Weges zu den Elementen der Kombination.

Richter, Richtereinsatz § 54, § 56 (Auszüge)

L 7

§ 54
Richter, Richteranwärter, Hilfsrichter

1. Richter
   1.1 Richter sind ehrenamtliche Sachverständige, die auf der Richterlist der LK mit den entsprechenden Qualifikationen geführt werden und sich den Regeln der LPO und ihrer Rechtsordnung unterworfen haben.
   1.2 Die Anerkennung als Richter für nationale LP zunächst bis zur Kl. L im Reiten, bis zur Kl. A im Fahren bzw. als Voltigierrichter erteilt d LK nach bestandener Richterprüfung gemäß APO. Die Fortschreibung der Anerkennung ggf. erforderliche Fortbildungsmaßnahme sind in der APO bzw. den Richtlinien für Turnierfachleute der zuständigen LK geregelt.
2. Richteranwärter
   Als Richteranwärter gelten diejenigen Personen, die auf der Turnierfach leuteliste der Landeskommissionen als solche geführt werden.
3. Hilfsrichter
   Hilfsrichter können zur Unterstützung der Richter eingesetzt werden. Ihre Aufgabe ist die Feststellung einzelner Vorgänge, die sich der Beob achtung durch die Richter entziehen. Voraussetzung für den Einsatz von Hilfsrichtern ist ihre vorhergehende eingehende Unterweisung durch einen Richter.

§ 56
Richtereinsatz

1. Gemeinsames Richtverfahren:
   Für jede LP ist mindestens ein anerkannter Richter mit der erforderlichen Qualifikation einzusetzen.
   Bei V-LP sind mindestens zwei Richter einzusetzen; von diesen muss ei Richter die erforderliche Qualifikation besitzen, als zweiter Richter kan ein V-Richteranwärter eingesetzt werden.

L 8

:rlaubte Aufbauarten auf dem Vorbereitungsplatz in der Wettkampfvorbereitung (Auszug)

:rarbeitet vom Ausschuss Turniersport des FN-Bereiches Sport und vom
achausschuss Springen der Deutschen Richtervereinigung
tand: 05/2005

Ziel muss es sein, das nach den anerkannten Ausbildungsregeln, im Rahmen individueller Notwendigkeiten, optimal, fair und chancengleich vorbeeitete Pferd/Pony/Reiter-Paar an den Start zu bringen. Sinnvoll ist vor diesem Hintergrund eine Aufteilung der Vorbereitungsmöglichkeiten auf eine Prüfung in

a) unmittelbare Wettkampfvorbereitung.
In der unmittelbaren Wettkampfvorbereitung gelten folgende Bestimmungen
- max. Hindernishöhe: Prüfungshöhe +10 cm
- max. Hinderniswe ite: Prüfungsweite +10 cm
- nach Möglichkeit drei Hindernisse (bei Hallen-PLS ggf. nur 3-m-Stangen):
    - Hochsprung: jeweils aus mindestens zwei Stangen übereinander, ohne „falsche Grundlinie"
    - Hochweitsprung: bis max. „carrée" aufgebaut; vordere Oxerstange: wie Regelung Hochsprung
    - Lösungssprung: bis max. 1 m, mit Vorlegestange (aus Trab und Galopp erlaubt)
    - nur vom Veranstalter bereitgestelltes Material
    - Aufbauarten gemäß Skizzen auf den folgenden Seiten

Aufbauarten für Hindernisse

a) Gymnastizierendes Training

Gymnastiksprünge:

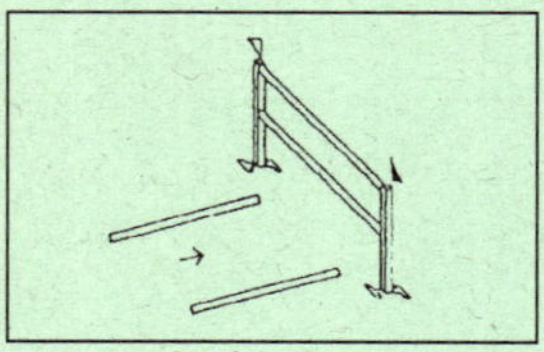

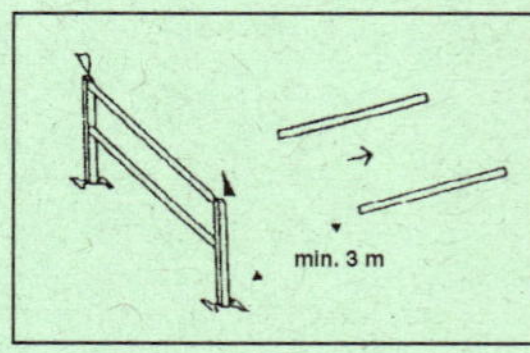

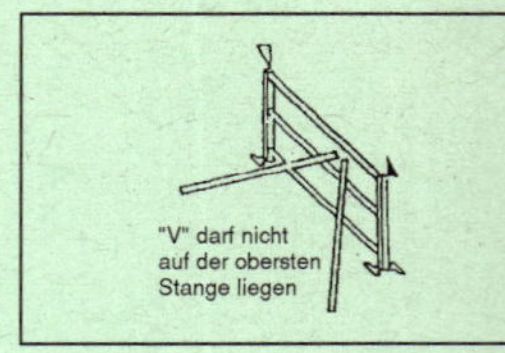

aus dem Schritt

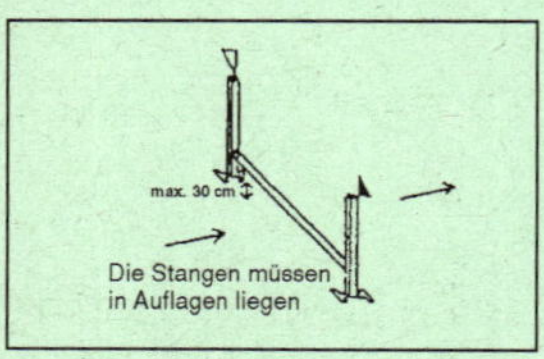

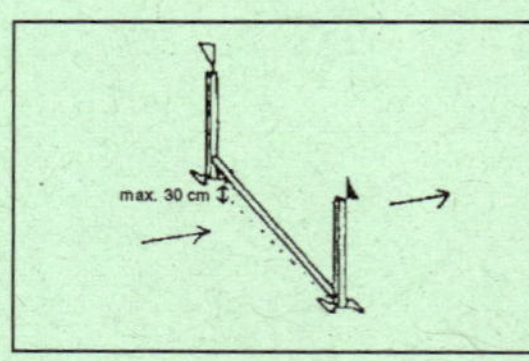

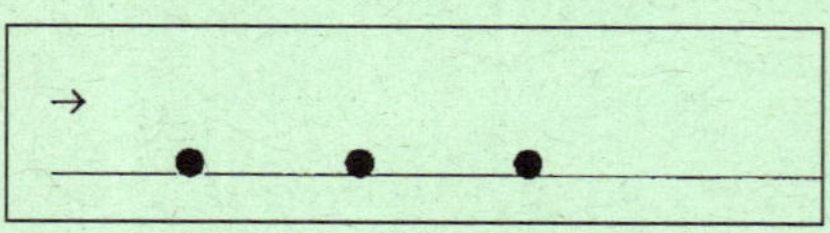

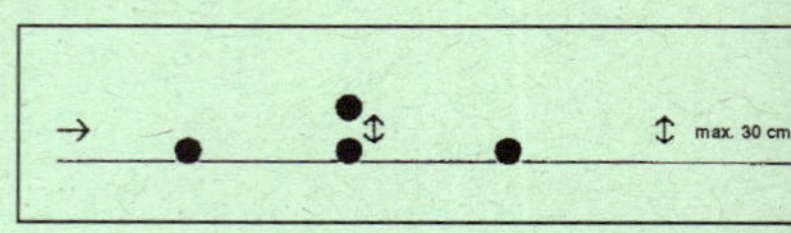

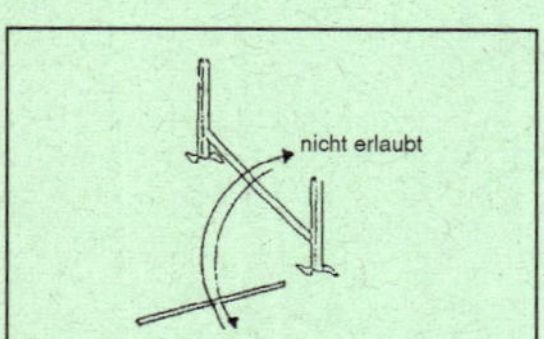

us dem Trab

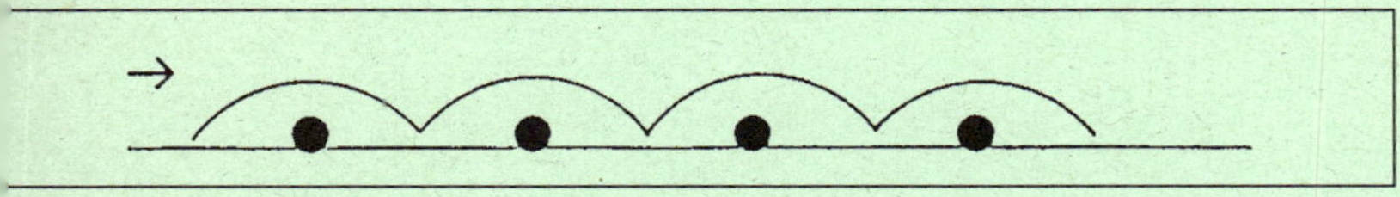

ymnastikreihen

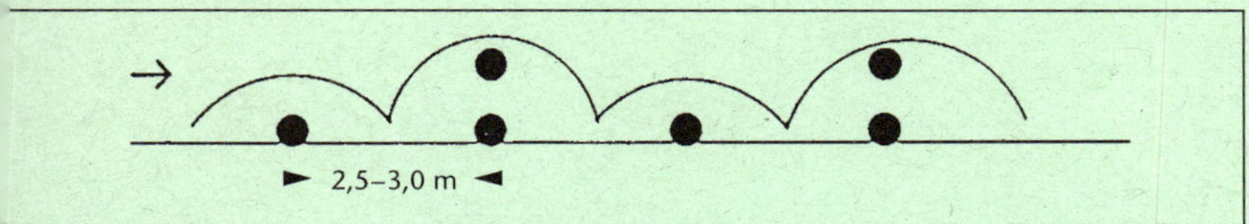

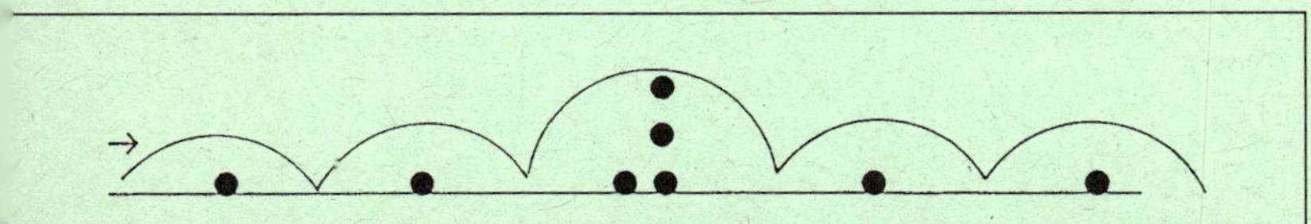

ombinationen mit korrekten Abständen

- alle Distanzen, vorausgesetzt, die Hindernisse werden anfangs nicht zu hoch gebaut
- alle Kombinationen (zwei-/dreifache)

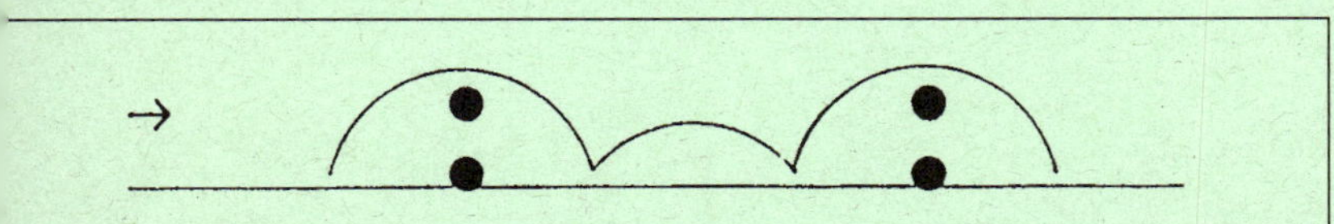

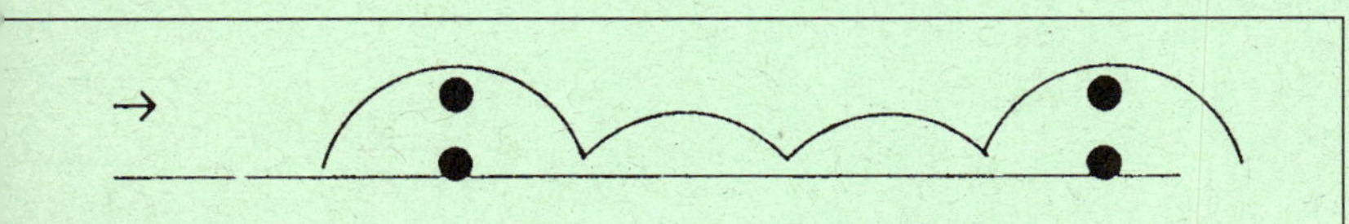

sowie alle unter b) erlaubten Aufbauarten

b) Unmittelbare Wettkampfvorbereitung

Erlaubte Aufbauarten

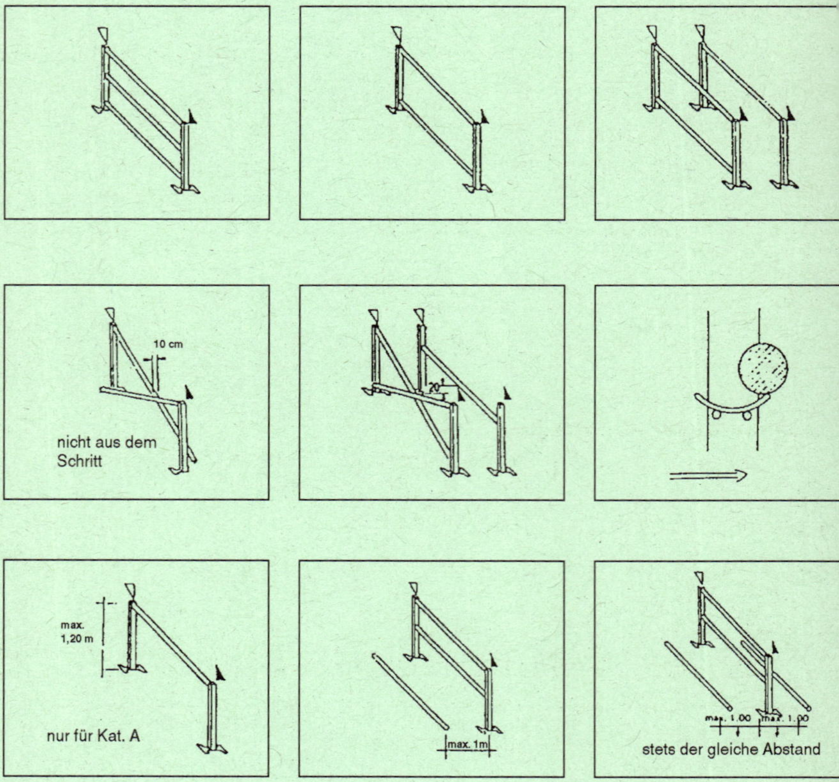

icht erlaubte Aufbauarten

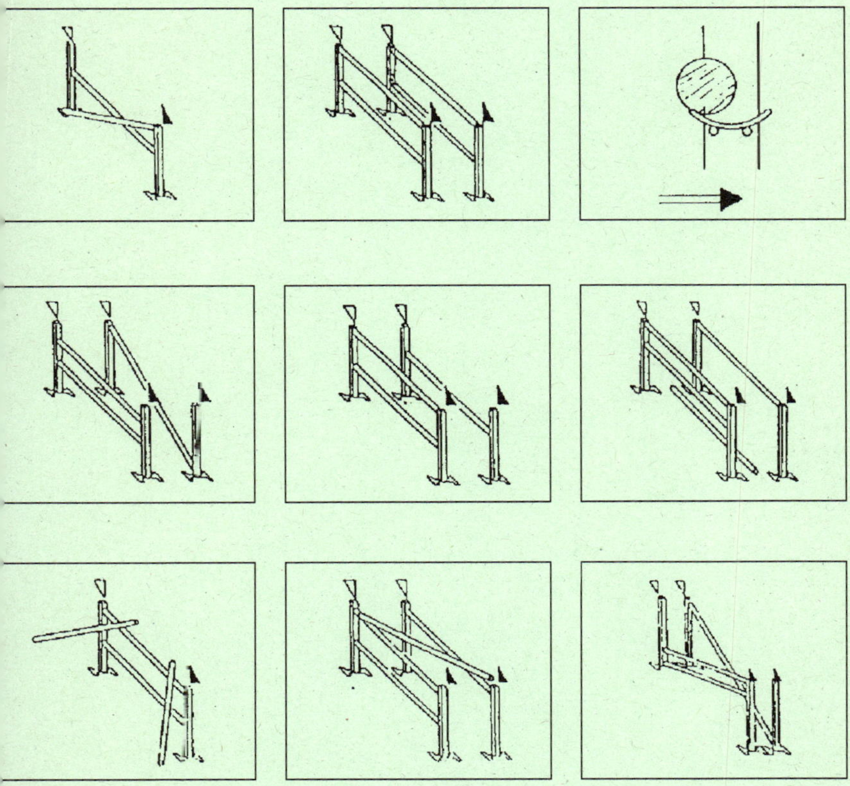

Hinweise zur Durchführung der BV

Nennungsvordruck WBO

Nennungsformular WBO **Zur Breitensportveranstaltung (BV) am:** ________ **in:** ____________

Angaben zum Teilnehmer ***Pro Reiter/Fahrer je ein Formular ausfüllen !!!***

Mitglieds-Nr: _ _ _ _ _ _ _ (hier eintragen, falls vorhanden)

Name: ____________ Vorname: ____________

Straße: ____________

PLZ: ________ Wohnort: ____________

Geburtsdatum: _ _ . _ _ . _ _ _ _

Anrede: [ ] Frau [ ] Herr Wenn RV-Mitglied, dann RV-Name angeben:

Telefon/Mobil: ____________ E-Mail: ____________

Hier bitte in den jeweiligen Wettbewerben die Anzahl Pferde, die in diesem WB starten, eintragen!
(bitte keine Kreuze machen)

1	2	3	4	5	6	7	8	9	10
11	12	13	14	15	16	17	18	19	20
21	22	23	24	25	26	27	28	29	30
31	32	33	34	35	36	37	38	39	40
41	42	43	44	45	46	47	48	49	50
51	52	53	54	55	56	57	58	59	60

Hier die Gesamtanzahl der Starts eintragen : [ ][ ]

V-Scheck für Einsatz liegt bei in Höhe von ______ EUR

WICHTIG !!

Alle Pferde/Ponys müssen bei LPO-/WBO-Veranstaltungen gegen Influenza-Viren geimpft sein (vgl. WBO).
Die Kontrolle des Impfschutzes durch den Tierarzt kann während der PLS/BV jederzeit erfolgen. Dafür ist der Pferdepass mitzuführen.

Angaben zum 1. Pferd ***(oder Aufkleber bei FN - eingetragenen Pferden / Ponys)***

Name d. Pferdes/Ponys: ____________

Iso-Nr. (falls bekannt): _ _ _ _ _ _ _ _ _ _ _ _ _ _ _ Geburtsjahr / Alter: ______

Geschlecht: ______ Zuchtgebiet: ______ Stockmaß: ______

Farbe: ______ Vater: ______

Besitzer: ____________

Adresse: ____________

(Nur zur Information: Dieses Pferd/Pony startet hier noch zusätzlich mit
____________ (Teilnehmer) **- bitte neues Formular ausfüllen!**

Angaben zum 2. Pferd ***(oder Aufkleber bei FN - eingetragenen Pferden / Ponys)***

Name d. Pferdes/Ponys: ____________

Iso-Nr. (falls bekannt): _ _ _ _ _ _ _ _ _ _ _ _ _ _ _ Geburtsjahr / Alter: ______

Geschlecht: ______ Zuchtgebiet: ______ Stockmaß: ______

Farbe: ______ Vater: ______

Besitzer: ____________

Adresse: ____________

(Nur zur Information: Dieses Pferd/Pony startet hier noch zusätzlich mit
____________ (Teilnehmer) **- bitte neues Formular ausfüllen!**

Mit der Abgabe der Nennung werden zugleich von allen an der Turnierteilnahme der Pferde/Ponys beteiligen Personen (z.B. Besitzer, Ausbilder, Reiter/Fahrer) die WBO und die LPO, die Besonderen Bestimmungen der Landeskommission, die Ausschreibung sowie die für diese Veranstaltung gültigen Allgemeinen und Besonderen Bestimmungen als verbindlich anerkannt.

Die Richtigkeit der Angaben wird hier mit der Unterschrift versichert :

Tag / Unterschrift des Nenners / gesetzlichen Vertreters bei Minderjährigen

➔ *Formular zum Download unter www.pferd-aktuell.de*

Ansicht eines ausgefüllten Nennungsformulares

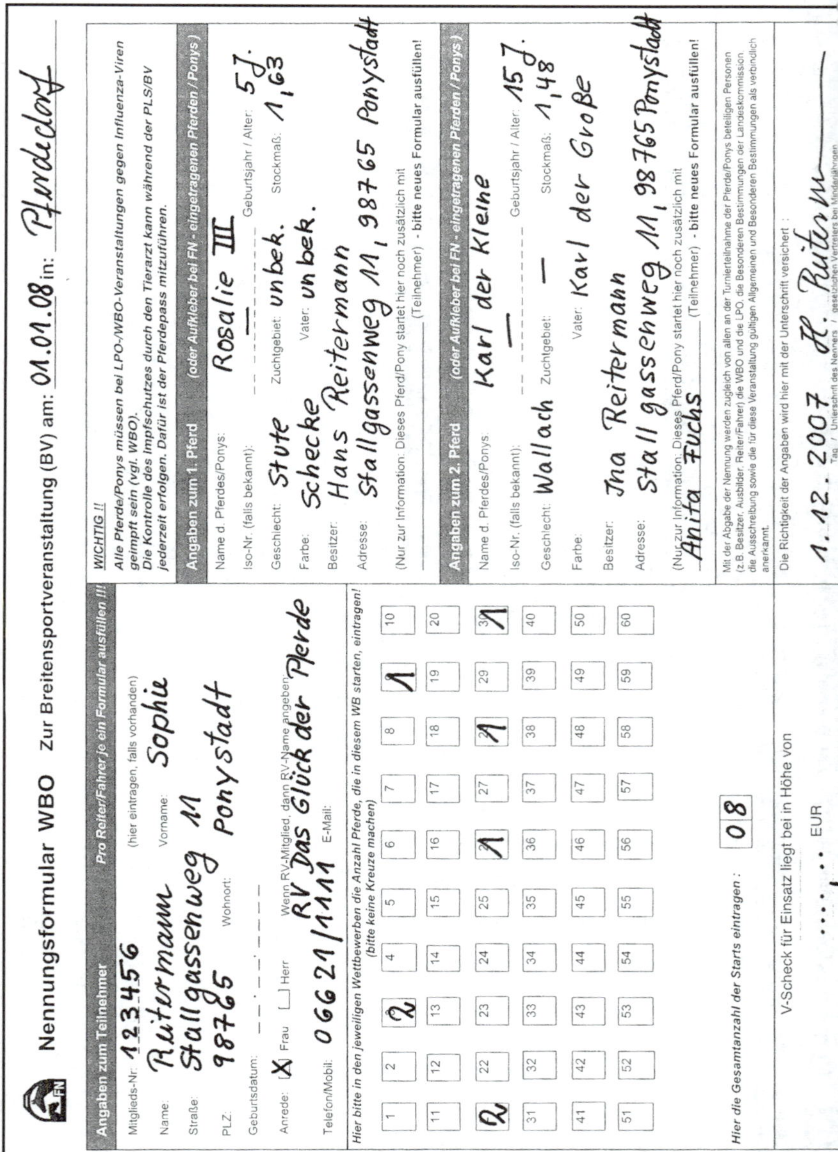

Nennungsformular WBO Zur Breitensportveranstaltung (BV) am: 01.01.08 in: Pferdedorf

Angaben zum Teilnehmer *Pro Reiter/Fahrer je ein Formular ausfüllen !!!*

Mitglieds-Nr.: 123456 (hier eintragen, falls vorhanden)

Name: Reitermann Vorname: Sophie

Straße: Stallgassenweg 11

PLZ: 98765 Wohnort: Ponystadt

Geburtsdatum: __ . __ . ____

Anrede: [X] Frau [ ] Herr

Wenn RV-Mitglied, dann RV-Name angeben: RV Das Glück der Pferde

Telefon/Mobil: 06621/1111 E-Mail:

Hier bitte in den jeweiligen Wettbewerben die Anzahl Pferde, die in diesem WB starten, eintragen! (bitte keine Kreuze machen)

1	2	3: 2	4	5	6	7	8	9: 1	10
11	12	13	14	15	16	17	18	19	20
21: 2	22	23	24	25	26: 1	27	28: 1	29	30: 1
31	32	33	34	35	36	37	38	39	40
41	42	43	44	45	46	47	48	49	50
51	52	53	54	55	56	57	58	59	60

Hier die Gesamtanzahl der Starts eintragen: 08

V-Scheck für Einsatz liegt bei in Höhe von ....,.. EUR

WICHTIG !!

Alle Pferde/Ponys müssen bei LPO-/WBO-Veranstaltungen gegen Influenza-Viren geimpft sein (vgl. WBO). Die Kontrolle des Impfschutzes durch den Tierarzt kann während der PLS/BV jederzeit erfolgen. Dafür ist der Pferdepass mitzuführen.

Angaben zum 1. Pferd *(oder Aufkleber bei FN - eingetragenen Pferden / Ponys)*

Name d. Pferdes/Ponys: Rosalie III

Iso-Nr. (falls bekannt): — Geburtsjahr / Alter: 5 J.

Geschlecht: Stute Zuchtgebiet: unbek. Stockmaß: 1,63

Farbe: Schecke Vater: unbek.

Besitzer: Hans Reitermann

Adresse: Stallgassenweg 11, 98765 Ponystadt

(Nur zur Information: Dieses Pferd/Pony startet hier noch zusätzlich mit ____ (Teilnehmer) - **bitte neues Formular ausfüllen!**

Angaben zum 2. Pferd *(oder Aufkleber bei FN - eingetragenen Pferden / Ponys)*

Name d. Pferdes/Ponys: Karl der Kleine

Iso-Nr. (falls bekannt): — Geburtsjahr / Alter: 15 J.

Geschlecht: Wallach Zuchtgebiet: — Stockmaß: 1,48

Farbe: Vater: Karl der Große

Besitzer: Ina Reitermann

Adresse: Stallgassenweg 11, 98765 Ponystadt

(Nur zur Information: Dieses Pferd/Pony startet hier noch zusätzlich mit Anita Fuchs (Teilnehmer) - **bitte neues Formular ausfüllen!**

Mit der Abgabe der Nennung werden zugleich von allen an der Turnierteilnahme der Pferde/Ponys beteiligen Personen (z.B. Besitzer, Ausbilder, Reiter/Fahrer) die WBO und die LPO, die Besonderen Bestimmungen der Landeskommission, die Ausschreibung sowie die für diese Veranstaltung gültigen Allgemeinen und Besonderen Bestimmungen als verbindlich anerkannt.

Die Richtigkeit der Angaben wird hier mit der Unterschrift versichert:

1.12.2007 H. Reiterm

Tag / Unterschrift des Nenners / gesetzlichen Vertreters bei Minderjährigen

Nennung Quadrillen-WB

Veranstalter: ______________________ **am:** ______________________

Gruppe/Verein: ______________________

Quadrillenleiter: ______________________

Anschrift: ______________________

Thema: ______________________

Reiter/innen:

Nr.	Name	Vorname	Geb.-Dat.	Pferd	Geb.-Dat.
1					
2					
3					
4					
5					
6					
7					
8					
E					
E					
E					
E					

Der Einsatz/das Nenngeld in Höhe von ____________ liegt bei / wird übewiesen.

Mit Abgabe der Nennung unterwerfen wir uns den Bestimmungen der WBO, LPO, der LK, sowie des Veranstalter.

Nenner: ______________________
(Name, Vorname, Tel.-Nr.)

____
(PLZ Ort, Straße, Nr.)

____
(Mitglied im Reit-/Voltigierverein)

____
(Ort, Datum, Unterschrift des Nenners)

➜ *Formular zum Download unter www.pferd-aktuell.de*

Nennungsformular TEAM

LÄNDERTEAM: **KREISREITERBUND:** **FREIES TEAM:** (bitte ankreuzen!)

Name Team: ______________________ **Anreisetag:** **Abreisetag:**

Wichtig!

Angaben zum Team: *max. 5 gerittene, gefahrene, longierte Starts pro Tag möglich!*

Vor-/Nachname Teilnehmer	Geb.-Jahr	Pferdename/n	Stkm.	Geb.-Jahr	WB-NR. Samstag					WB-NR. Sonntag					Paddock	E gesamt
BITTE IN DRUCKBUCHSTABEN AUSFÜLLEN					E	E	E	E	E	E	E	E	E	E		

Das Nenngeld in Höhe von € liegt dieser Nennung als Verrechnungsscheck bei.
(Nennungen ohne Bezahlung werden nicht bearbeitet!)

Teamführer

Vor-/Nachname ______________________

Anschrift ______________________

Tel., Mobil, Fax, E-Mail ______________________

____
Unterschrift Teamführer

____
Unterschrift & Stempel Landes- oder Kreisreiterbund

Mit der Abgabe der Nennung erkennen die Teamführer und Mitglieder der Teams die Ausschreibung, die Regelwerke (LPO, WBO) sowie die für diese Veranstaltung gültigen Allgemeinen und Besonderen Bestimmungen als verbindlich an.

Paddocks: Paddocks auf dem Landesturnierplatz nur für 2-Tagesgäste, die im Paddock übernachten!

→ *Formular zum Download unter www.pferd-aktuell.de*

NENNUNGSFORMULAR VOLTIGIEREN

Verein ______________________

Mannschaft ______________________

Name, Vorname (Voltigierer) Geb.- Jahr

1. ______________________
2. ______________________
3. ______________________
4. ______________________
5. ______________________
6. ______________________
7. ______________________
8. ______________________
9. ______________________
10. ______________________
11. ______________________
12. ______________________
13. ______________________
14. ______________________

Einzelvoltigierer / 1. Doppelvoltigierer

____
Name, Vorname

____
Verein Geb.-Jahr

2. Doppelvoltigierer

____
Name: Vorname

Bundessportveranstaltung (BV) – Voltigieren
am: **in:**

Für nebenstehende Voltigiergruppe bzw. Einzel- oder Doppelvoltigierer wird je ein Startplatz reserviert in dem / den Wettbewerb/en:

☐ ☐ ☐ ☐ ☐

Bitte WB-Nummer/n eintragen

Ein Scheck in Höhe von

Euro ________ für Einsätze

und ggf. Stallgeld liegt dieser

Nennung bei.

Pferdename ______________ Geschlecht ______ Farbe ______

Geb.-Jahr ________ Lebens (ISO)-Nr. im Pferdepass DE ______________

Ersatzpferd

Pferdename ______________ Geschlecht ______ Farbe ______

Geb.-Jahr ________ Lebens (ISO)-Nr. im Pferdepass DE ______________

Besitzer ______________________

Straße ______________ PLZ, Ort ______________

Longenführer *	**Ersatzlongenführer**
Name, Vorname	Name, Vorname
Straße	Straße
PLZ., Ort	PLZ., Ort
ggf. Jahresturnierlizenz-Nummer	ggf. Jahresturnierlizenz-Nummer
Telefon	Telefon

* Ist der Longenführer nicht Adressat der Zeiteinteilung, Adresse auf der Rückseite aufführen.

Die Richtigkeit der Angaben wird versichert.

____
Datum, **Unterschrift** des Nenners / gesetzlichen Vertreters bei Minderjährigen

____
Sichtvermerk und Unterschrift des Pferdesportvereins

→ *Formular zum Download unter www.pferd-aktuell.de*

Dressurvierecke

Wettbewerbs-Viereck: Größen und Umgrenzungen

Maße:
Dressur-Wettbewerbe
20 x 40 m, 20 x 60 m
Dressur- Fahr-Wettbewerbe
- Einspänner: 40 x 80 m
- Zweispänner: 40 x 80–100 m

Für alle weiteren Wettbewerbe: die kürzeste Seite nicht weniger als 20 m, die längste Seite nicht kürzer als 30 m

Begrenzung des Vierecks:
Es sollen mindestens die vier Ecken durch je zwei Hindernisstangen o.Ä. kl. gekennzeichnet sein.
Markierung der:
- Mitte der langen Seiten
- Mitte der kurzen Seiten
- Wechselpunkte (6 m aus der Ecke heraus auf die Mitte der langen Seite zu gemessen)
- Zirkelpunkte an den langen Seiten

Einzäunungen Springplatz/Platz:
Springplätze und Plätze für geführte Wettbewerbe sollen mit einem Zaun bzw. optisch gut wahrnehmbarem Material eingezäunt sein. Ein Eingang und ein Ausgang an zwei verschiedenen Punkten beschleunigen den Ablauf. Die Einlässe sollen optisch verschließbar sein.

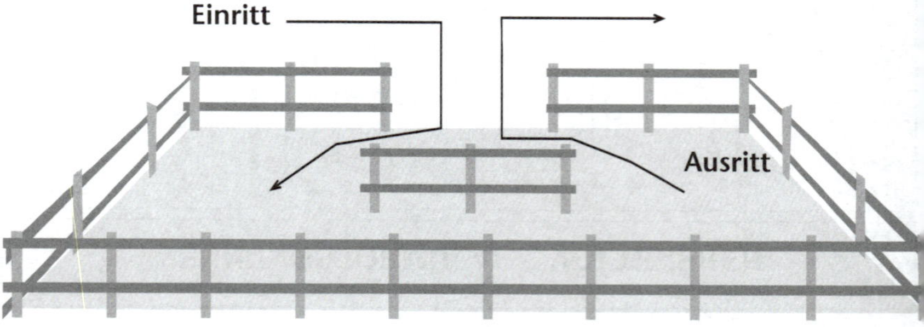

)ressurviereck 20 x 40 m

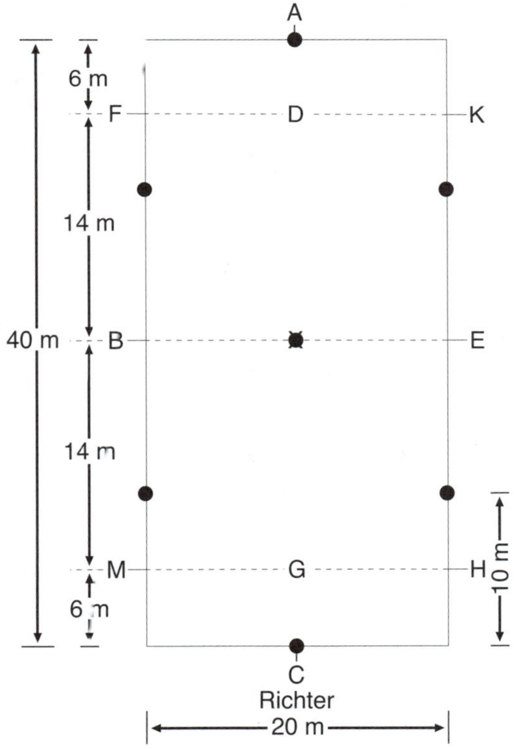

Dressurviereck 20 x 60 m

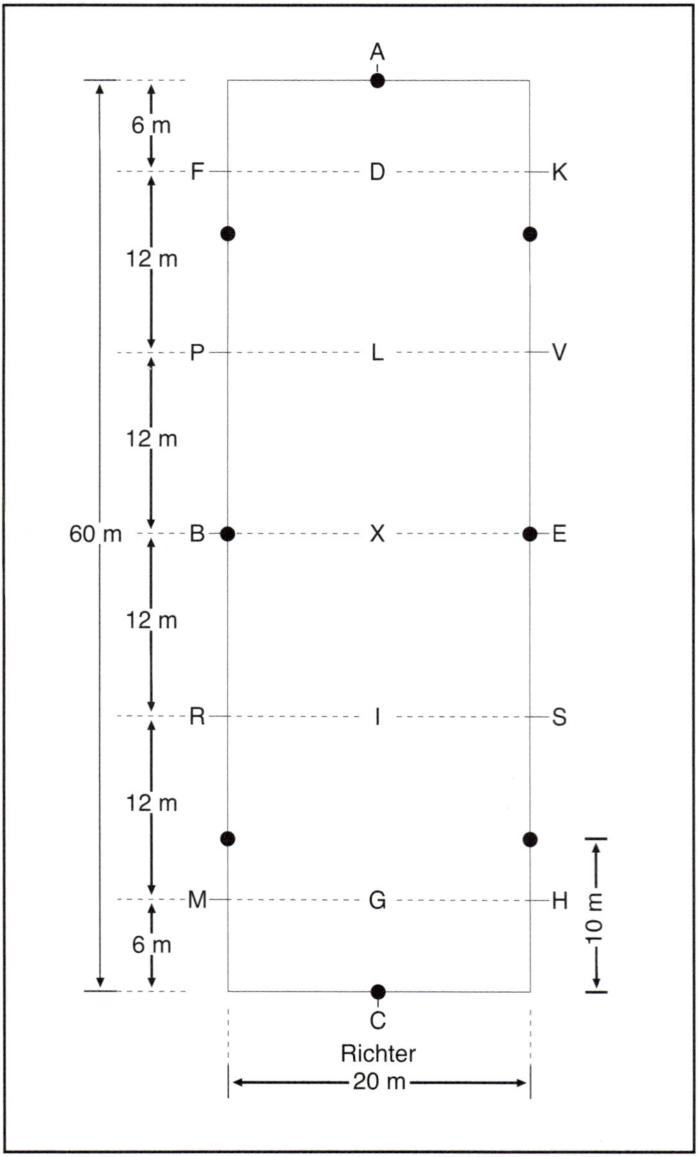

urchführungsbestimmungen zu § 507

ichtlinien zur Beschaffenheit von Hindernismaterial für pring-LP einschließlich Vorbereitungsplatz

usammengestellt vom Fachbeirat Parcoursaufbau der Deutschen Richter-ereinigung und vom FN-Ausschuss Turniersport, Stand: 21. Juni 1996, berarbeitet im Februar 2004

. **Stangen**

a) **Stangenlänge**

- Hallen mit nur Mindestbreite: maximal 3,50 m
- kleine Plätze: 3,00 bis 4,00 m
- mittlere Plätze: 3,50 bis 4,00 m
- große Plätze: maximal 4,00 m

Evtl. Ausnahmen von diesen Regeln sind in Mächtigkeitsspringen denkbar. Als Regel gilt: Je kürzer die Stangen, desto wichtiger sind breite Seitenteile.

b) **Stangendurchmesser**

Massive Stangen:

- bis 4,00 m Länge: Durchmesser 10 cm
- über 4,00 m Länge (Ausnahme, z.B. Naturhindernisse): nicht mehr als 10 cm
- größere Durchmesser sind nur bei Hohlstangen zu verwenden

Naturgewachsene Stangen:

Hier sind die Durchmesser so zu wählen, dass sich das Abwurfverhalten der naturgewachsenen Stangen von dem der massiven Stangen nicht unterscheidet.

2. **Auflagen**
Es werden Schalenauflagen mit ca. 1,8 bis 2,2 cm Tiefe (Innendurchmesser 18 cm, siehe Skizze) empfohlen. Bei Hoch-Weit-Sprüngen mü sen jeweils für die hintere Stange, bei Triplebarren für die mittlere un hintere Stange und bei überbauten Wassergräben für alle Stangen Sicherheitsauflagen vom Veranstalter zur Verfügung gestellt werden.

Falsch! **Richtig!**

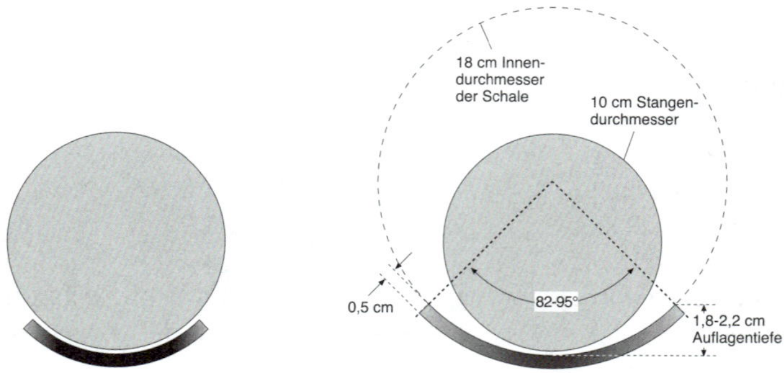

Durchmesser der Stangenauflage ist **etwa gleich** dem Stangendurchmesser: **Stange liegt fest!**

Durchmesser der Stangenauflage ist **deutlich größer** als der Stangendurchmesser: **Stange rollt!**

Für alle übrigen Arten von Sprüngen wird die Verwendung von Sicherheitsauflagen empfohlen (§ 507.3). Für die hinteren Stangen vo Hoch-Weit-Sprüngen werden solche Sicherheitsauflagen empfohlen, d von der FEI nach Test freigegeben sind (Liste von Herstellern: siehe www.horsesport.org/s/PDFS/SafetyCupsManufacturers_000.pdf).

3. **Ständer**
Es werden Ständer mit 5 cm Höhenverstellung empfohlen. Die Zahl de für eine PLS notwendigen Ständer bzw. tragenden Seitenteile ist gleich Mindestzahl der Hindernisse der schwersten Spring-LP der PLS (§ 504) x vier Ständer, zuzüglich der vorgeschriebenen Ständer für den Vorbereitungsplatz.

4. **Weiteres Material**
Die Anschaffung und Verwendung von Fangständern wird dringend empfohlen. Für mindestens 1/3 aller Hindernisse eines Parcours sollen Unterbauten wie Buschhürden, Gatter, Unterstellteile, kleine Mauern usw. vorhanden sein (leichte, mehrteilige Bauweise, aus Sicherheitsgründen leicht umwerfbar).

Durchführungsbestimmungen zu § 66.6.10

Impfschutzbestimmungen

Impfungen gegen Influenzavirusinfektion sind wie folgt durchzuführen und entsprechend im Pferdepass zu dokumentieren.

A) Grundimmunisierung
Die Grundimmunisierung besteht aus drei Impfungen. Die ersten zwei Impfungen müssen im Abstand von 42 Tagen bis höchstens 70 Tagen erfolgt sein bzw. erfolgen.
Die dritte Impfung muss im Abstand von 6 Monaten (+/- 21 Tage) nach der zweiten Impfung erfolgt sein bzw. erfolgen.

B) Wiederholungsimpfungen
Wiederholungsimpfungen müssen im Abstand von 6 Monaten (+/- 21 Tage) erfolgt sein bzw. erfolgen.

Zusätzlich wird eine Impfung gegen Herpesvirusinfektionen dringend empfohlen. Ordnungsgemäß durchgeführte Impfungen gegen Tetanus werden als selbstverständlich erachtet.

Eine Teilnahme an einer PLS* ist möglich, wenn:

a) bei Grundimmunisierung die ersten zwei Impfungen erfolgt sind und nach der zweiten Impfung der Grundimmunisierung 14 Tage vergangen sind,

b) bei Wiederholungsimpfungen: 7 Tage nach der letzten Impfung vergangen sind und die Wiederholungsimpfung in einem Abstand von bis zu höchstens 7 Monaten + 21 Tagen erfolgt ist.

Die Kontrolle des Impfschutzes gegen Influenzavirusinfektion erfolgt durch den Turniertierarzt. Diese Kontrolle kann bei der Anreise zur PLS* sowie jederzeit während der PLS* erfolgen.

** „PLS" im Text meint gem. WBO „BV/PLS"*

Pferdekontrollen/Fitnesskontrollen*

§ 67 (Auszug LPO)
Medikationskontrollen, Verfassungsprüfungen und Pferde- und Fitnesskontrollen

1. Die FN/LK bzw. die zuständigen Richter können bei jeder LP jederzeit im Rahmen einer PLS Pferde bestimmen, an denen Medikationskontrollen und/oder Verfassungsprüfungen/Pferdekontrollen vorzunehmen sind.
2. Verfassungsprüfungen/Pferdekontrollen/Fitnesskontrollen sind von einem vom Veranstalter bestellten Tierarzt gemeinsam mit dem FN-/LK-Beauftragten und/oder einem Richter der LP vorzunehmen. Die Fitnesskontrolle nach einer Gelände-LP kann auch allein von einem vom Veranstalter bestellten Tierarzt und/oder Richter durchgeführt werden.
3. Die aufgrund des Ergebnisses einer Verfassungsprüfung/Pferdekontrolle/Fitnesskontrolle erforderliche Entscheidung wird bei Verfassungsprüfungen durch die Richter der LP in Abstimmung mit dem untersuchenden Tierarzt getroffen. Gegen diese Entscheidung ist ein Einspruch nicht zulässig.
4. Medikationskontrollen sind durch einen vom Veranstalter bestellten oder von der FN beauftragten Tierarzt zu entnehmen und an das von der FN bestimmte Untersuchungsinstitut einzusenden.
   Bei Tod oder Nottötung eines Pferdes im Rahmen einer PLS ist grundsätzlich eine Medikationskontrolle vorzunehmen.
5. Einzelheiten zu Medikations-, Pferde- und Fitnesskontrollen sind in den Durchführungsbestimmungen zu § 67 geregelt.
6. Verfassungsprüfungen/Pferdekontrollen/Fitnesskontrollen sind verpflichtend vorgeschrieben bei:
   6.1 Vielseitigkeits-LP, Kombinierten LP mit Teilprüfung Gelände sowie Geländeritten:
      a) Verfassungsprüfung vor der Dressur durch Richter und Tierarzt oder Fitnesskontrolle während der Dressur durch die Richter bei allen Vielseitigkeits-LP und Kombinierten LP mit Teilprüfung Gelände. In Zweifelsfällen hinsichtlich der Fitness ist eine Verfassungsprüfung durchzuführen.
      b) Fitnesskontrolle unmittelbar nach der Gelände-LP bei allen Vielseitigkeits-LP, Kombinierten LP mit Teilprüfung Gelände sowie Geländeritten im beobachtendem Richtverfahren durch einen Richter und/oder Tierarzt.

* *„PLS" im Text meint gem. WBO „BV/PL"*
„LP" im Text meint gem. WBO „WB/LP"

c) Findet die Springprüfung nach der Geländeprüfung statt, so ist vor der Springprüfung eine Verfassungsprüfung vorgeschrieben.

urchführungsbestimmungen zu § 67

urchführung von Verfassungsprüfungen, Pferde-, Fitnesskontrollen

. Verfassungsprüfungen und Fitnesskontrollen sind gemäß Merkblatt für Turniertierärzte durchzuführen. Einzelheiten zu Pferdekontrollen enthält das nachfolgende Untersuchungsprotokoll.

. Pferdekontrollen sind gemäß dem **folgenden Untersuchungsprotokoll** durchzuführen. Nur bei von der Norm abweichenden Befunden ist das Protokoll auszufüllen.

etr.: PLS ______________________ am ____________

uf Veranlassung der FN/LK/Richtergruppe wurde folgendes Pferd ntersucht:

lame: ______________________ Programm-/Eintragungs-/ Lebensnummer: ____________

arbe/Abzeichen: ______________________

esitzer: ______________________ Wohnort: ____________

eilnehmer: ______________________ Wohnort: ____________

Jntersuchender ierarzt: ______________________ Wohnort: ____________

elefon: ____________ Untersuchender Richter: ____________

)ie Untersuchung erfolgte in Gegenwart des Teilnehmers/Besitzers/dessen 3eauftragten
'Nichtzutreffendes streichen)

Die Überprüfung des Pferdes bzw. der Ausrüstung hat Folgendes ergeben

Haltungs- und Pflegezustand: ____________________

Zustand der Extremitäten: ____________________

Bandagen: ____________ Springglocken: ____________

Gamaschen: ____________ Flanken/Sporen: ____________

Gurt/Sattellage: ____________ Maul/Zäumung/Gebiss: ____________

Anspannung: ____________ Verpassen Geschirr: ____________

- ○ Es wurde eine Verfassungsprüfung angeordnet.
- ○ Es wurde eine Medikationskontrolle angeordnet.

____

Ergebnis der Verfassungsprüfung

____________	____________________
Ort und Tag	Unterschrift des durchführenden Richters
____________	____________________
Unterschrift des Teilnehmers, Besitzers oder dessen Beauftragten	Unterschrift des Tierarztes

Transport verletzter Pferde

Tritt der Fall „schwer verletztes Pferd“ ein, der den Transport des Pferdes erforderlich macht, gewährleistet nur das Vorhandensein von notwendigem und vorgeschriebenem Equipment sowie entsprechend eingewiesenem Hilfspersonal die unter Umständen für die Prognose des Pferdes entscheidende schnelle Hilfe.

Unmittelbar am Unfallort werden nur die unbedingt notwendigen Maßnahmen durchgeführt (Blutstillung, Schmerzlinderung, Ruhigstellung, Notverband, gegebenenfalls Narkose). Es ist immer günstig, eine Sichtblende aufzustellen, insbesondere wenn die Vorbereitung für den Abtransport einige Zeit in Anspruch nimmt.

Eine Weiterbehandlung kann nach dem Transport aus dem Bereich der Prüfung an einen vorbereiteten Behandlungsort oder in der nächstgelegenen Überweisungsklinik erfolgen.

Ein solcher Transport, wie auch die Handhabung der Unfallschleppe und des Sichtschutzes, sollte mit der Helfermannschaft besprochen und geübt werden.

Auch in prognostisch ungünstigen Fällen sollte immer erst ein Transport des Pferdes (unter Umständen in Narkose) aus dem Bereich der Prüfung und des öffentlichen Interesses erfolgen.

PR-Statement: Im Zusammenhang mit der Bewältigung des schlimmsten Falles ist der „heiße Draht“ zu den weiteren Verantwortlichen der Veranstaltung besonders wichtig. Es sollte auch hier im Vorfeld eindeutig geklärt werden, wer Informationen an die Öffentlichkeit weitergibt und in welcher Form dies geschieht.

Beispiel für eine Pferde-Transport-Schleppe*

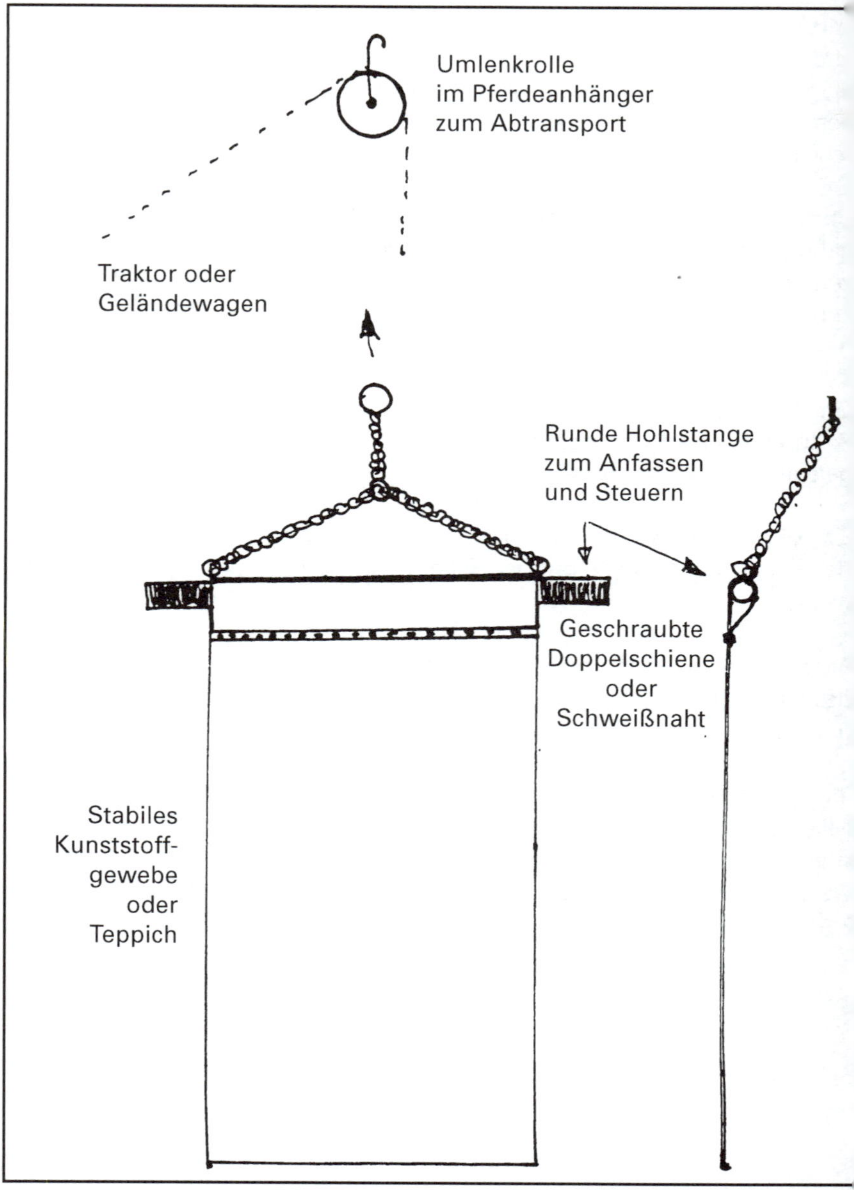

eispiel für den Abtransport eines verunfallten Pferdes*

* Zeichnungen entnommen aus „FN-Handbuch Pferdesport".
Deutsche Reiterliche Vereinigung (Hrsg.)

Beispiel für den Abtransport eines verunfallten Pferdes*

** Zeichnungen entnommen aus „FN-Handbuch Pferdesport"*
Deutsche Reiterliche Vereinigung (Hrsg.)

Adressen/Ansprechpartner auf Bundes- und Landesebene

Bundesverband für Pferdesport und Pferdezucht

Deutsche Reiterliche Vereinigung e.V.
Freiherr von Langen-Str. 13 | 48231 Warendorf
Telefon: (02581) 6362-0 | Fax: (02581) 62144
E-Mail: fn@fn-dokr.de | Internet: www.pferd-aktuell.de

Mitgliedsverbände

Pferdesportverbände

Pferdesportverband Baden-Württemberg e.V.
Murrstr. 1/2 | 70806 Kornwestheim
Telefon: (07154) 8328-0 | Fax: (07154) 8328-29
E-Mail: info@pferdesport-bw.de | www.pferdesport-bw.de

Bayerischer Reit- und Fahrverband e.V.
Landshamer Str. 11 | 81929 München
Telefon: (089) 926967-250 | Fax: (089) 926967-299
E-Mail: office@btfv.de | www.brfv.de

Landesverband Pferdesport Berlin-Brandenburg e.V.
Passenheimer Str. 30 | 14053 Berlin
Telefon: (030) 300922-0 | Fax: (030) 300922-20
E-Mail: froehlich@lpbb.de | www.lpbb.de

Bremer Reiterverband e.V.
Halmstr. 9 | 28717 Bremen
Telefon: (0421) 6368-960 | Fax: (0421) 6368-673
E-Mail: info@bremer-reiterverband.de | www.bremer-reiterverband.de

Landesverband der Reit- u. Fahrvereine Hamburg e.V.
Schützenstr. 107 | 22761 Hamburg
Telefon: (040) 8503006 | Fax: (040) 8514233
E-Mail: info@pferdesport-hamburg.de | www.pferdesport-hamburg.de

Pferdesportverband Hannover-Bremen e.V.
Johannssenstr. 10 | 30159 Hannover
Telefon: (0511) 3257-68 | Fax: (0511) 3257-59
E-Mail: info@psvhhb.de | www.psvhhb.de

Hessischer Reit- und Fahrverband e.V.
Wilhelmstr. 24 | 35683 Dillenburg
Telefon: (02771) 8034-0 | Fax: (02771) 803420
E-Mail: thielmann-hrfv@gmx.de | www.hrfv.de

Landesverband Mecklenburg-Vorpommern für Reiten, Fahren und Voltigieren e.V.
Leute-Wiese 2 | 18276 Mühlengeez
Tel.: (038450) 2016-0 | Fax: (038450) 2016-2
E-Mail: pferdesportverband-mv@mecklenburger-pferde.de
www.mecklenburger-pferde.de

Pferdesportverband Rheinland e.V.
Weißenstein 52 | 40764 Langenfeld
Telefon: (02173) 1011-0 | Fax: (02173) 1011-130
E-Mail: info@psvr.de | www.pferdesport-rheinland.de

Pferdesportverband Rheinland-Pfalz e.V.
Riegelgrube 13 | 55543 Bad Kreuznach
Telefon: (0671) 89403-0 | Fax: (0671) 89403-29
E-Mail: info@psvrp.de | www.psvrp.de

Pferdesportverband Saar e.V.
Hermann-Neuberger-Sportschule | Gebäude 54 | 66123 Saarbrücken
Telefon: (0681) 3879-240 | Fax: (0681) 3879-268
E-Mail: psv-saar@lsvs.de | www.pferdesportverband-saar.de

Landesverband Pferdesport Sachsen e.V.
Käthe-Kollwitz-Platz 2 | 01468 Moritzburg
Telefon: (035207) 896-10 | Fax: (035207) 896-12
E-Mail: pferdesport@sachsens-pferde.de | www.sachsens-pferde.de

ndesverband der Reit- und Fahrvereine Sachsen-Anhalt e.V.
rkstr. 13 | 06780 Prussendorf
lefon: (034956) 229-65 | Fax: (034956) 229-67
Mail: lv-rfvsachsenanhalt@online.de | www.pferde-sachsen-anhalt.de

ferdesportverband Schleswig-Holstein e.V.
tiner Str. 27 | 23795 Bad Segeberg
lefon: (04551) 8892-0 | Fax: (04551) 8892-20
Mail: info@pferdesportverband-sh.de | www.pferdesportverband-sh.de

hüringer Reit- und Fahrverband e.V.
fred-Hess-Straße 8 | 99096 Erfurt
elefon: (0361) 34607-42 | Fax: (0361) 34607-43
-Mail: trfvb64@aol.com | www.trfv.de

andesverband Pferdesport Weser-Ems e.V.
eidewinkel 8 | 49377 Vechta
elefon: (04441) 9140-0 | Fax: (04441)9140-17
-Mail: info@psvwe.de | www.psvwe.de

rovinzialverband westfälischer Reit- und Fahrvereine e.V.
udmühlenstr. 33 | 48157 Münster-Handorf
elefon: (0251) 32809-30 | Fax: (0251) 32809-66
-Mail: zentrale@pv-muenster.de | www.pv-muenster.de

eutscher Reiter- und Fahrerverband e.V.
lanrorup 1 | 48301 Nottuln | Telefon: (02548) 343 | Fax: (02548) 1478
-Mail: info@drfv.de
nternet: www.deutscher-reiter-und-fahrer-verband.de

eutsche Richtervereinigung (DRV) für Pferdeleistungsprüfungen e.V.
einefelder Str. 9 | 37115 Duderstadt,
elefon: (05527) 9884015 | Fax: (05527) 9884011
-Mail: info@drv-online.de | www.drv-online.de

Landeskommissionen

Landeskommission für Pferdeleistungsprüfungen Baden-Württemberg
Murrstr. 1/2 | 70806 Kornwestheim
Telefon: (07154) 8328-0 | Fax: (07154) 8328-29
E-Mail: info@pferdesport-bw.de | www.pferdesport-bw.de

Landeskommission für Pferdeleistungsprüfungen Bayern
Landshamer Str. 11 | 81929 München
Telefon: (089) 926967-250 | Fax: (089) 926967-299
E-Mail: office@btfv.de | www.brfv.de

Landeskommission für Pferdeleistungsprüfungen Berlin-Brandenburg
Passenheimer Str. 30 | 14053 Berlin
Telefon: (030) 300922-12 | Fax: (030) 300922-20
E-Mail: semmele@lpbb.de | www.lpbb.de

Landeskommission für Pferdeleistungsprüfungen Hamburg
Schützenstr. 107 | 22761 Hamburg
Telefon: (040) 8503006 | Fax: (040) 8514233
E-Mail: info@pferdesport-hamburg.de |www.pferdesport-hamburg.de

Landeskommission für Pferdeleistungsprüfungen Hannover-Bremen
Johannssenstr. 10 | 30159 Hannover
Telefon: (0511) 325768 | Fax: (0511) 3257-59
E-Mail: info@psvhhb.de | www.psvhhb.de

Landeskommission für Pferdeleistungsprüfungen Hessen
Wilhelmstr. 24 | 35683 Dillenburg
Telefon: (02771) 8034-0 | Fax: (02771) 803420
E-Mail: thielmann-hrfv@gmx.de | www.hrfv.de

Landeskommission für Pferdeleistungsprüfungen
Mecklenburg-Vorpommern | Leute-Wiese 2 | 18276 Mühlengeez
Telefon: (038450) 2016-0 | Fax: (038450) 2016-2
E-Mail: pferdesportverband-mv@mecklenburger-pferde.de
www.mecklenburger-pferde.de

Landeskommission für Pferdeleistungsprüfungen Rheinland
Weißenstein 52 | 40764 Langenfeld
Telefon: (02173) 1011-100 | Fax: (02173) 1011-130
E-Mail: info@psvr.de | www.pferdesport-rheinland.de

Landeskommission für Pferdeleistungsprüfungen Rheinland-Pfalz
Riegelgrube 13 | 55543 Bad Kreuznach
Telefon: (0671) 89403-0 | Fax: (0671) 89403-29
E-Mail: info@psvrp.de | www.psvrp.de

Landeskommission für Pferdeleistungsprüfungen Saarland
Hermann-Neuberger-Sportschule Gebäude 54 | 66123 Saarbrücken
Telefon: (0681) 3879-240 | Fax: (0681) 3879-268
E-Mail: psv-saar@lsvs.de | www.pferdesportverband-saar.de

Landeskommission für Pferdeleistungsprüfungen Sachsen
Käthe-Kollwitz-Platz 2 | 01468 Moritzburg
Telefon: (035207) 896-10 | Fax: (035207) 896-12
E-Mail: pferdesport@sachsens-pferde.de | www.sachsens-pferde.de

Landeskommission für Pferdeleistungsprüfungen Sachsen-Anhalt
Parkstr. 13 | 06780 Prussendorf
Telefon: (034956) 229-65 | Fax: (034956) 229-67
E-Mail: lv-rfvsachsenanhalt@online.de | www.pferde-sachsen-anhalt.de

Landeskommission für Pferdeleistungsprüfungen Schleswig-Holstein
Eutiner Str. 27 | 23795 Bad Segeberg
Telefon: (04551) 8892-0 | Fax: (04551) 8892-20
E-Mail: info@pferdesportverband-sh.de | www.pferdesportverband-sh.de

Landeskommission für Pferdeleistungsprüfungen Thüringen
Alfred-Hess-Straße 8 | 99096 Erfurt
Telefon: (0361) 34607-42 | Fax: (0361) 34607-43
E-Mail: trfvb64@aol.com | www.trfv.de

Landeskommission für Pferdeleistungsprüfungen Weser-Ems
Heidewinkel 8 | 49377 Vechta
Telefon: (04441) 9140-0 | Fax: (04441)9140-17
E-Mail: info@psvwe.de | www.psvwe.de

Landeskommission für Pferdeleistungsprüfungen Westfalen
Sudmühlenstr. 33 | 48157 Münster-Handorf
Telefon: (0251) 32809-30 | Fax: (0251) 32809-66
E-Mail: zentrale@pv-muenster.de | www.pv-muenster.de

Anschlussverbände

Erste Westernreiter Union Deutschland e.V. (EWU)
Freiherr-von-Langen-Str. 8 a | 48231 Warendorf,
Telefon: (02581) 928460 | Fax: (02581) 9284625
E-Mail: info@ewu-bund.de | Internet: www.westernreiter.com

Island Pferde-, Reiter- und Züchterverband e.V. (IPZV)
Justus-von-Liebig-Str. 5 | 31162 Bad Salzdetfurth
Telefon: (05063) 271566 | Fax: (05063) 271567
E-Mail: geschaeftsstelle@ipzv.de | Internet: www.ipzv.de

Verein Deutscher Distanzreiter und fahrer e.V. (VDD)
Zum Ludwigtal 17 | 45527 Hattingen
Telefon: (02324) 23841 | Fax: (02324) 951048
E-Mail: geschaeftsstelle@vdd-aktuell.de | Internet: www.vdd-aktuell.de

Deutsches Kuratorium für Therapeutisches Reiten e.V. (DKThR)
Freiherr-von-Langen-Str. 8 a | 48231 Warendorf
Telefon: 02581/9279190 | Fax: (02581) 9279199
E-Mail: DKThR@fn-dokr.de | Internet: www.dkthr.de

Deutscher Akademischer Reiterverband e.V. (DAR)
c/o Servicebüro Jennissen | Buschortstr. 17 | 33775 Versmold
Telefon: (05423) 49371 | Fax: (05423) 49373
E-Mail: mape.jennissen@t-online.de
Internet: www.deutscher-akademischer-reiterverband.de

Internationale Gangpferde-Vereinigung (IGV) e.V.
Frankenstr. 37 | 48734 Reken
Telefon: (02864) 2434 | Fax: (02864) 5860
E-Mail: info@igv-online.de | Internet: www.igv-online.de

Bundesverband für klassisch-barocke Reiterei e.V.
Blumenweg 12 | 30900 Wedemark | Telefon: (05130) 8282
E-Mail: richardhinrichs@hotmail.com | Internet: www.bfkbr.de